アルゴリズムとネットワークが
経済を支配する
新時代の経営戦略

マルコ・イアンシティ、
カリム・R・ラカーニ 著
渡部典子 訳
吉田素文 監訳
グロービス経営大学院教授

Competing in the Age of AI:
Strategy and Leadership
When Algorithms and Networks
Run the World

AIファースト・カンパニー

英治出版

母のローラ、妻のマレーナ、そして私の素晴らしい子どもたちに捧ぐ
マルコ・イアンシティ

私の人生を価値あるものにしてくれたシャヒーン、シタラ、そしてドウラットに捧ぐ
カリム・R・ラカーニ

COMPETING IN THE AGE OF AI
by
Marco Iansiti and Karim R. Lakhani

Published by arrangement with Harvard Business Review Press, through Tuttle-Mori Agency, Inc., Tokyo

Colliding Worlds

序章　衝突する世界

本書では、これまでとは異なるタイプの組織の出現によってＡＩ（人工知能）時代を定義する。それは、デジタル・ネットワーク、アナリティクス、ＡＩで形成されたビジネス環境のために構築された組織であり、際立ったオペレーティング・アーキテクチャ（運用構造／体制）が最大の特徴だ。水平に結びつき、統合型データ基盤を用いて、ＡＩ搭載アプリケーションを迅速に展開し、規模（スケール）、範囲（スコープ）、学習（ラーニング）において飛躍的に成長できるように設計されている。このアーキテクチャは伝統的な縦割り構造の組織とは違う。縦割り構造の場合、成長や反応のスピードが制限され、機敏なコミュニケーションや調整が妨げられ、意思決定はそれぞれ個々の部門で行い、テクノロジーとデータは孤立した場所に閉じ込められていた。新しい構造では、コンピュータ・サイエンティストが言うところの「弱いＡＩ」（限定的なユースケース用に微調整された既製アルゴリズム）を迅速かつ広範囲に展開し、その企業にとって最も重要な業務タスクの大部分を自動で実行することができる。

本書では、各分野で**デジタル企業**が従来型構造の企業と衝突するパターンが繰り返されている状況を見ていく。蟎蟻金服（アント・フィナンシャル）vs.銀行、ユーチューブやネットフリックスvs.エンタテインメント産業、エアビーアンドビーvs.伝統的なホテル運営会社などがその例だ。このような衝突を見ると、指数関数的なシステムが飽和状態のシステム、つまり限界に達したシステムと鉢合わせしたときに、どうなるかがわかる。高校の微積分の授業が思い出されるかもしれないが、指数関数のグラフは原点に近い部分では平坦で、その後ぐんぐんと上昇していく。アント、ユーチューブ、エアビーアンドビーの事例が示すように、デジタル企業が当初提供する価値は限定的だ。既存の競合企業はほとんど気づかないかもしれないし、気づいたとしても、新タイプの競争を軽く見て、理屈を並べて顧みないことが多い。脅威が高まり続ければ、既存企業はおそらくマーケティング活動で消費者にそのデメリットを伝えたり、規制当局に働きかけたりすることで、減速を図るかもしれない。脅威がさらに拡大すると、一部で業務上の対応を始める企業が出てくる。自社システムをいろいろと変革し、デジタル化を図るのだ。ほとんどの場合、こうした取り組みは遅きに失する。指数関数型の企業がひとたびクリティカルマス（臨界点）に達すると、その成長率は爆発的に増加し、伝統的なシステムでは手も足も出せなくなる。アンドロイドとノキア、アマゾンとバーンズ&ノーブル、ユーチューブとバイアコム、アント・フィナンシャルと香港上海銀行（ＨＳＢＣ）がどうなったかを考えてみてほしい。

私たちは本書の執筆時点で、このような新タイプの企業の出現は避けられないものだと考えていた。とはいえ、経済が転換するまでには何年もかかる――ほとんどの従来型組織が対応し適応する時間は十分にあるとも思っていた。本書は２０２０年１月に出版したが、新型コロナウイルスのパンデミック（世界的大流行）がこれほど急速に経済や社会の景観を変えてしまい、あらゆる組織が一夜にして適応とデジタル化を迫られることになるとは見通せなかった。今回のパンデミックで直ちに明らかになったのは、企業がコロナウイルスのように異質な指数関数型の脅威に立ち向かうためには、今すぐに変革を起こさなければならないということだ。

指数関数的な拡大に立ち向かう

コロナ禍は、指数関数的な成長に突き動かされるシステムが伝統的なシステムと衝突したときに、何が起きるかを端的に示している。パンデミックの初期に、私たちも振り回された。２０２０年1月から2月にかけて、私たちは本書のプロモーションのためのブックツアーで欧米を駆け回っていた。ボストン、シカゴ、ロサンゼルス、サンフランシスコ、ロンドン、ミュンヘン、パリ、ミラノで講演をこなしたが、世界規模で爆発寸前の爆弾の上に自分たちが座っているとは夢にも思わなかった。中国関連の報道が憂慮すべきものになっても、ほとんど気に留めなかった。

ヨーロッパでコロナ禍がクリティカルマスに達したのは、本著の執筆者のイアンシティが飛行機でパリからミラノに移動した日のことだ。離陸時は平穏そのものだった。一部の乗客が携帯電話を心配そうに見つめ、マスクをつけていたのは知っていた。イアンシティが妻と一緒にミラノに着く頃には、ヴォイスメールにメッセージが殺到していた。ミラノのマルペンサ空港からホテルへ向かう車中でそのメッセージを聞き、大きな危機が広がっていることを理解し始めた。わずか2～3日の間に、新型コロナの感染者が桁違いに増えていたのだ。ウイルスの勢いは凄まじく、ミラノ近郊の多くの町はすでに閉鎖されていた。私たちは別の車を手配し、チューリッヒまで運転し、数時間仮眠をとった。そしてすぐに、張り詰めた雰囲気の中、飛行機でボストンに舞い戻った。それ以来ずっと同地で、私たち全員がパンデミックに支配される状況を、恐怖におののきながら見守ってきた。

新型コロナウイルスは世界の保健機関や経済機関に大混乱をもたらし、指数関数的な感染拡大によって医療制度、医療品や医療技術企業、食品流通、金融サービス、教育制度などなど、従来型組織が簡単に打ちのめされてしまうことが、有無を言わさぬスピードで証明された。初期の頃、ほとんどの組織や各国政府はコロナにまったく注意を払っていなかった。コロナ禍を制御下に置くためのテクノロジー、供給品、プロセス、システムに十分に投資してこなかったのだ。

これが衝突のメカニズムである。

指数関数型のシステムがクリティカルマスに達するまで無視していれば、大惨事の元凶になる。既存企業とデジタル企業の衝突に見られるように、唯一の救命戦略は、脅威を明確に認識し、直ちに対応し、長期的な変革に向けて入念に計画を策定することだ。十分に早い段階で脅威に気づけば、戦術を練って勢いを緩めることができる。コロナ禍の場合、広範に及ぶ症状の追跡調査、隔離、ソーシャルディスタンス（社会的距離）などが戦術に当たるだろう。ただし、脅威が襲いかかってくるのを待っている必要はない。従来の防衛策を可能な限り強化することもできるし、そうしなくてはならない。再びコロナ禍の例で言うと、検査への大規模投資、重要物資の在庫確保、病院内のＩＣＵ（集中治療室）病床確保などがそうだ。しかし、基本的な準備を超えて、指数関数的な脅威に対処するうえで最も効果的な方法は、いざこうした課題に直面した際に、俊敏かつ指数関数的に対応できるようなオペレーティング・アーキテクチャ（組織を動かす仕組み）自体を整備することだ。これは、私たちが最も効果的にパンデミックに対応している組織を調べる中で発見したことである。こうした組織は新旧を問わず、ソフトウェア、アナリティクス、ＡＩの助けを借りて、オペレーション上の意思決定を強化するために、充実した統合型のデータ基盤を活用していた。

迅速な変革をこれほど明確に支持する論拠はないだろう。あらゆる組織が今、業務の規模、範囲、学習を加速させるために、プロセス、システム、ケイパビリティ（組織能力）のデジタル化と体系化に乗り出すべきである。もはや待つ理由はない。新しい組織だろうが、古い組織だろうが関係ない。結局のところ、ウイルスにやられなくても、いずれ競合他社にやられてしまうだろう。

いくつか事例を見ていこう。

異色の企業が挑むワクチン開発

私たちが本書の執筆に追われている間に、すでにコロナ禍との戦いにどっぷりとつかっていた組織もある。パンデミック初期の数週間の出来事を見ていこう。

2019年12月31日、中国湖北省武漢市の衛生健康委員会が肺炎の集団発生を報告した。[*1]

2020年1月4日、世界保健機関（WHO）はソーシャルメディアで、武漢で肺炎が集団発生しているが、死亡者は出ていないことを報告した。

1月5日、WHOは新型ウイルスに関する最初の疾病アウトブレイク・ニュースを発表した。マサチューセッツ州ケンブリッジのバイオテクノロジー企業モデルナのCEOのステファン・バンセルはこの報告書に注目した。

1月12日、中国が新型コロナウイルスの遺伝子配列を公表した。

1月13日、米国立衛生研究所（NIH）とモデルナの感染症研究チームは、新型コロナワクチンmRNA-1273の配列を確定させた。*2

2月7日、マサチューセッツ州ノーウッドにあるモデルナの工場で、最初の臨床試験用ワクチン（臨床バッチ）が生産された。

2月24日（私たちがヨーロッパからアメリカに戻るために機中にいた頃）、第一相試験（フェーズ1）のために、モデルナ製ワクチンの最初の臨床バッチがNIHに出荷された。

5月7日、モデルナはフェーズ1について米国食品医薬品局（FDA）の審査を無事に通過し、フェーズ2を開始できることを発表した。フェーズ3は2020年初夏の開始が見込まれ、取り組みが始まって11カ月足らずの12月上旬にワクチンが完成する可能性がある。

モデルナの進展ぶりは前代未聞だ。臨床試験が成功すれば、史上最速のワクチン開発の取り組みになるかもしれない。

バイオを手掛けるテック企業

モデルナは他社とは異なるバイオテクノロジー企業だ。多くの点で、このように迅速な対応と指数関数的な影響に合わせた組織といえる。

モデルナCEOのバンセルは自社について「たまたまバイオを手掛けているテック企業だ」と説明する。*3 共同創業者のヌーバー・アフェヤンは、メッセンジャーRNA（mRNA）技術の可能性を追い求めて、自ら起こしたバイオ系スタートアップ・ファクトリーであるフラッグシップ・パイオニアリング傘下のポートフォリオ企業として、2010年にモデルナを設立した。モデルナは伝統的なバイオテクノロジーとは異なる技術基盤上に築かれている。mRNA医薬品開発は基本的に、特定のタンパク質の生成に必要なものをコードしているmRNAが果たす役割に焦点を当てたソフトウェア領域の一つである。つまり、人体が特定の疾病と闘うのに適したタンパク質を生成するための指示情報を提供するテクノロジーなのだ。

モデルナのワクチン開発の鍵は、ｍＲＮＡの命令セットを脂質分子で輸送することにあり、それによって、ヒトの細胞内に取り込めるようになる。この基盤となるのがプラスミドＤＮＡであり、特定の命令セットを持つｍＲＮＡの生成に素早く適応できるプラットフォームとして機能する。量産可能なプラスミドの基盤を築き、特定のワクチンに必要なｍＲＮＡ配列をカスタマイズできるようにすることが、モデルナの製造プロセスの役割だ。モデルナの最高技術オペレーション及び品質責任者のファン・アンドレスの言葉を借りれば、「当社の重要な強みの一つは、あらゆるアプリケーション、あらゆるワクチンを供給し、私たちのあらゆる知識や経験を結集させた単一プラットフォームがあり、世代から世代へと急速に蓄積されていくことだ」。同社のｍＲＮＡプラットフォームの最高科学責任者を務めるメリッサ・ムーアは、１００人以上の研究者チームとともに、ｍＲＮＡ送達やサイエンスを改善し続けている。こうして、モデルナの臨床研究担当者は、様々な健康問題にｍＲＮＡをどのように適用できるかを考え抜くことができる。アップルのｉＯＳやグーグルのアンドロイドが提供するコアＡＰＩ（アプリケーション・プログラミング・インターフェース）やソフトウェア開発ツールキットを活用して、開発者が新しいアプリをつくるのと同じやり方で、ムーアらのチームはｍＲＮＡプラットフォームを活用しているのだ。

モデルナは私たちの言う「ＡＩファクトリー」上に築かれている（第3章を参照）。データ重視のオペレーティング・モデルは研究開発プロセスを超えて、企業のあらゆる側面を包含している。モデルナの基盤は統合されたデータ・プラットフォームにある。これは、すべての機能的特徴から生じるデータを組み込んだ一貫性のある単一の「記録システム」だ。このアーキテクチャでは、素晴らしいスピード感と確実性を持ってデータを組み合わせたり、組み替えたりすることができ、無限の可能性を秘めたビジネス上や科学的な応用の原動力となっている。こうした応用では、研究開発から製造、財務からサプライチェーン・マネジメントまで、すべての機能にわたって、ビジネスの実行を推進するアルゴリズムが用いられている。

ＡＩファクトリーの背後にある基本的な考え方は、データ、アナリティクス、ＡＩに対する企業のアプローチを工業化することだ。モデルナのＡＩファクトリーは、１００年以上前に製造業で工業化が果たしたような変革を、アナリティクスの分野で行っている。データ処理は体系的かつ標準化された形で行われ、カタログ化、一元化、クレンジング、正規化、統合を経てＡＰＩを通じて提供される。チームはこれを新しいビジネス・アプリケーションの動力源として活用することができる。データ・プラットフォームが企業の中核となり、サイエンティストやマネジャーで構成される組織が監督し、その威力を引き出していく。サプライチェーンの予測であれ、財務のモデリングであれ、ワクチンの設計や量産であれ、データを活用したソフトウェア・アルゴリズムが企業を動かしているのだ。また、モデルナの基盤となっているテクノロジーは、同社の組織構造やプロセスも形作っている。実際に、モデルナの最高デジタル責任者のマルチェロ・ダミアーニは最高プロセスエクセレンス責任者も兼務する。経営メンバーとして、企業全体のプロセス改革を推進するのが彼の役割だ。ダミアーニの見解によると、古いプロセスに手を入れて効率化しても意味はない。デジタルやAIなど新しいテクノロジーが利用できるようになれば、彼のチームは業務プロセスを再設計するために様々な機能部門と連携し、それによってスピードや効率性の向上、より多くのイノベーションが可能になるという。

本書の執筆時点では、モデルナのワクチンが成功するかどうかはわからない。ワクチンの性能に関する初期の情報を聞くと、かなり有望そうだが、ワクチン開発には失敗がつきものだ。もちろん、人類全体のために、治療法やワクチン開発に取り組む同社や他社の成功を願っている。いずれにせよ、確実にわかっているのは、ワクチン開発やより広範なヘルスケアは、決してこれまでと同じままではないだろうということだ。

ウイルスとの衝突

「私たちは独自のモデリングに基づいて多くの計画を立ててきた。モデル化はヘルスケア・システム・エンジニアと一緒に行う。私たちは中国や韓国など世界各地のデータを調べてきた。特にイタリアからは、大量のデータを入手した。マサチューセッツ総合病院やパートナーズ・ヘルスケアで私たちが経験したことを、イタリア北部や中部の人々が経験したことと比較し、この先どうなるかを探ろうとしている」

――ポール・ビディンガー（マサチューセッツ総合病院　救急診療科救急準備担当副長）

２０２０年の春先、中国以外の多くの国でコロナウイルスがクリティカルマスに達したことで、事態は急展開を始めた。アメリカでは3月に感染が「べき法則」の段階に入り、私たちは2〜3日ごとに患者数と死亡率が倍増するという急拡大に驚かされることとなった。その時点で、人々の仕事も激変した。２０２０年3月14日から30日までの2週間で、アメリカは過去10年間で目撃された以上のデジタル変革を経験してきた可能性がある。アメリカ経済の半分以上を占める労働者が在宅勤務を始めた。私たちが在籍するハーバード・ビジネス・スクール（ＨＢＳ）では、１２５人以上の教員と２５０人以上のスタッフが、約２０００人のＭＢＡと博士課程の学生向けに2週間でオンライン教育へと移行するために休むことなく働いた。このような大規模な変革には何十年もかかると信じていた人もいただろう。

仕事がほぼ瞬時に一変するとともに、感染者数が急増してICU病床や医療品の不足が深刻化していく状況を誰もが目の当たりにした。幸いにも、一部の医療機関は数カ月前からコロナ対応の計画を策定し、ウイルスとの衝突が避けられない状況に備えて懸命に変革を進めていた。

マサチューセッツ総合病院（MGH）は210年前に貧しい人々を治療するために設立されたが、そのミッションは今も非常に重く受け止められている。MGHの伝統として深く根付いてきたのが、分析、方法論の厳密さ、創造的だが体系的なイノベーションだ。これらは危機対応と災害管理のケイパビリティの基礎となる、飽くなき患者重視の哲学を後押ししている。

MGHはモデルナよりずっと古く、（多くの点で）伝統的な組織だ。そのITインフラの多くは時代遅れで、規制上の制約や長く続いてきたプロセスによって能力は限定的である。しかし、明白な存亡の危機に直面したとき、賢明なリーダー層に恵まれていたMGHは変革を即断即決し、最も効率的なデジタル企業の特徴である、水平的な統合型情報アーキテクチャをつくった。

MGHがコロナ対応を計画し始めたのは、1月に遡る。中国に続き、イタリアなどあらゆる場所から集まってくるデータは、この疾病の多くの特徴を捉えており、病院がどのようなプレッシャーに直面するかをはっきりと示していた。MGHは縦割り組織だったが、一元化された情報処理組織を迅速に構築する必要があった。多数の情報源からデータを取り込み、その妥当性を確認したうえで処理し、それを使って、MGH内の様々な複雑な業務システムの負荷を予測できるようにすることで、コロナ患者の急増に対応する。

MGHの対応をリードしたのは、全社的な機能横断型チームだ。ポール・ビディンガー、救命救急チームメンバー、コロナ緊急司令部長となったMGHシニアアバイスプレジデント兼緊急準備室長のアン・プレスティピノ、MGHやパートナー組織のデジタル変革プロジェクトを監督しているリー・シュワムなどが参加していた。

MGHはパンデミックに備える計画を立てながら、キャパシティ(収容能力)、対応力、アジリティ(敏捷性)の拡大に絶えず取り組んだ。チームは予測されるコロナ感染者の急増に対応するため、広大な組織全体でデータ、情報、活動を統合し調整する体制をつくって展開させた。この情報アーキテクチャにより、MGHはN95マスクや人工呼吸器、ICU病床の不足など、計画過程で判明したあらゆる問題に取り組み、患者数が急増し始めたときに具体的な対応手順を固めることができた。

MGHの危機対応体制の中核となったのは、情報システムとデータ・プラットフォームだ。情報システムによってデータの一元化と蓄積が可能になり、臨床アウトカム、計画システム、財務データ、キャパシティの負荷に関する情報が、利用データやサプライチェーンの予測と統合される。このすべてにより、MGHチームは部門別ダッシュボードの開発と配備を迅速に進め、予測情報や予測モデルを臨床医に提供して需要変化に合わせて計画を策定できるようになったのだ。

MGHの災害管理組織は、システムや取り組みを結集させて機能横断でデータや情報を共有し、危機に関する重要な業務活動を調整し統合する水平的な組織の役割を果たした。また、運営面のコントロールタワーとなり、MGHの戦略やオペレーティング・アーキテクチャを統一しながら、組織を構成する多数の要素にまたがる変革を推進した。

MGHでパンデミックの最も重要な成果として、遠隔医療の導入と展開が挙げられる。かつては同病院の医療サービスのごく一部でしかなかった遠隔医療プラットフォームが、ほとんどの分野で主要なオペレーション方式へと急成長を遂げた。現在では、医療従事者と患者間だけでなく、医療従事者間の交流でも、バーチャルなつながりが欠かせなくなっている。みんなが情報共有、コーチング、トレーニング、メンタリングにオンラインコミュニティを活用しているのだ。MGHの救急医でデジタルヘルス・フェローのケリー・ウィットボルドは、「デジタルヘルスや遠隔医療が医療サービスにイノベーションをもたらすのだと政策立案者や保険金支払い者に納得してもらうために、この先10年は自分のキャリアを捧げなければならないと思っていた。コロナ禍によってそれは数週間で実現された」と語る。*4

その結果は目覚ましい。MGHはパンデミックの間、治療におけるほぼすべての側面で優れた業績を達成し、数え切れないほど多くの命を救った。ウィットボルドが指摘するように「危機的な状況下で、病院全体が本当に団結した」のだ。MGHのアプローチは多くの点で、第5章で取り上げるデジタル変革の事例の端緒となる。私たちが概説した原則とおおむね一致しているが、思っていたよりも、はるかに速いスピードで実現した。

MGHの対応からわかるのは、必要な時に明確な重点対象、ミッション、適切なケイパビリティがあれば、古い組織であっても、また最新かつ最高の技術システムがない状況下であっても、急旋回できるということだ。アーキテクチャは、複雑な対応を構成する多様な要素を前例のない機敏さで調整し統合する鍵となる。極めて重要な点として、MGHのパンデミックへの対応から、データ重視の科学的論拠という中核がアナリティクスの展開にどれほど必須かということもわかる。端的に言うと、人命が危険にさらされていれば、フェイクニュース、ねつ造データ、組織政治が入り込む余地はない。これは、リーダーがデータ重視でアナリティクスを用いた具体的な手法を採用する動機となり、データ重視かつAI重視の組織をつくるうえで極めて重要だ。それがなければ、デジタル・オペレーティング・モデルは絶対にうまくいかない。

MGHの取り組みはまだ完了したわけではない。コロナ禍が沈静化しても、次なる課題は、危機の中でいろいろと学んだ教訓を内部で吸収し、変革を継続させることだ。これはＭＧＨだけの話ではない。コロナ禍は、想定外のことを行い、前例のない変化を受け入れ、古くからの官僚主義を回避するように多くの組織を促してきた。他の産業分野にも目を向けてみよう。

変革をジャンプスタートさせる

「古い企業が本当に自ら変革できるのか」とよく聞かれるが、ついにこの問いの答えが見つかったことは間違いない。コロナ対応における緊急性は、あらゆる業界ですでに企業をつくり替えてきた。医療分野を含むあらゆる業界で、一見凝り固まった伝統的な企業の多くが、自分たちも変革できること、しかも、迅速かつ即座に変革できることを発見してきた。以下がその例だ。

インターネットを駆使する

ソーシャルディスタンスで仕事の性質が変容するにつれて、インターネットの利用と帯域幅が必須となった。通信会社は日頃から重要なサービスを提供しており、あらゆる混乱に備えておく必要がある。しかし、ベライゾン・ワイヤレスのグローバルＣＩＯであるシャンカー・アルムガヴェルは、同社のような世界最大級の通信会社でさえ、コロナ禍のような危機に関するプレイブックがなかったことを認めた。

最初の課題は、利用量が急増する中で、ネットワーク帯域とサービスの継続性を確保することだった。それと同時に、ベライゾンの13万5000人の従業員のほとんどが在宅勤務となったが、彼らが業務に必要なツールやプロセスにこれまでと同じようにアクセスできるようにしなければならない。さらに、同社の1万人を超えるサービス技術者は設置や修理のために顧客の施設や住居に立ち入ることができなくなった。そこで、技術者がバーチャルで顧客を訪問し、遠隔で設置や修理に対応できるようにするソフトウェアを急いで配備した。

営業を続けていたベライゾンの店舗では非接触の購買体験を確立させた。顧客がアプリで事前に予約できるシステムを導入。小売店の従業員と顧客が遠隔から同じ商品情報を共有して見られるようにしたり、デジタル上で契約締結と本人確認を完結できるようにしたり、自動キオスク経由で現金を扱う方法などタッチレス・デジタル決済の選択肢を用意したのだ。

他の数々の組織と同様、ベライゾンは世界で最も機敏な企業として有名なわけではない。しかしパンデミックは、私たち全員に、それまで傍観していた変革やイノベーションを、迅速に行動に移す方法をもたらした。しかも、もう後戻りはできない。経済界のリーダーや従業員は、オペレーティング・モデルの変革にどれほどテクノロジーが役立つかについて、基本的な事実として理解し受け入れている。私たちが話を聞いた多くのＣＩＯたちと同じく、アルムガヴェルの目下の使命は、こうしたアプローチを恒久的に取り込むために事業部門と協力することだ。

小売体験をデジタル化する

人との接近を避けるように事業を再設計できない場合、どうすればよいのだろうか。コロナ禍で、デジタル化に本腰を入れてこなかった小売業者は、ＥＣを導入するか、店舗を閉鎖するかの選択を迫られた。小さな個人商店からＪＣペニーやニーマン・マーカスなど大手チェーンまで、多くの企業が廃業に追い込まれた。世界第7位の小売企業のイケアはその影響の大きさと緊急性を認識した。世界中で展開する433の巨大な「ブルーボックス」店舗の大多数を閉める必要がある。突如として、利用できるのはＥＣのみとなってしまったのだ。

イケアは直ちに対応した。ブルーボックス店舗はイケアのＥＣサイトのフルフィルメントセンター（在庫を保持・出荷する物流拠点）になった。最高デジタル責任者のバーバラ・マーティン・コッポラの指揮の下、1週間で13地域のウェブサイトをクラウドに移行して一元化し、全地域のデータを集約、統合した。さらに3週間かけて、商品計画、価格設定、物流の担当幹部たちは、テクノロジー、データ、AIを活用しながら、イケアのレガシーを忠実に守りつつフルデジタルの小売体験づくりを学んでいった。これは重大な変化だった。コロナ禍以前、イケアのカントリーマネジャーは50のEC市場に分かれて権限を持ち、地域ごとに独自のデータ戦略、価格設定、CX（顧客体験）の意思決定を行っていた。これまで何度も計画しては白紙になったデジタル変革の取り組みが、パンデミックによって現実のものになったのだ。

イケアはそこで打ち止めにしなかった。デジタルチームは「クリック&コレクト」モデルで非接触型フルフィルメントを実現し、顧客一人当たりの注文数を増加させた。オンラインでは、高度なAIがEC顧客に商品をレコメンド（推奨）し、店舗の販売チームの知見を補強した。最適な選択肢を提示された顧客はさらに商品を購入し、ショッピングカートの中身の量が急増し始めた。オンラインショップの売上高は3～5倍に増え、利益率も大幅に向上したのである。

この変革は、AI用オペレーティング・モデルを再構築する価値を実証し、店舗が再開されても消えることはない。同社では、デジタルとリアルを隔てていた伝統的な壁が崩壊した。物理的な小売チームは、デジタル・オペレーションを代替品よりも補完品として捉えている。コッポラ率いるチームは現在、サプライチェーンの最適化と業務の効率化にコマを進めている。イケア全体を共通のデータ・プラットフォームに移し、顧客、従業員、サプライヤーの体験を向上させる多様なアルゴリズムをつくろうとしているのだ。イケアの顧客中心主義を支援しながら、従業員が店舗やオンラインで意思決定を補強し自動化できるテクノロジーを会社として今後も採用し続けていくことを、コッポラは期待している。

重篤な患者を救う

デジタル・オペレーティング・モデルでは、良くも（時には）悪くも、ほぼ限界費用ゼロで高精度のターゲティングが可能になる。パンデミック中には、このような精度の高いターゲティングが人命を救うこともある。最も困難な課題の一つは、ウイルス感染の恐怖から、他に持病のある人々が医者にかかったり、緊急治療を受けに来たりするのをやめてしまうことだ。正確に対象を絞れば、重篤な患者の特定、患者群に合わせたメッセージ発信、医師への連絡や救急病院の利用促進など、ＡＩを問題解決に役立てられる。

製薬会社のノバルティスは（適切で法令遵守の匿名化手法を用いて）患者を遠隔診断できる高度な予測モデルの開発を進めてきた。多くの場合、従来の診断で見つかる何年も前に問題を特定できる可能性がある。こうした取り組みを主導した科学者のチトラ・ナラシムハチャリは、多発性硬化症や強直性脊椎炎（重度の慢性腰痛）などの疾患に注力し、目覚ましい成果を上げている。

ノバルティスのデータサイエンス・チームはベンダー、機能部門、グループにまたがる幅広いデータフローを統合し、データのクレンジング、検証、統合、正規化を行い、単一プラットフォームの構築に取り組んだ。モデルナのＡＩファクトリーと同じく、必要とする人がすべての関連データを閲覧・利用できるようにし、機能横断でデータを強力な予測モデルに素早く展開することをビジョンとしていた。

パンデミックが起こったとき、コマーシャル・アクセラレーション担当バイスプレジデントのバーティ・ライ率いるノバルティスの商用データとアナリティクスの変革は道半ばで、プラットフォームは未完成だった。ＡＩファクトリーモデルは、個々のプロジェクトにおいては導入されていたが、統一された基盤としてはまだ整っていなかった。データストアの接続性や統合も完全ではなかった。しかしコロナ禍においては、ノバルティス社内の全機能部門がＡＩの素晴らしい予測力を活用したいと思っていた。サプライチェーンは何をどこに出荷すればよいかを、財務は資金需要や利益予測を、研究開発はまったく新しい応用分野における医薬品の有効性や安全性に関する予測モデルを、営業はすぐに変化する臨床ニーズや顧客の要件を把握することを求めていたのだ。そして何よりも、ノバルティスのチームは重篤な患者を特定する必要があった。

ノバルティスのチームは拡張可能なデータ・プラットフォームの構築に向けて集中的に取り組んだ。ナラシムハチャリはすでに部門長のライと力を合わせて、中央集権型のＡＩ

ファクトリーを実現し、今や全社的にデータとＡＩのケイパビリティ向上を求めるようになった現場のビジネスリーダーにもはっきりとわかり、利用しやすいものにしようと取り組んできた。すべて完成するまで待つ代わりに、チームは部分的に組み立てられたプラットフォームを使って多様なモデルの開発に取りかかった。多様な地域や疾患分類にまたがって、患者や企業の緊急ニーズを突き止めるためだ。その中には、合併症の危険がある患者を明らかにし、可能な限り適切な医療機関を紹介したり治療計画を推奨したりするモデルもあった。たとえば、20％もの患者が必要時や定期的に通院しないがために重篤な合併症を引き起こす危険があることを明らかにし、ノバルティスの顧客担当チームが医師や医療サービス事業者に警告し徹底を図った。

コロナ禍によってノバルティスのデジタル変革は見事に強化された。ノバルティス・ファーマシューティカルズＵＳプレジデントのヴィクター・ブルトは現在、コロナ禍の勢いに乗って取り組みを確実に継続させるために、自分のチームとベルトランド・ボドゥソン率いるノバルティス・グローバル・デジタル・オフィスとの協業を進めている。ブルトはパンデミックが次の段階に移るのに伴い、現行の変革をとりまとめるために「ルック・フォワード・オフィス」という新チームを組成した。

パンデミックからの学び

ここまで見てきた例からもわかるように、ＡＩ時代が到来し、新タイプの企業が出現している。しかし、本書の執筆時点では、ＡＩ時代の進展には多少時間がかかり、みんなでその意味合いを考える時間があるだろうと考えていた。また、経済全般でデジタル世界を受け入れ、変革に必要なケイパビリティや倫理を十分に理解できる新世代のリーダーが育つまで、しばらく時間がかかるとも思っていた。コロナ禍でこうした贅沢な時間は持てなくなった。地球上のあらゆる組織が今、それがどのようなプロセスであれ、なるべく早くデジタル化せざるを得なくなっている。

パンデミックの体験はデジタル変革が迅速に実現する証拠といえる。正直なところ、誰もが想像したよりも、はるかに速かった。ほんの数週間で、ほとんどの世界経済はバーチャルなモデルへと移行した。ビデオ会議ソフトを使える労働者が一斉にソーシャルディスタンスをとるようになると、移動は大幅に低下した。大学はオンライン教育モデルへ移行した。医療システムは遠隔医療を採用し、保険会社や規制当局は規制や診療報酬方針を素早く変更した。テック企業はオフィスを手放し、一部の企業はオフィスの理念が永遠に変わると発表した。商業不動産の価値は急減し、エネルギーや旅行業界の株式も暴落した。バーチャルモデルは序の口にすぎない。ＭＧＨのチャットボットから、イケアの顧客向け商品レコメンドのアルゴリズム、ノバルティスの重篤患者の予測モデルまで、あらゆる種類のＡＩが急速に実装されていった。

シリコンバレーを拠点とするテック企業でなくても、データ重視やＡＩ重視の組織になることは可能だ。コロナ禍以前にも、コムキャストやフィデリティ・インベスメンツなどの組織がオペレーティング・モデルをデジタル化し、競争上の脅威に対応するために変革する事例を私たちは目にしてきた。しかし、古参企業に変革の必要性や実行可能性があるのかと、反対派は依然として疑問視していた。こうした議論に終止符を打ったのがコロナ禍である。

その一方で、意味のある変革を起こすために、計画と準備が行動の質や効果を向上させることも私たちは学んだ。ＭＧＨ、ノバルティス、モデルナなどの組織が危機の中で達成したことがなぜ可能だったかというと、すでにそのアプローチを試験運用し、基盤を構築することに着手していたからだ。ＨＢＳでも、大学全体を変革する際に、過去のオンライン教育の経験は非常に役立った。目下の課題は、変革を持続させ、思慮深くバランスの取れた方法で、それを形にしていくことだ。

こうした新しい観察結果は、本書の中心的なメッセージの多くを裏付けている。中でも重要なのは、オペレーティング・アーキテクチャが本当に重要であるというメッセージだ。ＡＩ重視の企業は、個々のアルゴリズムの洗練度ではなく、実際のビジネス上の問題解決につながる多数のＡＩソリューションを迅速に実装できる構造とプロセスによって定義される。確かに、モデルナはデータ、アナリティクス、ＡＩを輝かせるように設計されていた。しかし、ＭＧＨ、イケア、ノバルティスでも、危機をきっかけに同種の統合データと組織構造に依拠して、革新的で正確なアナリティクスを迅速に生成し展開しようとする様子が見られた。さらに、アーキテクチャがあれば、迅速かつ俊敏で、拡張性と適応性のある対応が可能になる。コロナ禍のような指数関数的な脅威に追いつき、脅威と機会のどちらにも迅速に対処できるのだ。

シンプルなＡＩ（いわゆる「弱いＡＩ」）であっても、大規模に展開されれば、大きな影響を持ちうることが、事例から確認される。ＡＩで違いを生み出すために、ＳＦ小説のようなものは必要ない。適切なデータを用いたシンプルなアルゴリズムで重要な結果を出せる。シンプルなチャットボットや基本的な機械学習であっても、重要な業務上のボトルネックを解消したり、重要な予測ができるならば、本当に大きな違いを生み出しうるのだ。経済を変革し、企業の働き方を変えるうえで基礎となるのが、弱いＡＩの重要性であり、これは本書のもう一つの主要テーマといえる。たとえば、コロナ禍の支援策として病院に配備されたＡＩのほとんどはシンプルな機械学習アルゴリズムだった。それを適切なデータで訓練すれば、ＭＧＨでのＮ95マスクの供給のように、重要な予測に役立つかもしれない。繰り返しになるが、なるべく多くのビジネスプロセスで、シンプルなＡＩベースのインフラ展開を推進することに尽きるのだ。

変革には犠牲を伴うことも留意しなければならない。コロナ禍は、デジタルの規模、範囲、学習が世界経済や社会に及ぼす影響を大幅に加速、深化させた。最も懸念されるのが、企業や個人などの持てる者と持たざる者の間の**デジタル・デバイド**（情報格差）にコロナ禍が及ぼす影響だろう。デジタル・デバイドは今や、競争力、生産性、収入に影響するだけでなく、働ける人と働けない人、家で安全に過ごせる人とそうでない人、依然として営業を続けられる企業とそうでない企業の間の違いを明確にしている。さらに悲惨なことに、この格差は従来の経済的、人種的な不平等を際立たせているのだ。

パンデミックは私たちみんなを変えてしまい、フェイクニュースからバイアス、セキュリティ、プライバシーに至るまで、デジタル組織や業務プロセスに関わるあらゆる倫理問題を増幅させている。その中で、多くの政府機関や社会機関の分裂が加速し、市民の自由に対する脅威が先鋭化している。この動きはまだ完全に終結していない。情報を伝えて民主的プロセスを守るために、私たち全員がローカルとグローバルの両レベルで議論を注意深く見守り、参加していくことが重要になるだろう。

データを知恵に昇華させる

危機は去ったと思っても戻ってくるものだ。私たちが今日ここでこの序章の最後の文言をタイプしている際にも、世界の健康、経済、政治はほぼ前例のない不確実性に直面している。一部の地域では新型コロナの感染が小康状態にあり、多くの国々で経済が再開されつつある。それでも、コロナ禍の危機は全然終わっていない。都市の封鎖が解除されるとともに、ウイルスが戻ってきて、多くの国々やアメリカの州内で再び指数関数的に増殖し、猛威を振るっている。昨日は文字通り、アメリカと世界の1日の感染者数が過去最高を記録した。ボストンでの入院者数が減少すると同時に、MGHは新たな衝突に備えて計画している。万が一に備えてのことだ。

パンデミックが続く中で、残念ながら、別の基本的な教訓が浮き彫りになる。賢明なリーダーシップを欠けば、最高のデータやアナリティクスがあろうとも知恵につながっていかない、ということだ。パンデミックの最初の段階で得られた基本的な知見が、社会の一部でしか取り入れられていないのは悲劇的である。たとえば、マスクが感染やスーパースプレッダー（特に周囲に感染を広げる感染者）の回避に役立つと統計的に確認されていることは今や周知の事柄だ。ところが、この基本的な分析的知見でさえ、多くの指導者は認識、尊重、活用することなく、不必要な死亡に事実上つながっている。大量のデータ、アナリティクス、ＡＩがこのパンデミックを本当に過去のものにするような集合知に貢献できないことを恐れながら、私たちはただ座って見ているしかない。

しかし、実際にどのような未来が待っていようとも、経済のデジタル変革における前進が無に帰することはないだろう。デジタルの影響は至るところで認知され、その裏付けは共有されつつあり、趨勢《すうせい》は後戻りできないレベルに達した。私たちに確実にわかるのは、何が起ころうとも、変革のスピードは大幅に加速し、このネクストエコノミー時代を推進させるようなビジネスとテクノロジーのリーダーシップが直ちに必要になっていることだ。

リーダーに求められるのは、厳密さとアナリティクスの重要性を認識し、データ・プラットフォーム、デジタル・ネットワーク、ＡＩのテクノロジーと経済性を一通り理解し、変化や変革に貪欲になることだろう。しかし何よりも、デジタルの規模、範囲、学習に関する倫理をしっかりと尊重し、変革を誤れば経済や社会に悪影響が及ぶことへの理解を深める必要がある。本書が戦略的リソースとしてリーダーの役に立つことを心から願っている。

マルコ・イアンシティ、カリム・Ｒ・ラカーニ
２０２０年７月

編集部注

＊本文中の企業名や人物肩書きは執筆当時のものである。

＊訳注は〔　〕で示した。

The Age of AI

第1章　AI時代

「レンブラントだ！」

さっと手を挙げてそう叫んだのは、立派な服装の白髪の紳士である。他の聴衆からも同意の声が挙がった。オーストラリアを代表する美術館を営むある男性は、この17世紀のオランダの巨匠特有の作風を見分けられると自負していたが、図1－1の絵は具体的に思い出せないと困惑した様子だ。

その後、ビデオが流され、ナレーターが作品の出所を説明すると、会場は静まり返った。[*1] レンブラント作の肖像画ではないことが判明したのだ。それどころか、広告代理店のJ・ウォルター・トンプソンとマイクロソフトのチームが2016年にオランダの金融機関INGグループのプロモーション用に制作したもので、レンブラント作だとわかっている300点の絵画をスキャンして得た16万8263個のパーツをもとに、1億4800万超ピクセルで構成された画像だという。データサイエンティスト、エンジニア、レンブラント

図1-1　ネクスト・レンブラント

出典：INGとJ. Walter Thompsonの許諾を得て掲載

専門家が参加したチームは深層学習のアルゴリズムで肖像画を解析し、レンブラント作品に見られる典型的な特徴を選定した。新しい絵画の題材は30〜40代の髭をたくわえた白人男性だ。帽子をかぶり、白襟の服装で、顔は右を向いている。さらにアルゴリズムを駆使して、構成要素を完全な形に組み立てていった。その後、3Dプリンターを使ってキャンバスにUVインクを油彩風に13層塗り重ねて、巨匠の筆遣いを忠実に再現した。こうしてレンブラントの死後350年を経て、「ネクスト・レンブラント」と呼ばれるAI作品が誕生したのである。

AIはアート分野で一大勢力になりつつあり、様々な分野やメディアを結びつけ、アートの可能性を広げている。たとえば、グーグルはAMI（Artists + Machine Intelligence）プログラムを設けてアーティストとエンジニアのコミュニティをつくり、クリエイティブな実践がどのように変化しているのかを探っている。[*2] このコミュニティでは、映画から音楽まで幅広いテーマやメディアで、「ネクスト・レンブラント」で使用されたようなスタイル・トランスファー技術を応用している。

ただしAMIや他の類似プログラムではさらに、創作の世界にもAIを持ち込んでいる。既存のスタイルを複製するだけでなく、まったく新しい芸術作品をつくるためにAIを使っているのだ。[*3] この試みは、芸術作品のつくり方だけでなく、作品を構想し制作する組織やプロセスまでをも変えてしまう。ラトガース大学アート&人工知能研究所のディレクターを務めるアーメッド・エルガマルは、実質的に人間のアーティストの手を借りずに、新しい作品をつくるためにプログラミングされた「AICAN」と呼ばれるアート生成アルゴリズムに取り組んでいる。このプログラムは、膨大な数の絵画（古いものは14世紀に遡る）から訓練データを抽出するところから始まり、根本的に異なるものをつくり出す。それは、確立された芸術様式に「着想」を得つつも、まったく新しい絵画だ。このように、AIのアルゴリズムは単にアーティストの創作や流通方法の幅を広げるだけではない。美術史の流れもモデル化し、具象から抽象への長い歩みに洞察をもたらし、半世紀以上にわたって集合的無意識のうちに進んできたプロセスを理解するのに役立っている。

これは手始めにすぎない。数人のコンピュータ・サイエンティストとかなり基本的なAIに支えられたコンピュータが創造力豊かな天才の作品をシミュレーションしたり、協働したり、さらには拡張もできるとしたら、ほぼ間違いなく、人間が取り組むどの分野もAIとは無関係でいられなくなる。デジタル・ネットワークとAIは、あらゆる分野、あらゆる産業に広がり、企業と私たち全員の新時代のあり様を定義づけているのだ。

AI時代の競争

AIは「ランタイム」であり、人の行いをすべて形作っていく。
——サティア・ナデラ（マイクロソフトCEO）

AIは普遍的な「実行エンジン」になりつつある。「人の行いのすべて」において、ますます多くのタスクやプロセスがデジタル・テクノロジーによって実行できるようになるにつれ、AIは新しい事業運営基盤、すなわち、タスク実行の進め方を定義する企業のオペレーティング・モデルの中核になっている。AIは人間の活動を置換するだけでなく、企業の概念そのものを変えようとしているのだ。

このように、私たちにとってのAIの意味は、人間の特性をシミュレーションする機能というよりも、組織の特性や、組織が周囲の世界を形成する方法を変える機能であるかもしれない点にまず注目するべきだろう。

本書で取り上げていくのは、ビジネスにおけるAIの意味深さである。AIによって、いかに事業を運営し競争するかという企業の本質が変わりつつある。事業がAIによって推進されていく場合、ソフトウェアの命令とアルゴリズムが企業の価値提供におけるクリティカルパス（臨界経路）を構成する。これが、ナデラの言う「ランタイム」――すべてのプロセスの実行を形作る環境だ。デジタル・オペレーティング・モデルでは、人間がOS（オペレーティング・システム）を設計するものの、コンピュータがリアルタイムで実作業を行う。たとえば、デジタル・レンブラントを描く、アマゾンで価格を設定する、ウォルマートのモバイルアプリで商品をレコメンドする、アント・フィナンシャルで顧客の融資審査をする、といった作業だ。設計だけでなく実行においても、これまで人間の知能を必要としてきたあらゆるプロセスが対象となる。

ソフトウェアが業務実行のクリティカルパスを形成することは、想定外の重大な結果をもたらす。AI主導型デジタルプロセスは、規模を拡張するのが従来のプロセスよりもはるかに容易だ。また、他の無数のデジタル化されたビジネスと簡単につながるので、より多様な事業に範囲を拡張しやすい。さらに、正確かつ複雑で高度な予測を行う能力、基本的な理解を深める能力など、学習と改善に向けた絶好の機会となる。その過程で、ネットワークとＡＩは企業の運営基盤を再構築し、デジタルによって大きな規模、範囲、学習を可能にし、何百年にもわたって企業の成長と影響力を抑制してきた根深い制約を消し去っているのだ。

私たちはすでにその域に達しているが、フェイスブックや騰訊控股（テンセント）といった企業の爆発的成長を牽引しているＡＩは、実はまだそこまで高度ではない。本章で説明するような劇的な変化をもたらすには、ＡＩが人間の行動と区別がつかなくなったり、人間の思考をシミュレーションする能力を持つ必要はない（こうしたＡＩは「**強いＡＩ**」と呼ばれる）。従来は人間が行ってきた作業をコンピュータ・システムがこなすだけで事足りる（「**弱いＡＩ**」と呼ばれる）。ソーシャル・ネットワーク上のコンテンツに優先順位をつけたり、完璧なカプチーノをつくったり、顧客行動を分析したり、最適な価格を設定したり、さらにはレンブラント風の絵画を描いたりするのに、完璧な人間のレプリカは要らない。不完全で弱いＡＩであっても、企業の本質と経営方法を変革するのには十分なのだ。

過去10年間で、かなり基本的なＡＩのアプリケーションが激増したが、そこでも前例のない変化が見られる。私たちは、ネットワークとアルゴリズムが企業組織に織り込まれ、産業の機能や経済の回り方を変えていく新時代に突入した。新旧問わずどの企業でも、デジタルに精通することはもはや個別スキルではない。ＡＩは特定のジョブディスクリプションやビジネス機能の範疇と見なされるものではなくなっている。新しい機会と課題を理解することは、私たち全員にとって必須となってきた。この新しいAI時代では、戦略やリーダーシップに関する多くの伝統的な前提がもはや通用しなくなっているのだ。

競争の軸が変わる

AI時代を迎えて、デジタル・オペレーティング・モデルが出現したことで、競争が様変わりしている。写真の例で考えてみよう。100年以上前に写真が発明されると、絵画需要が大幅に減少し、絵を描く「技術」に破壊的影響をもたらした。画家はこの脅威に対応するのに苦労したが、最終的にアプローチを変えて新しいテクニックやスタイルを発明した。ここで重要なのは、フィルム写真は古い規範を脅かし、新たな可能性を生み出したが、それで経済が劇的に変わったわけではないことだ。フィルム写真と絵画の戦いは、ディスクドライブから掘削機まで多様な産業において、ある技術の軌道が別の技術によって破壊されたときのパターンと似ている。[*4] 新しいものが古いものを追い越し、既存の競争相手に課題を突きつけるが、残りの経済活動は多かれ少なかれ元のまま継続していく。

これに対して、デジタル写真が登場したときの状況を見ていこう。1975年に最初のデジタルカメラが（コダックのスティーブン・サッソンによって）発明され、写真をデータファイルとして取り込み、コンピュータ上で表示し解像度を上げることが可能になった。

初期のデジタル写真は不鮮明で高価だったが、やがてより鮮明で安価になった。その後、デジタル写真は最初は破壊的技術と似た形で、つまり、伝統的なプレイヤーを弱体化させ、新しいビジネスチャンスを生み出すという形で既存の写真を脅かし始めた。

しかし、写真のデジタル化は、小型ディスクドライブが大型ディスクドライブの需要を破壊した時のような、古いテクノロジーの代替品を単に提供するといった変化にとどまるものではない。デジタル表現は、写真に結びつく活動の性質や種類を完全に変えてしまった。突然、無料でかつ簡単に写真を共有できるようになったので（基本的に限界費用ゼロのデジタル・オートメーションの恩恵だ）、人々はより多くの写真を撮影し共有するようになった。どのようなイベントでも、どのような活動でも、どのような食事でも、今ではごく当たり前に写真を撮ってソーシャルメディアに投稿する。こうした慣行から、フェイスブック、テンセント、スナップチャット、ライン、ティックトックなど新種の企業が誕生している。各社は大規模に拡張可能なデジタル・オペレーティング・モデルを特徴とし、ユーザーが各々の生活や周囲の世界に関するデジタル表現を選択、形成、共有できるようにしている。

次第に高度化するＡＩによって写真の変革による影響はさらに大幅に拡大している。日々撮影される膨大な数の写真（今や年間10兆枚以上のデジタル写真が撮影される。これは従来の写真の総数を5桁上回る）を増大中のデータセットとして考えてみてほしい。そのほとんどがグーグル、フェイスブック、ウィーチャットなどのクラウド上に保存され、アルゴリズムで分析することができる。こうした宝の山は、顔認識、写真分類、画像補正に用いるアルゴリズムの向上を支えている。グーグル、フェイスブック、ウィーチャットなどのソーシャル・プラットフォームは、すでに利用可能な追加データとごくわずかな「訓練」に支えられて、家族や友だちだけでなく、親和性（この写真の人たちは同じ家族メンバーか）や背景（この人は学友か）なども自動的に特定（予測さえも）できる。写真アプリはすでに、ユーザーが気に入りそうな商品やサービス、ニュースフィードもレコメンドし、一部では友だちを推奨する。共通の親和性や背景に基づいて誰かを「紹介」するのだ。

デジタル・テクノロジーが従来の写真と衝突した際に、単に安価なもの、より差別化されたもの、より高品質なものに置き換わっただけではない。顧客に届ける新しいバリュー・プロポジション（価値提案）を単に創出しただけでもない。異なる種類のオペレーティング・モデルを活用し、異なる形で競争する、ますます強力な新種の企業の出現を可能にした。その際に、写真業界をただ変えただけでなく、写真を取り巻く世界もつくり替えてしまったのだ。ある活動がデジタル化されると（たとえば絵筆をピクセルに変換する）、重大な変化が起こる理由もここにある。デジタル表現は無限に拡張できる。今では、表現したパターンを簡単かつ完璧に伝達、複製し、ほぼ限界費用ゼロで世界中のほぼ無数の受信者に配信することが可能だ。また、活動をデジタル化すると、同じく限界費用ゼロで、他の無限の補完的活動に簡単につながり、その範囲が大幅に広がっていく。さらに、デジタル活動には処理命令、つまり、行動を形成したり、考えうる様々な経路や応答を可能にするAIアルゴリズムを組み込むことができる。このロジックはデータを処理しながら学習することができ、内蔵されたアルゴリズムを継続的に訓練し改善していく。このように、人間の活動をデジタルで表現することで、アナログ処理ではできない形で学習し、それ自体を改善していける。このような要因によって、企業が運用できる（すべき）方法が完全に変わってくるのだ。

これまでは、そのテクノロジーが持つ固有の規模拡大、範囲拡張、学習の可能性は、テクノロジーを展開する組織のオペレーティング・アーキテクチャによって制限されていた。ところが過去10年間で、デジタル・ネットワーク、データ、アルゴリズム、AIの可能性をフルに発揮するように設計・構成された企業が出現し始めた。実際に、デジタル化の影響を最適化する目的でつくられた企業であるほど、そのオペレーティング・モデルに組み込まれた規模、範囲、学習の可能性が大きくなり、より多くの価値を創造し獲得することができる（図1－2を参照）。デジタル化、アナリティクス、AIと機械学習のレベルが上がれば、事業の拡張性が大幅に向上し、ユーザー数やユーザー・エンゲージメント（深い関係性）の関数として、価値曲線がより速く上昇する。伝統的な企業と衝突すると、デジタル・オペレーティング・モデルは現状を打破することができるのだ。

図 1-2　伝統的なオペレーティング・モデルとデジタル・オペレーティング・モデルの衝突

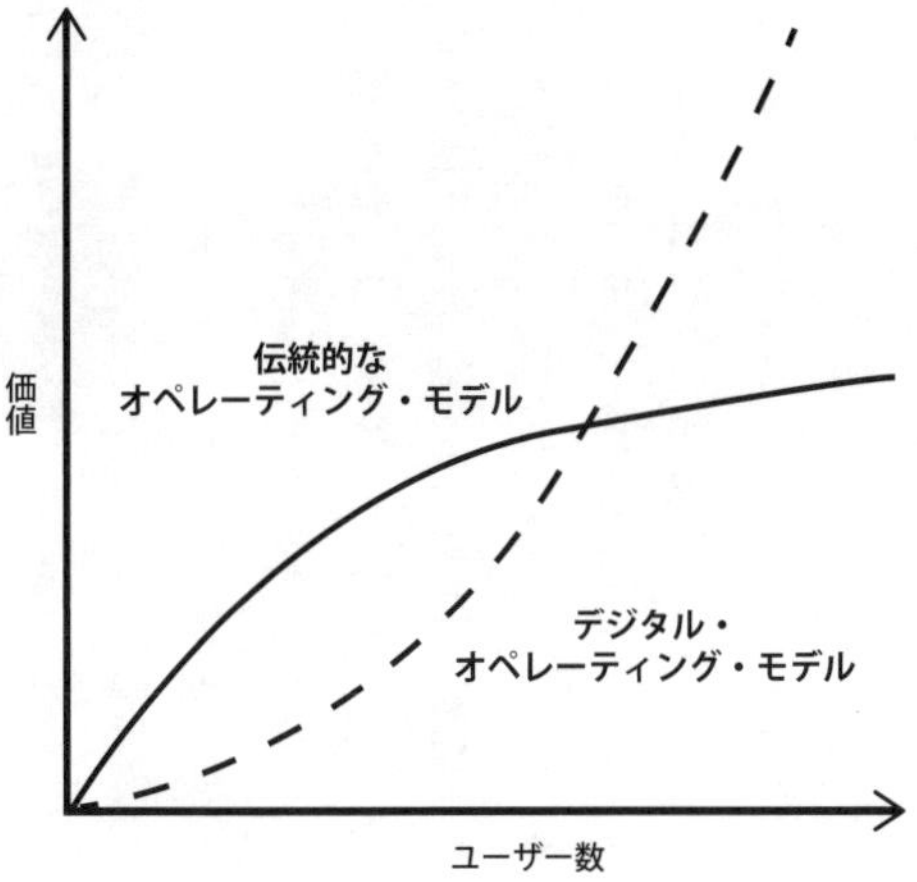

最初に敗者に回ったのは、適応できなかった伝統的なプレイヤーだ。結局のところ、コダックの息の根を止めたのは、富士フイルムや他のデジタル写真のスタートアップではない。スマートフォンやソーシャル・ネットワーク企業が登場したからだ。フェイスブック、テンセント、グーグルは、フィルム加工やマーケティングなど産業レベルのタスクに注力する代わりに、ユーザーを結びつけ、自社のネットワーク経由で流れる情報を獲得し分析することに専念した。これらの企業は異なる形で価値創造や価値獲得を行い、コダックとはまったく異なる種類のオペレーティング・モデルに依拠して顧客に価値を提供している。その結果、根本的に異なる方法で競争しているの

だ。新種の企業はコダックを競争相手と見ることさえなかった。むしろ、写真のシェアリングを中核サービスにするために、新しい企業が繰り広げるネットワーク上のユーザー獲得競争の中で、コダックは巻き添えを食らったにすぎない。

ただし、話はそこで終わらないのだ。ソーシャル・プラットフォームやモバイル・プラットフォームが前例のないレベルの規模、範囲、学習に到達したまさにその時、デジタル・オペレーティング・モデルが従来の競合企業を押しつぶす一方で、新たな課題を提起することもわかってきた。その留まるところを知らぬ成長や影響力によって、新たなリスクが生じている。プライバシー、サイバーセキュリティ、バイアス、フェイクニュースなどＡＩ主導型企業の台頭は、新たに別種の脅威を突きつけているのだ。これまで企業のリーダーが直面する課題は、自分たちの組織が周囲の経済、環境、社会システムに及ぼす影響はかなり限定的だったこともあり、一定範囲に留まっていた。拡張性、範囲、影響力に関してほぼ制限のない新種のデジタル企業には、リーダーシップ、規制、さらには倫理においても、新しいアプローチが求められている。

アレクサ、君は経済をどう変えるの？

アマゾンはおそらく他のどの企業よりも、組織がデジタル・オペレーティング・モデルを活用して既存産業を変革する方法を体現している。アマゾンは、私たちが毎日必要とするモノやサービスなど、リアルの物販に携わっているが、その際に何十年も同じやり方で商品やサービスを販売してきたすべての企業と衝突する。アマゾンは、伝統的な事業運営のあり方を刷新し、デジタル基盤上に持っていった。それによって規模を拡大し、範囲を広げ、学習するために、デジタル・テクノロジー、アナリティクス、AIと機械学習のメリットを取り込んでいく。書籍、家電、食料品など、伝統的な事業と衝突することで、アマゾンは競争のルールを変えている。

伝統的なビジネスでは、企業規模の大きさは諸刃の剣といえる。通常は事業が成長すればするほど、より多くの価値をより安価に提供できるようになる。ところが、顧客に約束した価値を提供するために使うすべての資産とプロセスを包含する**オペレーティング・モデル**によって、規模の優位性は制限されることが多い。企業が大きくなるにつれて、オペレーティング・モデルはますます複雑になり、そこからあらゆる種類の問題が発生する。たとえば、顧客が増えすぎて、ひいきの小売店に長い行列ができる状況や、急成長中の企業が新入社員を過剰採用して生じる混乱、あるいは、生産能力や製品の種類に対する要求が高まって製造工場が品質問題で悩まされるといった状況を考えてみてほしい。つまるところ、複雑さは伝統的な組織の欠点となり、オペレーション・コストが増加し、サービスレベルは低下してしまう。これまで100年かけて発展してきた組み立てラインから、複数事業部制の企業構造まで、経営管理システムの多くが業務の複雑さに対処することを目的としてきた事実があるにもかかわらず、この有様なのだ。

しかし、アマゾンは業務タスクをデジタル化するときに、デジタルならではの規模、範囲、学習のメリットを享受している。同社のデジタルシステムは規模を拡大しやすく、業務の量や複雑さに関係なく、改善し続けていく。受注システムが完全にデジタル化されれば、利用する消費者が増えて、より多くの種類を要求するようになっても、管理が難しくなることはない。ただよくなる一方だ。顧客価値を提供するプロセスやタスクの多くの部分でデジタル化が進むにつれて、そのメリットは大きくなり、はるかに拡張性のある企業が生まれる。顕著な改善率とピンポイントのターゲティングを特徴とし、製品やサービスをこれまでにない範囲で提供できるようになるのだ。

商品提案を例にとろう。従来の小売業では、商品提案は店頭で従業員によって行われるが、その人数は従来の採用活動や教育プロセス、ならびに人件費の予算によって制限される。さらに、適切な営業の専門知識を得るのは難しく、釣り竿を売るのが得意な人は通常、ベビー服の販売に長けていない。しかし、アマゾンのウェブサイト上で提案するアルゴリズムは、同様の制約に悩まされることはない。既存顧客が何を買ったか、どの商品の購入が互いに関連しているか（たとえば、同じショッピングカートに一緒に入っていた商品）など、膨大なデータがシステムに取り込まれる。そうしたデータはすべてシステムで処理され、製品仕様や顧客特性を加味して、魅力を感じてくれそうな新商品の提案が生成される。こうしたエンジンは、あらゆる関連する消費者とあらゆる関連商品の動きを学習し改善していく。データが増えて、規模や商品の種類が増大するほど、よりよくなり、アマゾンのパフォーマンスは向上し続ける。アマゾンの**協調フィルタリング**のようなＡＩエンジンでは、コミュニケーションや調整といった人間の複雑さというコストは発生しない。このシステムは拡大しても効率性が低下しないので、人間（あるいは組織）の学習エンジンよりもはるかに拡張性が高い。さらに、アプリケーション横断でつながりやすく、アマゾンが消費者の本の好みから学んだことの多くは、ビデオや洋服など、ほぼすべてのものの提案に応用できる。

アマゾンの競争力の鍵は、ますますデジタル化されていくオペレーティング・モデルにある。アマゾンの経営哲学は、ＡＩと機械学習の幅広い応用、高度なロボット工学、可能な限り多くのノウハウをソフトウェアという形で実体化することを通じて、オペレーショナル・エクセレンスを最もよく理解し、それをデジタル化することを中心に据えている。従来の倉庫では、人がプロセスを管理、実行しているので、商品提案の場合と同様の制約に苦労している。アマゾンはそうではない。最も重要なワークフローの多くで、人間は補助的な存在だ。需要予測から倉庫管理、サプライチェーン・マネジメント、生産能力計画まで、ソフトウェアとＡＩがますます主導権を握るようになっている。アマゾンは多くの人員を雇用しているが、そのほとんどはデジタル・ネットワークの周辺部に配置され、コンピュータではまだ対応できないこと（倉庫の棚から変わった形状の商品を取り出すなど）を行いつつ、同時に管理上の複雑さを最小化し、デジタルの拡張性の効果を最大限に引き出している。また多くの場合、倉庫で特定の商品を探してピッキングするための最適経路を探るなど、人間のすべきことをコンピュータが定義している。その逆ではない。

アマゾンは何度も伝統的な業界環境と衝突し、デジタル化や自動化されてますますＡＩを搭載するようになった代替手段を用いて、そうした環境を変えてきた。アマゾンのサービスは量の拡大に応じて改善されていくのに対し、従来型ビジネスは複雑性というコストに突き当たってしまう。アマゾンが成長するにつれて、従来型ビジネスは敗れ、産業は様変わりしていく。

アマゾンのスマートスピーカーとマイクである Echo（エコー）は、同社のＡＩプラットフォームへの音声インターフェースである Alexa（アレクサ）を活用して、自社戦略を新たな応用範囲に広げている。エコーはアマゾンの音楽サービスで「アレクサ、レイジ・アゲインスト・ザ・マシーン〔アメリカのロックバンド〕を再生して」といった、単純でたわいない命令を理解することから始まった。その後、取得するデータの量や種類を増やし、そのデータで自己訓練しながら、急速に進歩を遂げた。エコーとアレクサはともに、機能性を高め改善し続けながら、ビタミン剤の注文から、書籍の音読、カーサービスの注文、ホームシステムの制御まで、多数の既存タスクと衝突し一変させてきた。

さらに、アレクサのサービスは真のハブとして設計され、ユーザーをほぼ無限のサービスや商品につなげる可能性を秘めている。２０18年9月時点で、アレクサはサードパーティー開発者が参加する大規模なエコシステムで開発された5万以上のスキル（音声コマンドで実行できるアクション）を備えている。[*5] エコーも同じ道を歩み、人間のあらゆるニーズに対して、アマゾンが提供もしくは仲介するソリューションの数は増え続ける一方だ。人々が買いたいものをアレクサに告げるたびに、エコーは買い物リストを作成し、商品を送ってくれる。また、返品や交換をするたびに、アマゾンのアルゴリズムは学習を続け、その人のニーズを予測する能力を高めていくだろう。

アマゾンのモデルは目を見張るほどの規模に拡大している。アパレル、コンピューティング、消費財、エンタテインメントなど、様々な業界においてアナログとデジタルのモデル間で衝突を引き起こし、ウォルマートからコムキャストまで、筋金入りの伝統的企業を脅かしてきた。その過程で、アマゾンは産業変革を牽引する代表的な企業となった。同社によって世界中の人々の買い物の方法が変わり、消費者向けの商品・サービス全般でパーソナライズを期待する声が高まっている。書籍から食料品まで、より多くの市場で規模を広げるにつれて、アマゾンの影響力と時価総額は急上昇を続けている。

アマゾンが成長と変革し続ける中で、同社に対するコミュニティや規制当局からの監視の目が強まっている。伝統的な業界の枠組みで定義された多くの市場に幅広く展開しているので、既存の独占禁止法で定められた取引慣行では、アマゾンのモデルに容易に対抗できない。持続的に成長するかどうかは、アマゾンの経営陣が、消費者にもたらす多くの恩恵と、他の経済に強いる混乱とのバランスをうまくとれるかどうかにかかっている。同時に、アマゾンの競合他社も立ち止まってはいない。

さらにデジタル企業になる

小売業界ほどアマゾンの影響を痛切に感じている業界はない。[*6] アマゾンの利便性、低価格、パーソナライズやレコメンド機能、ソフトウェア対応の物流インフラは、伝統的な企業に手強い課題を突きつけている。2017年に20社以上の老舗小売企業が破産申請し、2018年には125年の歴史を持つ大手のシアーズまでこのリストに加わった。[*7] 世界最大の売上高を誇るウォルマートは、そうした運命を避けようと最善を尽くしているところだ。

1962年にサム・ウォルトンが創設したウォルマートはテクノロジーを避けてきたわけではない。常に進化を続けるリテール・リンク・システムや、EDI（電子データ交換）やRFID（無線自動識別）などのテクノロジーに早くから注力し、何十年も小売サプライチェーン・テクノロジーとネットワーク・インフラの標準を設定してきた。[*8] データが豊富なサプライチェーンは一貫してウォルマートのオペレーティング・モデルの重要部分であり、その素晴らしい規模の鍵となってきた。しかし、最も成功している既存のオペレーティング・モデルであっても、大幅な変革なくしては、アマゾンの猛攻に立ち向かえる強さは持てない。

アマゾンに対抗するために、ウォルマートはＡＩを搭載したデジタル基盤上でオペレーティング・モデルを再構築している。従来の縦割り型エンタープライズ・ソフトウェア・システムを統合型のクラウドベースのアーキテクチャに置き換えているところだ。これにより、ウォルマート独自のデータ資産が多様でかつ強力な新しいアプリケーションにますます提供されるようになる。すると、アナリティクスとＡＩで強化や自動化された業務タスクの数が増え、成長と変革に対する従来のボトルネックが取り除かれていく。

ウォルマートは自社で対応するだけではなく、外部の助けも求めている。ジェット・ドット・コム（ＥＣ）やボノボス（紳士服のオンライン販売）など、多くのデジタル企業を買収してきた。２０１８年7月、ウォルマートはマイクロソフトとの提携を発表した。デジタル変革を推進するとともに、クラウドのキャパシティ、テクノロジー、ＡＩ機能をオンデマンドで利用できるようにするためだ。

ウォルマートのオンライン売上高は、２０１８年にすでに前年比で約50％増と大幅に伸びており、アマゾンと勝算のある戦いを繰り広げている。しかし、ウォルマートが業績を維持するためには、データ、アナリティクス、ＡＩを活用し、店舗体験を変革する必要があるだろう。店舗はなくならないが、買い物客を喜ばせるためにも、オンライン体験を補完するためにも、物理的な小売体験を進化させなければならない。ウォルマートが2018年に、ニューヨーク州レビットタウンにインテリジェント・リテール・ラボを立ち上げたのも、そのことを十分に理解していたからだろう。

皮肉なことに、店内プロセスを改善する取り組みはたいてい、オンラインでは今や日常的に提供されているデジタル機能を、どのように組み込めるかを学ぶ必要がある。オンライン・ショッピングと比べて、実店舗での買い物はひどくフラストレーションが溜まることが多い。特定の品目を探すために店内を歩き回る無駄な時間、最安値で購入できるかどうかという不確実性、的外れなレコメンドばかりで、比較機能や商品の選択肢がない状態を考えてみてほしい。ECは消費者の小売に対する期待を変えてきたが、既存小売業者は、相対するオンラインショップの利便性、パーソナライズ、手軽さに匹敵するほどの進化をいまだ遂げていない。そこには計り知れないチャンスがある。

高度なアナリティクスとAIにより、ウォルマートはオンライン体験を店舗に持ち込むことが可能になりうる。カメラやセンサーを配備し、コンピュータ・ビジョンや深層学習ソフトウェアのレイヤーをかぶせることで、店舗体験でオンライン・ショッピングの利便性が味わえるのだ。オンライン小売業者がサイトでの顧客の動きやクリックを追跡できるのと同じように、ウォルマートは店全体の顧客の動きやエンゲージメントのパターンを把握する方法を用いて実験している。このデータを集計して用いれば、顧客パターンのヒートマップを作成したり、顧客が集中するエリアや人通りが少ないエリアといった重要な情報を把握したりすることができる。この情報は、店舗で扱う商品やサービス、商品の配置、店舗レイアウト、さらにはサプライチェーンや調達の意思決定の改善にも役立つ。

ウォルマートをはじめとする小売事業者は、位置情報など個人のデバイスから得られるリアルタイムの情報と、過去のオンラインでのやり取りを統合して、顧客を認識し、体験をパーソナライズすることにも取り組んでいる。商品レコメンドを向上させ、顧客とのエンゲージメントを深めようと、過去に聞いた好みを細かく頭に入れている店員を想像してみてほしい。もっとも、それを実行するのは生半可なことではない。アマゾンのレコメンデーション・アルゴリズムと同じ情報量を持った店員がいる場合、消費者は心底楽しめるだろうか。パーソナライゼーションとプライバシーのトレードオフをどのように調整するのだろうか。既存の店員が本当にこのプロセスに介在するのか、それとも、消費者はモバイルデバイスで受け取るレコメンドのほうに満足するのか。

店舗体験ではすでに大幅な変化が見られる。たとえば、アマゾン・ゴーの店舗には支払いをするためのレジも列もない。入店時にアマゾンのアプリをただスキャンすれば、店内のテクノロジーがその人の動きと購入した商品を追跡する。店を出ると、Eメールでレシートが送られてくる。私たちは一度、このシステムを混乱させようと試みたことがある。3人組で入店し、棚から複数の商品を手に取り、間違った場所に戻し、バラバラのタイミングで店を出たのだ。ところが、このトリックではアマゾンを騙せなかった。私たちのもとにはすぐにEメールでレシートが送信されてきた。そこには、全員が実際に選んだ品目がすべて記載されていた。

従業員を雇用、訓練、管理する必要がなく、デジタル化された高度なサプライチェーンがある場合、店舗を増やす際にボトルネックとなるのは何だろうか。小売事業者に必要なのは、不動産へのアクセス、ハードウェアの配備、ソフトウェアのインストールだけだ。多店舗運営に拡大するための管理コストはあってなきが如しだ。中国では、JDドットコムがすでに、あまり目立たないがデジタル・オペレーティング・モデルを活用して、毎週数千店ものコンビニエンス・ストアを展開している。*9 ウォルマートはこうした動きに注目するべきだ。

「ウィーチャット、謝謝您……」*10

ルー・シャオシュエはマレーシアのクアラルンプール内の屋台街ジャランアローで、中国人観光客をもてなすために歌を歌って生計を立てている。たまたま通りかかった本著の執筆者カリム・ラカーニがスマートフォンで彼女のウィーチャットのQRコードを読み取って寄付してくれたので、彼女は「謝謝您（ありがとう）」と応対した。

このように、物乞いや大道芸人もデジタル時代に踏み出している。クアラルンプールの通行人は、ウィーチャット（あるいはアリペイ）のアプリを数回触ってスワイプするだけで、どのような相手にも瞬時に安全に送金できるようになった。欧米の旅行者は持参した現金がほとんど役立たないことによくショックを受ける。というのも、アプリを使ったデジタルシステムが今や、店舗や飲食店にとって、また、物乞いにとっても、望ましい決済手段になっていて、その結果であるデータ、アナリティクス、ＡＩを活用した新しいアプリケーションが次々と登場しているからである。クアラルンプールのペトロナスツインタワー内の高級ショッピングモールにあるセブンイレブンでは、クレジットカードの代わりに、ウィーチャット・ペイの利用を呼びかけている。シリコンバレーの高尚な雰囲気とは遠く離れた場所で、デジタル・テクノロジーはあらゆるビジネス、職業、アプリケーションと衝突し、再形成しつつあるのだ。

こうした衝突の背後にいる企業として、ウィーチャットというアプリをつくった中国のテンセントが挙げられる。１９９８年に深圳で創設されたテンセントは、中国のユーザー向けにＰＣベースのインターネット・インスタント・メッセージング・サービスで市場に参入した。もしかしたらＩＣＱを覚えている人もいるかもしれない。これは商用ウェブの黎明期（１９９６年）に登場したメッセージング・サービスで、世界中の友だちや同僚とすぐにチャットができた。テンセントは中国のインターネット・ユーザーの多くがカフェや職場でコンピュータを共有しなくてはならないことに気づき、ICQの機能を導入。ユーザーデータやチャット履歴をテンセントのサーバーに集約し、コンピュータ・デバイスにまたがるポータビリティ（可搬性）を実現させた。「オープンICQ」と名付けて、1999年2月にこのサービスを開始したところ、口コミで広まり、瞬く間に中国最大のインスタント・メッセージング・サービスとソーシャル・ネットワークになった。

テンセントは規模を構築した後、広告やプレミアム・サービス（特別なアイコンなど）を使ってメッセージング・ネットワークを収益化してきた。アバター、ゲーム、バーチャルグッズなど、様々な補完的な商品・サービスとユーザーを結びつけて、アプリケーションの範囲を広げている。2011年には、テンセントのメッセージング・ネットワークを基盤とするモバイル・メッセージング・アプリケーションとして、ウィーチャットを立ち上げた。ウィーチャットはモバイルアクセスを超えて、音声メッセージの送信、動画の共有、写真やGPS（地球測位システム）を使った位置情報の共有、送金や着金など、ユーザーに幅広い新機能を提供した。

ウィーチャットは、ソフトウェア開発者がアクセスしやすいAPI（アプリケーション・プログラミング・インターフェース）を搭載したオープン・プラットフォームとして構築された。こうしたインターフェースは、公共料金の支払いから病院の予約まで、あらゆる種類の外部サービスや活動に接続するために利用できる。このような形で、テンセントは新市場へと進出してきた。

テンセントが世界の消費者を接続し続けるとき、同社のデジタル・オペレーティング・モデルは巨大な規模と範囲を推進している。その中核にあるのは、ソーシャル・インタラクション、消費パターン、検索トレンド、さらには政治的感情などのデータを用いて、アナリティクスとＡＩの機会を可能にするデータ・プラットフォームだ。テンセントは、主要な競合であるアリペイ（アリババ・グループのアント・フィナンシャル・サービス・グループの一部）の成功をそっくり真似しながら、機械学習のアルゴリズムを使ってデータを分析し、その情報を用いて拡大する多様なサービスの自動化を進めている。このように、テンセントとアント・フィナンシャルは、中国国内や世界各地で、大勢の消費者との結びつきを活かして、金融サービスから医療まで、様々な業界と衝突し一変させている。

こうした組織はわずか数年で、欧米の大手銀行の10倍の消費者にリーチし、ネットワークとそこで収集したデータから得られる価値が急速に高まっていることを活用して、幅広い商品を提供し、それらを継続的に改善している。今や最も広く利用されている決済サービス、最大のマネー・マーケット・ファンド、最大級の中小企業向けローン・ネットワークを誇るテンセントとアント・フィナンシャルに対して、アマゾンの場合と同じく、コミュニティと規制当局が真剣に注意を向け始めている。

今日、テンセントは世界で最も時価総額の高い企業の一つであり、世界経済における極めて重要なハブとなり、様々な産業（及び規制機関）と衝突している。銀行や規制当局は要注意だ。アマゾンは警戒しているだろうか。大道芸人でさえ、二度と同じままではいられないだろう。

新時代を理解する

デジタル・レンブラントが紹介されたとき、美術界の反応は実に驚くべきものだった。一部の専門家は、このテクノロジーの明白なケイパビリティや可能性に興味を示し、その取り組みを「壮大だ」「見事だ」と称した。一方、痛々しく、不道徳ですらある試みという見方もあった。ガーディアン紙の美術評論家のジョナサン・ジョーンズは同プロジェクトを「おぞましく、無味乾燥かつ無神経で、魂のない茶番」と呼び、おそらく最も手厳しい非難を浴びせた。[*11]

実を言うと、ジョーンズの反応は、私たちが長年慣れ親しんできた環境で、ＡＩ主導のプロセスが従来の活動に置き換わるのを目撃したときに多くの人が感じることと、たいして変わらない。オンラインで読んだニュース記事が後からフェイクニュースだとわかったときのことを思い出してみてほしい。デジタル・ネットワークとＡＩの出現によって、仕事、企業、システムの本質に関する積年の前提が覆されることもある。たとえば、ユニークで業界固有のコアコンピタンスの重要性、多くの伝統的なケイパビリティの価値といった前提だ。自動車の運転から従来の小売店経営まで、ＡＩはスキルや人材を時代遅れにしてしまう恐れがある。また、デートから投票まで、社会的、政治的なやりとりで一般に認められたアプローチを、デジタル・ネットワークが部分的あるいは全面的に塗り替えてしまう可能性がある。ＡＩが広く展開されれば、アメリカだけでも数百万人の雇用が脅かされるだろう。ケイパビリティの低下、既存スキルへの脅威、他の経済や社会面への直接的な影響を超えて、経済や生活そのものがデジタル・ネットワークに組み込まれていくため、私たちはますます打たれ弱くなっている。当然ながら、サイバーセキュリティはソニー・ピクチャーズや全米選挙管理者協会など、多くの組織の中心的な問題になってきた。

私たちはデジタルとアナログの世界が一つになりつつある事実から逃れられない。私たちが目にするのはもはや新しいテクノロジーでも、特殊な企業でも、「ニュー」エコノミーでもない。普通のエコノミー――製造、サービス、ソフトウェア・プロダクトなど、あらゆる産業、あらゆるセグメント、あらゆる国の経済システム全体である。経済界のあらゆる組織（及びほぼすべての労働者）にとって、価値を創造し、獲得し、提供するために必要な行動が再定義される新時代に突入している。好むと好まざるとにかかわらず、デジタル・ネットワークとＡＩはビジネスや社会を変えつつある。

本書が約束すること

新旧を問わず、どの企業でも、デジタル・オペレーティング・モデルの出現がリーダーの使命を形作っている。ほぼ無限大の影響力を秘めた時代に、私たちはいかに事業をマネジメントし、変革し、成長させ、コントロールするかについて理解を深める必要がある。その一助になればと思って本書を執筆した。

仮にあなたがデジタル組織のリーダーだとすれば、機会と課題の両側面でその可能性をよく理解しなくてはならない。また、伝統的な組織を託されている人は、新しい形で既存の強みを活かし、新戦略を支えるために事業運営のケイパビリティを変革する方法を理解する必要がある。

ブロックバスターやノキアなど、よく引き合いに出される失敗例は別として、AIに投資し、運営方法を変えることで新たな成長と機会を見出す企業が続出している。その先頭を走っているのは、マスターカード、フィデリティ・インベスメンツ、ウォルマート、ロシュなど数社だ。フィデリティでこうした取り組みを主導するヴィピン・マヤーは「AIは当社をよりよくしてくれる」と語っていた。[*12]

スタートアップ、既存企業、起業家や社内起業家、新しい経済、社会、政治機関、さらにはアーティストにとっても、AIは新たな機会を示している。スタートアップは本書で紹介するフレームワークを用いて、電子メールの作成からＸ線写真の分析まで、様々な新しいプロセスのデジタル化を進め、アナリティクスとＡＩを通じて実現させていくことができる。新世代のデジタルネイティブ企業はその制約のない規模や範囲がもたらす弊害に必死に取り組んでいる。それと同じように、経験豊富な企業は持続的な成長と変革に向けてよりよいガバナンス・モデルを新たに定義することができる。ＡＩ主導の変革は、新しい企業創造を促すだけでなく、新タイプのオペレーティング・モデルの最良の部分を取り入れ、従来のブレーキ・システムを捨てずに、新しいデジタル・エンジンをうまく使ってますます加速させることで、古い企業が再び先頭に立つように促したりもするのだ。過去の経験に頼りつつ、新世代に活気づけられ、新旧の最もよい部分を取り入れて道を切り開こうとする企業もある。

私たちが本書で目指すのは、新旧組織、スタートアップ、規制当局のリーダーに対して、ＡＩ時代を理解し、その中で競争し、事業を運営していくための一連のフレームワークを提供することだ。

本書で扱う内容

私たち二人は過去10年間、ＨＢＳでデジタル変革、ネットワーク、企業全体に及ぼす

ＡＩの影響を理解するために、幅広い研究プロジェクトを主導してきた。サンフランシスコ、ニューヨーク、バンガロール、深圳などで、金融サービスや農業など多様な産業の数百社を調査した。私たちは多くの場合、コンサルタント、コンサルティング会社のキーストーン・ストラテジーの仲間と協力して、講師、コンサルタント、規制問題の専門家、取締役会メンバー、当事者として、文字通り何百もの戦略や変革の取り組みに従事してきた。[*13] 極小のスタートアップから多国籍企業まで、アマゾン、マイクロソフト、モジラ、フェイスブックなどのインターネットのパイオニアから、ディズニー、ベライゾン、ＮＡＳＡなどの伝統的な組織まで、関わってきた企業は多岐にわたる。また、ＨＢＳのグローバル・エグゼクティブ・エデュケーション・プログラムやＭＢＡのカリキュラムでも参加者と交流し、いろいろと学んできた。

本書は、私たちが学んだことを抽出する手段であり、既存企業の経営者だけでなく、起業家も対象としている。

本書で説明する理論は、ある重要な現象を扱っている。ディスラプション（破壊）理論は、１９９０年代から２０００年代にかけて既存企業が技術革新の波に直面し、その存続が危ぶまれるようになったことを示したが、私たちの研究は新たな観察結果に着目している。つまり、デジタルの規模、範囲、学習を特徴とする新種の企業は、既存の経営手法や制約を凌駕し、既存企業や制度と衝突し、私たちの経済を変革している。ソフトウェア、アナリティクス、ＡＩがその企業のオペレーション上の支柱を再構築しているのだ。

とはいえ、この変革はテクノロジーだけに留まらない。企業そのものがこれまでとは異なるタイプになる必要があると、私たちは考えている。以降の章で詳しく解説するが、この脅威に立ち向かうことは、オンライン事業をスピンオフする、シリコンバレーに研究所を置く、デジタル事業部をつくるといったことではない。むしろ、もっと奥深くもっと一般的な課題だ。つまり、企業の仕組みを再構築して、データの収集・利用、情報への対応、業務上の意思決定、業務タスクの実行のやり方を変えることである。

私たちの研究は多くの人々が築いてきた土台の上に成り立っている。カーリス・ボールドウィンとキム・クラークは、情報技術（ＩＴ）が産業特性に劇的な影響を及ぼすことを示した。[*14] ハル・ヴァリアンとカール・シャピロは、情報ビジネスの性質によって経済理論に多くの変化が見られることを初めて明らかにした。[*15] 私たちは多くの人々（ジャン・ティロル、マイケル・クスマノ、アナベル・ガワー、ジェフリー・パーカー、マーシャル・ヴァン・アルスタイン、デヴィッド・ヨッフィー、フェン・ジュウ、マーク・ライスマン、アンドレイ・ハジウ、ケヴィン・ボードロー、エリック・フォン・ヒッペル、シェーン・グリーンスタインなど）と一緒に、デジタル・エコシステム、プラットフォーム、コミュニティが企業戦略やビジネスモデルにますます重要な役割を果たすことを説明するために活動してきた。[*16] 直近では、エリック・ブリニョルフソン、アンドリュー・マカフィー、カイフ・リー（李開復）、ミン・ゾン（曾鳴）、ペドロ・ドミンゴス、アジェイ・アグラワル、ジョシュア・ガンズ、アヴィ・ゴールドファーブらが、コンピュータがますます重要な役割を担い、仕事の性質が変わってきている様子を示している。*17 本書はこうした概念を広げながら、ソフトウェア、アナリティクス、ＡＩがネットワークや組織に及ぼす影響と、これらの要因が結びついたときに、どれほど驚くべきことが起こるかを説明し、全容をまとめたい。私たちは過去１００年以上で初めて、新タイプの企業の出現を目の当たりにしている。そうした企業がニューエコノミー時代を定義しているというのが、私たちの主張だ。本書では、経営者、起業家、社会全体を対象に、新しいＡＩ時代が戦略やリーダーシップに及ぼす影響を解説する。

本書は10章で構成されている。第2章「企業を再考する」では、デジタル・ネットワークとＡＩが押し進める新しい企業の概念を考察していく。デジタル**ユニコーン**（企業価値が10億ドルに達するテック系スタートアップ）であるアント・フィナンシャル、オカド、ペロトンの本質を掘り下げてみたい。これら3社の事業とオペレーティング・モデル、強力なデジタル構成要素、規模、範囲、学習を推進する驚くべきキャパシティについて説明する。

第3章「ＡＩファクトリー」では、ネットフリックスを中心的な事例として、新しいタイプの企業の核心に迫りたい。データとＡＩ主導の自動化、アナリティクス、知見を体系的に実現するために拡張性のある「意思決定ファクトリー」をつくることが中核となる。予測を生成し意思決定に影響を及ぼすAIのアルゴリズム、そのためにデータを供給するデータパイプライン、原動力となるソフトウェア、コネクティビティ、インフラストラクチャという三つの重要なファクトリーの構成要素を探る。

第4章「企業を再設計する」では、AIの活用にはなぜ新しいオペレーティング・アーキテクチャが必要なのかという理由を紐解いていく。主にアマゾンの事例を用いて、何百年もかけて進化してきた従来の縦割りの企業構造と、新しいタイプの企業を可能にしているデータ重視の統合型プラットフォームに基づく構造とを比較したい。新タイプのオペレーティング・モデルが、企業の規模、範囲、学習に対する制約をどのように取り除いているかを明らかにする。

第5章「AI企業を目指して」では、マイクロソフトがクラウドとAIの企業へと変革した事例を中心に、デジタル・オペレーティング・モデルの展開に向けた変革の道筋を見ていく。AIレディネス指標の開発を含めて、350社の調査報告とともに得られた結果を一般化し、最も先進的な企業がどのように素晴らしい成長を遂げ、財務業績を出しているかを明らかにする。また、最も一般的で効果のある企業のAI実装シナリオについて説明し、最後はフィデリティのAI変革の事例でまとめたい。

第6章「新時代の戦略」では、デジタル・ネットワークやAIの出現の戦略的意味合いを考察する。デジタル・ネットワークとＡＩが経済を再形成するときに、ビジネスチャンスを分析する体系的な方法となる、戦略的ネットワーク分析の要素について論じる。ウーバーの戦略的な選択肢、強み、弱みの議論も含めて、複数の事例を紹介する。

第７章「戦略的な衝突」では、競争ダイナミクスを検証することで、引き続き戦略的意味合いについて論じていく。デジタル・オペレーティング・モデルを特徴とする企業が既存企業と競争すると、何が起こるかという点に着目する。過去（スマートフォン）から現在の戦場（ホームシェアリングや自動車）まで、幅広い事例を取り上げる。デジタル企業の出現に関するより幅広い競争上の意味を論じて結論をまとめる。

第８章「デジタルの規模、範囲、学習における倫理」では、デジタル・ネットワークとＡＩの組み合わせから生じる、新しい広範な倫理課題を考察する。デジタル増幅、アルゴリズムのバイアス、データセキュリティとプライバシーの配慮、プラットフォームのコントロールと公平性など、いくつかの重要な論点を見ていく。ビジネスリーダーや規制当局の新たな課題や責任についても詳しく取り上げる。

第９章「ニューメタ」では、新旧企業のリーダーや、企業を取り巻く政府やコミュニティに対する広範な示唆を説明する。新時代を定義し、重要な活動領域を形成し、私たちの未来を変えていく新しいルールを明らかにする。

第10章「リーダーの使命」では、新たなＡＩ時代を形成するためのリーダーシップ課題を掘り下げていく。経営者や起業家が変革を推進し、新規事業を検討する際に、当面の機会を見極めることから始める。デジタル企業だけでなく既存企業のリーダー、規制当局やコミュニティが取るべき行動を分析する。ますますデジタル化する企業を引っ張っていくうえで最も重要な示唆をまとめ、私たち全員の未来をともにつくっていくために、どんなアクションをとるべきかについて概説し、本書を締め括りたい。

ＡＩをめぐる旅

ＡＩを活用した変革は究極的に、必要なコミットメントと投資をすれば、どのような組織でも機会をつかむことができると、私たちは考えている。当然ながら、デジタル系スタートアップのほうがレガシー企業よりも前進しやすいが、何十年もの歴史を誇る企業が適応してうまくいっている様子も私たちは見てきた。読者の方々には、事業に不可避な影響をもたらす衝突に備え、脅威に対処し、チャンスを見極め、それを活かすための見識を伝えたいと強く願っている。

企業の新しい性質、その構造、必要となるケイパビリティの種類、新しい競争環境の構造について、本書で示す視点を役立てていただければ幸いである。変革を志向するレガシー企業はもとより、新たに見つかった機会や課題に取り組む新興企業にも、本書は参考になるだろう。誰もが新しい戦略とケイパビリティを理解し、展開し、マネジメントするために投資を行い、そこで求められる文化面やリーダーシップ面の変革に真摯に向き合っていけば、新時代はあらゆる組織に持続的な成長と機会をもたらしてくれるだろう。この包括的なトレンドに抗うよりも、理解して吸収し、何よりもトレンドを形成する側に回ったほうがはるかによい。

まずは、企業が価値を創造、獲得、提供する方法がＡＩでどう変わってきているのかを見ていこう。それが次章で取り上げるテーマだ。

Rethinking the Firm

第2章　企業を再考する

2018年6月、アント・フィナンシャル[*1]は140億ドルの資金調達と評価額1500億ドルを記録し、世界最大のフィンテック企業でかつ、最も時価総額の高いユニコーンとなった[*2]。同社がアリババからスピンアウトしたのはそのわずか4年前だが、同社の時価総額はすでにアメリカン・エキスプレスやゴールドマン・サックスを上回っていた[*3]。

中国杭州市を本拠とするアント・フィナンシャルはほんの数年で、7億人超のユーザーと1000万社超の中小企業に対して類を見ないほど幅広いサービスを提供するまでに拡大した。同社はまず金融の包摂性（インクルーシブネス）を重視し、中国でサービスが行き届いていなかった消費者や企業に多岐にわたる商品群を提供することで頭角を現した。次第に市場を全体に広げ、自転車のシェアリングから切符の購入、さらには慈善活動への寄付まで多様なサービスを取り揃えている。

アント・フィナンシャルの成功の中心にあるのは、データを活用してユーザーのニーズを知り、それに合わせたデジタルサービスで対応していく能力だ。中国全土、中国人観光客が訪れる他のアジア諸国、オーストラリア、ヨーロッパの市場で同社のサービスが広く採用されているため、膨大な量のデータが手に入る。アント・フィナンシャルはその情報を活かして、不正リスクから新商品の機能まで、あらゆる意思決定を行う。データは強力な統合型プラットフォームに集約され、AIを用いて、申請処理、不正検出、信用スコアリング、ローン審査などの機能を実現している。

アント・フィナンシャルは、21世紀型企業の新しい雛形を生み出しつつある。つまり、デジタルの規模、範囲、学習を活用したオペレーティング・モデルを整備して金融サービスを変革し、業界内の既存企業との長期に及ぶ衝突に関わっているのだ。このオペレーティング・モデルの効率性を考えてみよう。アント・フィナンシャルは従業員数1万人未満で、7億人を超える顧客に幅広いサービスを提供している。それに比べて、1924年創業のバンク・オブ・アメリカは20万9000人の従業員を雇用し、6700万人の顧客に限られた商品やサービスを提供している。アント・フィナンシャルはまったく別種の企業と言える。

本章では21世紀の「デジタル」企業の新しい雛形として、急成長中の3社の事例を紹介したい。アント・フィナンシャル、オカド（食料品宅配）、ペロトン（フィットネス）だ。いずれもソフトウェア、データ、AIを主要なオペレーション基盤とする新タイプのビジネスモデルを実現するために創設された。それぞれ伝統的な産業で既存企業と衝突し、企業の運営方法を再構築し、企業を取り巻く経済圏を変革している。そして最後に、より確立された企業ながら、ＡＩを事業と経営の中核に据えてきたグーグルを取り上げる。

こうした企業は、それぞれ新しいアプローチで価値を創造、獲得、顧客に提供することで、経済の変革をリードしている。この３社の取り組みを理解するために、最初に企業をビジネスモデルとオペレーティング・モデルに分解し、これまでどのようにバリュー・プロポジションをつくり、実行してきたかを分析する。その後、この３社がいかに新しい道を切り開いているかを見ていこう。

価値と企業の本質

既存企業の性質やその目的についての理解は進んでいる。ロナルド・コースやオリバー・ウィリアムソンなどの経済学者は、個人が市場構造を通じて働くだけでは達成しきれないタスクをやり遂げるために企業という形態をとると言明してきた。各労働者が共同生産に参加するよう市場だけに頼って調整すると、法外な取引コスト（トランザクション・コスト）がかかるから、企業が必要になってくるという。企業であれば、絶えず市場を通じた調達や取引相手との交渉で揉める状況を招かずに、長期契約を結んでタスクを調整するので、製品やサービスづくりに必要な取引コストを低減することができる。こうした

「契約の束」の価値は当然ながら、企業がとりまとめた幅広いタスク、つまり、企業が実現を約束することとそれを達成する方法によって形作られる。

企業の価値は二つの概念で構成される。その企業がどのような価値を生み出し、またその一部を獲得するかで定義される**ビジネスモデル**と、企業がその価値をどのように顧客に届けるかで定義される**オペレーティング・モデル**だ。

ここで、ビジネスモデルが網羅するのはその企業の戦略だ。言い換えると、その企業独自の商品やサービスを提供し収益化することで、いかに競合他社と差別化するか、である。一方、オペレーティング・モデルで扱うのは、商品やサービスを顧客に提供できるようにするシステム、プロセス、ケイパビリティ（能力）だ。ビジネスモデルは理論（実現したいこと）を定義し、オペレーティング・モデルは実践、つまり、その企業の人材やリソースが日々実際に行っていることを表す。ビジネスモデルは、提供できるであろう価値の観点から、その企業の潜在力を示すのに対し、オペレーティング・モデルは企業価値の実際のイネーブラー（それを可能にする人、組織、手段など）や究極的な制約を扱う。

ビジネスモデル

このように、いかに価値を創造し、いかに顧客から価値を獲得するかによって、企業のビジネスモデルは定義される。正確さを期すと、次の二つの要素が一体となっている。第一に、企業は自社の製品やサービスの消費を促すような、顧客にとっての価値を生み出さなくてはならない。第二に、生み出された価値の一部を（対価として）獲得するための何らかの方法を整備しなくてはならない。

価値創造（**バリュー・クリエーション**）とは、顧客がある企業の製品やサービスを利用しようとする理由や、その企業が顧客のために解決する具体的な問題に関わってくる。これは**バリュー・プロポジション**や**カスタマー・プロミス**と呼ばれることもある。あなたが乗っている車について考えてみよう。自動車会社の価値創造は、あなたの交通手段の問題解決から始まる。車があれば、世界中で移動することができる。そのうえで、自動車会社は品質（車の信頼性や安全性）、スタイリング（見た目）、快適性（インテリアの豪華さ）、乗り心地（エンジンやトランスミッションのスムーズさやアグレッシブさ）、コスト（手頃な価格）、ブランド（そこに投影される自己イメージ）を提供することで、あなたにとっての価値を創造している。たとえば、起亜とフェラーリ間の価値創造の違いを考えてみてほしい。

価値創造の要素は当然ながら変化する。今や多くの人にとって、車に搭載された一連のテクノロジーや、スマートフォンでスムーズに連携できる装備は重要な検討項目となっている。

自動車を買うときに検討する要素と、ライドシェアで気にかける要素が大きく異なることに注意しよう。あなたは、お気に入りのキャデラックではなく、トヨタのプリウスが迎えに来たという理由で、ウーバーの利用をキャンセルしたことがあるだろうか。ライドシェアの価値創造には、運転手の供給力、待ち時間、その企業の運転手認定方針の信用度、顧客による運転手評価、アプリの使いやすさ、乗車料金が含まれる。

したがって、トヨタもウーバーもモビリティを提供しているが、創出価値は大きく異なっている。一方は車を買わせるが、もう一方はオンデマンドで乗車サービスを提供する。このように、企業が価値創造に取り組むときには、どの問題を顧客のために解決し、市場でどのポジショニングをとるかを意識的に選ぶ必要があるのだ。ライドシェア・サービスの場合、価値創造は運転手と乗客のエコシステムにも左右される。手配できる運転手数が増えるほど、乗客にとっての創出価値は増大する。運転手は乗せた分だけ報酬をもらう独立した請負業者なので、アプリを利用する乗客が多いほど、運転手にとっての創出価値は大きくなる。

価値獲得（バリュー・キャプチャー）は価値創造と表裏一体の関係にある。当然ながら、企業が顧客から獲得する価値は、顧客に対して創出され提供された価値よりも小さくなるはずだ。自動車会社の例で言うと、自動車の販売価格（P）が製造コスト（C）よりも大きいということ、つまり利幅（P＞C）が自動車会社の価値獲得の決め手になる。また、リース事業を通じて付加価値も獲得するかもしれない。こうした場合、自動車会社は消費者よりも低金利で利用できることに基づいて資本市場で裁定取引を通じて利益を得たり、スペア部品の販売で粗利を追加したりする。

ライドシェア企業の価値獲得のストーリーはまったく異なり、消費ベース、つまり、利用に応じて課金する**ペイ・パー・ユーズ**方式だ。顧客が先行投資として車を買う代わりに、ライドシェア・サービスを繰り返し利用することを選んでくれれば価値を獲得できる。顧客が払う利用料の70～90％は運転手に渡り、残りはライドシェア企業が取得する。ライドシェアでもやはり粗利は重要であり、コストよりも高い価格にすべきだ（これは、リフトとウーバーが2019年に新規上場したときに、両社に必ずしも問われなかった点である）。

新タイプのデジタル企業で重要なのは、ビジネスモデルのイノベーション、価値創造と価値獲得の諸側面について実験して組み替えることだ。既存企業の場合、価値創造と価値獲得はたいてい単純明快で、密接に絡み合い、単純な価格設定メカニズムを通じて同じソース（顧客）を用いて行われる。一方、完全にデジタル化されたビジネスなら、選択肢ははるかに広い。というのも、価値創造と価値獲得の分離がはるかに簡単で、多くの場合、価値創造と価値獲得のソースとなるステークホルダーが異なるからだ。グーグルはほとんどのサービスをユーザーに無料で提供し、製品ポートフォリオ全体で広告主から価値を獲得している。デジタル企業にとって、このようなビジネスモデルのイノベーション全般の根底にあるのは、まったく異なる種類のオペレーティング・モデルだ。

オペレーティング・モデル

一貫したオペレーティング・モデルがなければ、戦略は空回りする。

――やや有名なイタリアの諺

オペレーティング・モデルは、顧客に約束した価値を提供する。ビジネスモデルでは価値創造と価値獲得の目標を設定するのに対し、オペレーティング・モデルはそれを実現させるための計画だ。だから、オペレーティング・モデルは企業が実際に価値形成するうえで極めて重要になってくる。ほぼ即時納品のオンライン小売事業を行うと企業が約束することは可能だ。ただし、その約束を実現するためには、並外れた対応力を備えたサプライチェーンを特徴とする素晴らしいオペレーティング・モデルが必要になるだろう。そういうモデルを考案し実行することが、本当にやるべき仕事である。

オペレーティング・モデルは非常に複雑だ。多くの場合、何千人もの人員の活動、高度なテクノロジー、重要な資本投資、数百万行に及ぶコードなど、企業目標の達成に向けた業務システムやプロセスを構成する要素が含まれている。しかし、オペレーティング・モデルの包括的な目標は比較的シンプルだ。究極的には、価値を提供する**規模**を拡大し、十分な**範囲**に提供価値を拡張し、十分な**学習**に取り組んで変化に対応することが目標だ。偉大な経営史家のアルフレッド・チャンドラーは、経営者が直面する二つの主要な課題は、生き残りと繁栄のために規模の経済と範囲の経済の両方を推進することだと論じている。[*4] 経済学や経営学のその後の研究で、三つめの課題も同じく重要なことが明らかになった。それは、学習――改善とイノベーションを実現するケイパビリティだ。[*5] この三つのオペレーティング課題を確認していこう。

●規模

規模の実現とは、簡単に言うと、可能な限り多くの顧客により多くの価値を低コストで届けるオペレーティング・モデルを設計することだ。規模拡大の典型例は、自動車生産やファストフード店などで生産量や対応する顧客数を効率的に増やすことが挙げられる。企業合併や空港建設などでは、副産物として複雑さが増す場合もある。フォードからゴールドマン・サックスまで、企業というものは、個人でできるよりも多くの（あるいは、より複雑な）商品やサービスを製造、販売、提供し、かつ、それらをはるかに効率的に行うように構築されている。一人の人間では効率よく完成車を量産できないし、複雑な企業合併をまとめるために必要な広範な必要書類を作成することもできない。

●範囲

企業の範囲は、その企業が手掛ける活動範囲として定義される。顧客に提供する多様な製品やサービスがその例だ。一部のアセットやケイパビリティは、多種多様な事業にわたって組織が経済的に成り立つように支えている。たとえば、研究開発組織を中央集権化することで、複数の製品ラインにまたがって優位性を保つことができる。ブランドに投資すれば、そのブランド傘下の別の製品に恩恵がもたらされる。中央集権型の倉庫があれば、複数の製品ラインで効率化が実現できる。

このような範囲の経済が重要なのは、企業が複数の事業ラインを確立して、たとえば複数の事業部門を管理したり、真のコングロマリットをつくったりすることが可能になるからだ。範囲の効率性があれば、企業は様々な商品やサービスを効率的かつ一貫性をもって創造し提供することができる。一例として、シアーズのカタログ事業は多種多様な商品を効率的に届けられるよう構築されていた。病院の救急室は、個々の医師が独力で扱うよりも効率的に、様々な緊急事態に対応できるように設計されている。

●学習

オペレーティング・モデルの学習機能は、継続的な改善、長期的な業績向上、新しい製品やサービスの開発に不可欠である。ベル研究所の巨大な研究開発のインパクトから、トヨタの継続的な改善プロセスまで、現代企業は成長力や競争力を維持するためにイノベーションと学習に目を向けてきた。近年では、脅威に対処し、機会を活かすために、学習と

図 2-1　ビジネスモデルとオペレーティング・モデルのすり合わせ

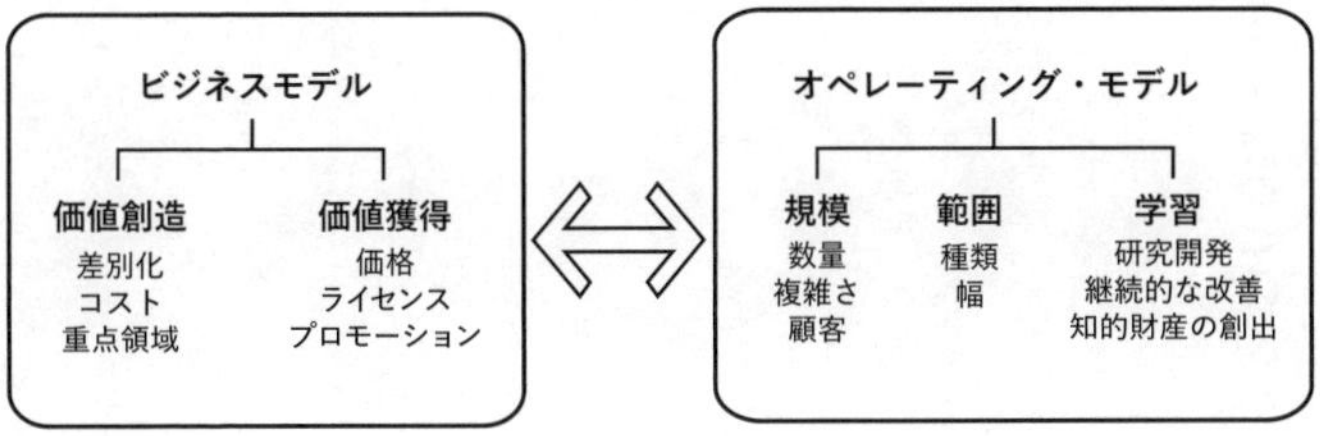

イノベーションへの注目度が全体的に高まっている。

企業が価値を提供し、規模、範囲、学習を最適化しようとする際には、オペレーティング・モデルがビジネスモデルで設定した方向性と合っていなければならない。オペレーション戦略の研究者は長年にわたって、戦略とオペレーション、言い換えると、ビジネスモデルとオペレーティング・モデルをうまくすり合わせれば、企業業績は最適化されると論じてきた。[*6] 図2－1はこの概念を図示している。

フォード、シアーズ、バンク・オブ・アメリカ、AT&T、GEなどの企業は、ビジネスモデルに合わせて規模、範囲、学習の目標を推進するオペレーティング・モデルを設計、実施することで、素晴らしい業績を達成してきた長い歴史がある。結局のところ、規模、範囲、学習を推進すればするほど、企業の価値は高まる。

しかし同時に、三つのオペレーション次元がそれぞれ広がれば、従来のオペレーティング・モデルの複雑さが増し、これまで以上にマネジメントが困難になる。極めて重要なのが、ここから、企業による価値創出や価値獲得をこれまで限定してきた業務上の制約が生じることだ。デジタル企業が異なるのは、まさにこの部分である。新タイプの企業は、基本的に新タイプのオペレーティング・モデルを展開することで、これまでにないレベルで規模拡大を実現し、これまで以上に広大な範囲の製品・事業領域への進出を実現し、伝統的な企業よりもはるかに速いスピードで学習し適応している。これは、デジタル企業が価値提供のクリティカルパスを変革しつつあるからだ。

デジタル・テクノロジーがソフトウェアやデータ重視のアルゴリズムの形態で、事業活動のボトルネックである労働者を代替すると、単に代替されるのではなく、それをはるかに超えた効果が企業にもたらされる。3社がオペレーティング・モデルを変革し、従来の業務上の制約を取り払うことで、どのようにビジネスモデルのイノベーションを推進しているかを見ていこう。

金融サービスとの衝突にまっしぐら

アント・フィナンシャルは規模を念頭に置いてつくられている。ここでは人間中心の承認プロセスが展開されることはありえない。

——ミン・ゾン（アリババ最高戦略責任者）

アント・フィナンシャルはアリペイの成功から生まれた。当時は新興ＥＣプラットフォームだったアリババが、買い手と売り手間で手軽に決済ができるようにと、２００４年につくった決済プラットフォームだ。[*7] 今では多くの人が当たり前のようにオンラインで買い物をしているが、このサービスをつくるために、アリペイは買い手と売り手の間で新たな信用のあり方を構築する必要があった。

ＥＣの黎明期に、多くの企業が信用問題を解決しようと懸命に取り組んだ。ピアツーピアのマーケットプレイスとして始まったアリババにとって、この課題は特に深刻だった。どうすれば買い手は商品の品質を信頼できるようになるのか。買い手に商品を発送する場合、売り手はどのように代金を確保すればよいのか。その解決策となったのが、契約が成立するまで第三者が支払金を預かるエスクロー（第三者預託）システムである。アリババは自社のＥＣプラットフォームの売り手と買い手向けのエスクローサービスとして「アリペイ」を考案した。ユーザーはアリペイに銀行口座を連結させ、アリペイが仲介役となって買い手から代金を受け取り、買い手が商品の受領確認をするまで預かった後、売り手に代金を渡す。この仕組みは、オンライン・ショッピングに対する消費者の不信感を解消し、アリババの初期の成長を後押しするのに役立った。

ここにアント・フィナンシャルとアリペイの初期のビジネスモデルが見て取れる。価値創造に当たるのが、エスクローに基づく金融決済サービスという形で、信用に替わるものを提供し、売り手と買い手間のトランザクションを促進することだ。アント・フィナンシャルは、消費者と加盟店という二つのカテゴリーの顧客のために価値を創造しなければならない。価値獲得は、加盟店に課す0・6％の手数料を通じて行われる。消費者はサービスを利用しても直接課金されることはない。

アリペイの成長は、トランザクション量の増加に左右される。これは、既存の買い手と売り手間のトランザクションが増えるだけでなく、買い手と売り手の数が増えることでも実現する。言い換えると、アリペイはトランザクションにおいて**インテンシブ・マージン**（どれだけトランザクション数が増えるか）と**エクステンシブ・マージン**（プラットフォーム上の買い手と売り手の数がどれだけ増えるか）の両方を高める必要があるのだ。

この点が価値創造の第二の要素が動き出すところだ。エクステンシブ・マージンが増えるにつれて、すべての利用者にとってアリペイの価値が高まる。売り手の数が増えれば、買い手の数が増える。買い手が多くなれば、売り手も多くなる。こうして、正のフィードバック・ループが生まれ、規模に関する収穫逓増（経済学用語。生産量が増えるに従って、追加のアウトプットを生み出すために必要なインプットが少なくて済む。つまり、同じインプットに対するアウトプットがより大きくなる状況を指す」が起こる。この**ネットワーク効果**は、サービス内で信用が生み出す価値を増幅する。

アリペイは開始早々、アリババのＥＣプラットフォームだけでなく、中国国内のあらゆる個人や企業向けにサービスを行うようになった。この動きは指数関数的な成長につながり、アリババのオンライン・マーケットプレイスの成功に貢献すると同時に、アリペイもまたそこから恩恵を受けたのである。発足して2年後の２００６年、アリペイの利用者は３３００万人、１日のトランザクション数は46万件だった。２００９年になると、利用者数は１億５０００万人、トランザクション数は１日４００万件に増加した。

２０１１年、中国でスマートフォンが急速に普及し、アリペイを使えば、顧客は携帯電話のアプリを通じて、アリババのプラットフォームの外でも現金なしで商品を買えるようになった。アリババはこうしたトランザクションを促進するため、既存テクノロジーであるＱＲコードを取り入れた。これなら、ハードウェアを追加する必要がない。小売商はアリペイのアカウントを開設し、店内でＱＲコードを表示する。買い物客がアリペイのアプリを開いて、そのコードを読み取って購入するか、自らＱＲコードを生成して店側に読み取ってもらう。ここでも、アリペイは取引額の０・６％を受け取る。相手がアリペイのアカウントを持っている限り、アリペイ利用者はアプリを使って、コーヒー、タクシー、公共料金などの支払いをしたり、医療機関を予約したり、レストランで友人と割り勘したり、さらには大道芸人への投げ銭も可能だ。

成長と拡大

アリババCEOの馬雲（ジャック・マー）は、オンライン決済システムに対して政府が規制をかける可能性を懸念し、アリペイをスピンオフさせた。アリペイは新会社アント・フィナンシャルの最初のプロダクトになった。社名のアント（「Ant」は英語で蟻の意）はサービスの対象顧客である「小さい存在」を表現するために慎重に選んだものだ。アリババはアント・フィナンシャルの税引前利益の37・5％を取得する権利を維持していた。アント・フィナンシャルのビジョンは、無数の小さなトランザクションを促進することで社会に恩恵をもたらすことだった。アリペイと、テンセントが２０１３年に開始した競合のウィーチャット・ペイ（第1章で説明）は、中国の金融サービスを牛耳っていた国有銀行との競争にさらされずに、急成長を遂げた。一つには、オンライン決済市場は魅力的ではないと国有銀行が見ていたこともある。消費者や中小零細の小売店が同システムを採用したので、アリペイの利用は中国内外の至るところで急速に広まった。中には、アリペイを支持して、クレジットカード決済を廃止したところもあった。

アント・フィナンシャルが立ち止まってひと息つくことはなかった。同社は入手したデータを使って、顧客やより大きなエコシステムのためにサービスの範囲を広げていった。アリペイに大きなチャンスをもたらしたのは、中国の保守的な既存銀行だ。中国では、クレジットやローン、投資の機会に恵まれているのは人口のごく一部にすぎない。アント・フィナンシャルは目的意識とスピード感を持って、この巨大な市場機会を狙った一連のサービスをつくろうと飛び込んだ。アリペイ利用者のアカウント内のお金に利子がつく投資プラットフォーム「余額宝（ユエバオ）」で、自社の金融エコシステムを拡大した。数百万人のアリペイ利用者は、自分の口座から少額をユエバオのマネー・マーケット・ファンドに移せば、年4％の利子がつく。携帯電話でアクセスでき、最低入金額もないので、幅広い層が利用できるサービスになっている。

サービス開始から最初の数日間で、同ファンドへの出資者は100万人を超えた。フォーブス誌のエリック・ムーによると、利用者は朝一番に自分のアカウントを確認し、一晩で残高がどれだけ増えたかを見るという。「ユエバオは何億人もの超軽量級投資家を生み出してきた。彼らにとって貯金や投資はゲームをするようなものだ。どのゲームもそうだが、これもやや中毒性がある」。[*8] 同ファンドには9カ月間で5000億元（810億ドル）以上の資金が集まった。2017年春までに、ユエバオは世界最大のマネー・マーケット・ファンドとなっていた。

アント・フィナンシャルはユエバオとともに、手掛ける金融サービスを急拡大させ、ワンストップの個人投資及び資産管理プラットフォーム「螞蟻財富（アントフォーチュン）」、社会的信用スコアリングシステム「芝麻信用（ジーマ・クレジット）」、ネット銀行「浙江網商銀行（マイバンク）」、保険プラットフォームなど、様々なサービスを追加している。ほかにも、アリペイのアプリから簡単にアクセスできるアプリを多数立ち上げた。教育サービス、医療サービス、交通、ソーシャル機能、ゲーム、食事予約、フードデリバリーなどである。

アント・フィナンシャルの広範な機能とサービスのエコシステムにより、インストールドベース（ユーザー数）や各ユーザーのエンゲージメントが大幅に増加した。各アプリに蓄積された膨大なデータを統合、分析、フィードバックし、顧客に関するナレッジの向上やパーソナライズ、イノベーションに向けて絶えず努力した結果、わずか数年でアント・フィナンシャルとアリペイが提供するサービスは中国内外の至るところに普及した。

２０１９年までにアント・フィナンシャルの利用者数は7億人以上にのぼり、テンセントとの競争に直面しながらも、中国の金融サービス市場の大部分を独占してきた。中国のモバイル決済市場におけるアント・フィナンシャルのシェアは54％、ウィーチャットは38％だった。ある業界関係者はフィナンシャルタイムズ紙のダン・ウェイランドとシェリー・フェイ・ジュウに次のように語ったという。「これらの企業はフェイスブックのようなものだ。仮にフェイスブック上に銀行があったとして、誰もがそこに銀行口座を持っている状態だ。欧米にはそんな企業は実在しない」*9

２０１５年、アント・フィナンシャルはアリババと共同でインドのペイティーエムに40％出資したのを皮切りに、アジアのモバイル決済システムに投資してグローバル展開を始めた。２０１６年から２０１８年にかけて、アント・フィナンシャルは機会を探り続け、海外に出かける中国人利用者のニーズをフォローできる企業との提携や買収を進めた。韓国のモバイル決済プラットフォームのカカオペイに出資し、アセンドマネー（タイ）、インジェニコ・グループ（パリを本拠とする決済システム）、ワイヤーカードとコンカルディス（ドイツ、フランス、イギリス、イタリアを訪れる中国人旅行者向け）と契約を結び、アメリカの生体認証テック企業のアイベリファイを買収した。アント・フィナンシャルは、国際送金サービスを手掛けるマネーグラムを12億ドルで買収してアメリカ市場への参入を試みたが、国家安全保障上の懸念からアメリカ政府に阻止された。

新タイプのオペレーティング・モデル

急拡大するアリペイのビジネスモデルは、新タイプのデジタル・オペレーティング・モデルで構築されている。その最初の基盤は、ＡＩ搭載のデジタル・オートメーションに幅広く依拠している。たとえば、マイバンクの特徴は融資案件を処理する３－１－０システムだ。顧客がローンを申し込む際の所要時間は３分、審査承認は１秒、対人でのやりとりはゼロという意味だ。融資の承認や発行プロセスは信用スコアのみに基づき、ＡＩ主導で完全にデジタル化されている。各融資申請は３０００のリスクコントロール方略で調べていく。アリババ・グループのミン・ゾンの説明によると、「当社のアルゴリズムはトランザクションデータをもとに、事業の状況、製品やサービスの市場競争力、パートナーの信用度の高さなどを評価することができる」という。アント・フィナンシャルのデータアナリストが、融資の承認前に「関係の質を評価するためにコミュニケーションの頻度、長さ、種類（インスタントメッセージ、電子メール、他の中国で一般的な方法）」に関する情報をアルゴリズムに追加投入することもあると、ゾンは指摘する。[*10] ２０１７年1月までに、マイバンクは５００万以上の中小企業や個人起業家にサービスを提供するようになった。融資額は平均約1万７０００元、最低で1元から利用できる。融資総額は８０００億元（約１８０億ドル）を超える。

マイバンクのシステムのスピードと効率性を実現するには、膨大な量のデータ処理が必要となる。規模拡大に向けてデータ処理コストを低く抑えるために、アントが頼りにするのはクラウド・コンピューティング技術だ。同社のコンピューティング・インフラは１日数十億件の送金を難なく処理する。ピーク時のワークロードのキャパシティは毎秒12万件。最大で99・99％の災害復旧ソリューションが整備されている。同社によると、従来の銀行では２０００元のコストがかかるのに対し、マイバンクはわずか2元で融資を処理できるという。こうしたデジタルシステムが整備されているので、マイバンクには物理的な銀行の店舗や大規模な労働力が不要だ。サービス開始から3年後の２０１８年、行員数は依然としてわずか３００人と、開始時とほぼ変わらない。

このオペレーティング・モデルの中核にあるのは、高度に統合されたデータ・プラットフォームだ。アリペイのアプリでは毎日数億人のユーザーが数十億件のトランザクションを行い、プラットフォームには、よく食べるものから、買い物をする場所、好んで使う交通手段まで、消費者がすることすべてに関する情報が集まってくる。そこでいくら使ったのか、どれだけ貯蓄があるかについては言うまでもない。ＡＩはそのデータを活用して、パーソナライズ、売上の最適化、レコメンドなど幅広い機能を促進するほか、潜在的な新製品や新サービスの創出価値を理解するために高度な分析も行う。

アリペイは、信用保証のためにデータとＡＩを活用している。利用者がトランザクションを始めると、その人の情報はリアルタイムで5層のデジタルチェックにかけられ、そのトランザクションと関係者が正当であるかどうかが確認される。アリペイのアルゴリズムは、買い手と売り手のアカウント情報に疑わしい動きがないかをチェックし、関係するデバイスを調べた後、データを集約してそのトランザクションの正当性を判断する。人間が行うチェックとだいたい同じだが、はるかに速い。「アルゴリズム・エンジンが処理するデータ量と反復回数が多ければ多いほど、結果の精度は高まる。データサイエンティストが特定のアクションについて確率的予測モデルを考え出すと、アルゴリズムは大量のデータを高速処理して結果を出力し、その作業を繰り返すたびにリアルタイムでよりよい判断が生成される」と、ゾンは説明する。*11

アント・フィナンシャルが使うのは、主に4つの情報源のデータだ。（1）内部の消費者行動統計データ（転居記録の傾向、公共料金の支払い、送金、資産管理、アリババでの購買パターンなど）。（2）アリババのプラットフォームを使う売り手からのトランザクションデータ。（3）犯罪歴、公民身分情報、学歴など政府のデータベースで得られる公共データ。（4）アント・フィナンシャルのパートナー（加盟店、ホテル、レンタカー事業者など）からのデータ。これらで芝麻（ジーマ）信用スコアを出す。ゾンは次のように説明する。

「アントはそのデータを使って優良な借り手（期日通りに返済する人）と不良な借り手（返済しない人）を比較し、グループ内で共通する特徴を探し出していく。その特徴から信用スコアを算出する。もちろん、これは融資を手掛ける金融機関であれば何らかの形で行っていることだが、アントの場合、すべての借り手とその行動データをリアルタイムで自動的に解析する。あらゆるトランザクション、売り手と買い手の全コミュニケーション、アリババで利用できる他のサービスとの連結、当社のプラットフォーム上で実際に行われる全アクションが、企業の信用スコアに影響を及ぼす。それと同時に、スコアを計算するアルゴリズム自体もリアルタイムで進化し、作業を反復するたびに判断の質を高めている」

ジーマは、信用スコアの高い消費者には有利な融資条件などの特典を与える一方で、信用スコアの低い消費者にはホテルやレンタサイクルなどの利用時に追加デポジット（保証金）を求める。

さらに、アント・フィナンシャルはＡＩ主導の包括的な不正検知システムを実装した。このシステムは、利用者がログインしてからトランザクションを開始するまでの何百ものアクションを監視することができる。アリペイはソフトウェアを訓練して、疑わしいアクションを識別してリスクモデルにかけ、ほぼ瞬時にそのアクションに関する判断を返せるようにしてきた。そこで低リスクと判断されたアクションは続行しても安全だが、リスクが高いとされるアクションは、手作業での審査も含めて、さらなる精査が必要になる。

学習を支える実験

アント・フィナンシャルのオペレーティング・モデルのもう一つの構成要素は、高度な実験プラットフォームだ。そこで毎日何百回も実験し、新しい機能や製品がもたらす機会とリスクを学び、理解を深めることができる。結局のところ、同社の目覚ましい拡大は様々なデータソースに注力した直接的な結果としてもたらされたものだ。こうしたデータソースは既存プラットフォーム上で融合され、アジャイルチームがそれを素早く組み替えて、新しい製品やサービスを推進していく。分析とアジャイル・イノベーションを組み合わせた、同社の目覚ましい学習のケイパビリティに牽引され、規模と範囲が拡大したのだ。

アント・フィナンシャルが事業で展開するデータやアルゴリズムは、アジャイルチームがさらに新しい金融サービスを開発する際にも役立つ。シナリオベースのプロトタイピング（ユースケース）に基づき、新しいアプリ（ソリューション）や機会を開発し、改良を重ねながら、クリティカルマスの消費者を集めて、そのテクノロジーを素早くメインストリームにしていく。また、データマイニングと意味解析のイノベーションも活用して、顧客の問題解決を自動化している。

人間のボトルネックを解消する

アント・フィナンシャルの例が示すように、デジタル・オペレーティング・モデルの本質は、製品やサービス提供プロセスのクリティカルパスに人間が直接介入しないようにすることにある。従業員は（諸機能の）戦略定義、ユーザー・インターフェースの設計、アルゴリズム開発、ソフトウェアのコーディング、データ解釈を支援するが、顧客価値を高める実際のプロセスは完全にデジタル化されている。個人向け融資の審査や特定の投資商品のレコメンドで、人間の組織がボトルネックになることはない。

これはどのように行われるのだろうか。企業はデータの中央リポジトリ（保管場所）にこうしたプロセスを保存し、顧客と業務上のニーズを統合した形でソフトウェアとして記述する。顧客がビジネスプロセスと接する際に、ソフトウェア・モジュールが必要なデータを収集し、ニーズを抽出し、分析してその意味合いを咀嚼し具体化する。そして顧客とやりとりしながら約束通りの価値を提供する。このように、中央集権型データアーキテクチャ上に顧客インタラクション・プロセスを構築すれば、明確かつ実行可能で、拡張性を持たせながら、顧客中心主義という概念をオペレーションに落とし込み自動化することができる。

アント・フィナンシャルのように、新しいオペレーティング・モデルの多くは、データ重視のアクションを自動化し、価値提供のボトルネックから人手による作業を徐々に取り除いていく。たとえば、アマゾンのモバイルアプリで買い物をするとしよう。ユーザーがアプリを閲覧するうちに、その人の過去の行動や類似ユーザーの行動に関するデータに基づいて、自動的に商品が選び出される。リアルタイム（もしくは、それに近い状態）で価格情報が処理され、行動情報と統合されて、ユーザーに示すページが動的に構成される。プロダクトマネジャーは最終的にトランザクションや消費者行動に関する集約データを見るが、ほぼすべての人間のやりとりは、サービス提供における実際のクリティカルパスから外されている。唯一の例外は、ほぼ自動化された倉庫から商品をピックアップするのを手伝う作業員と、荷物を玄関先に届ける配達員かもしれない。

クリティカルパスから人や組織のボトルネックを取り除くことは、企業のオペレーティング・モデルのあり方に大きな影響を及ぼす。多くのデジタル・ネットワーク上で、ユーザーがもう一人増えたときにサービスを提供するための限界費用は、クラウドサービス事業者から簡単に入手できるコンピューティング能力のわずかな増分を除けば、事実上ゼロだ。このためデジタル・オペレーティング・モデルは本質的に規模を拡大しやすい。成長の制約が人間の行為にそれほど左右されず、組織的な制約が問題になることはほとんどない。というのも、業務の複雑さの大部分はソフトウェアと分析を通じて解決されるか、オペレーティング・ネットワークの外部パートナーにアウトソーシングされるからだ。

デジタル・オペレーティング・モデルは企業のアーキテクチャも根本的に変えてしまう。デジタル・テクノロジーは人間のボトルネックを解消するだけでなく、もともとモジュール化されているため、ビジネス上のつながりを容易に実現できる。完全にデジタル化されたプロセスの場合、パートナーやプロバイダーの外部ネットワーク、あるいは、個人が参加する外部コミュニティとも容易につながり、補完的な付加価値をもたらす。このように、デジタル化されたプロセスは本質的にマルチサイド性（複数の、多様な関係者が様々な形で価値の消費と生産に関わること）を持っている。ある領域で価値を提供した後（たとえば、消費者のある集合に関するデータを蓄積する）、同じプロセスを他のアプリケーションにつなげて価値を促進することができ、それによって企業の範囲が拡大し、顧客への提供価値を倍々で増やす要素が追加されるのだ。

また、オペレーティング・モデルをデジタル化すれば、より迅速な学習とイノベーションも可能になる。膨大な蓄積データは、アプリを瞬時にパーソナライズすることから、機能面のイノベーションや製品開発まで、ますます広範になっているタスクの重要なインプットになる。さらに、このモデルでは、業務面で多くのワークフローをデジタル化すれば、組織運営につきものの官僚的手続きを無くすことを含めて、組織全体の大きさを小さくすることができる。その結果、豊富なデータ基盤の分析結果を踏まえて、比較的小さなアジャイル製品チームが素早く行動に移せるようになる。

結局のところデジタル・オペレーティング・モデルは、従業員が製品やサービスを提供する代わりに、ソフトウェアで自動化されたアルゴリズム主導型のデジタル「組織」を設計・監督し、実際に商品を届ける作業まで行う。これによって経営に関する要素が完全に変化し、成長プロセスが一変し、企業内で規模、範囲、学習を制限してきた伝統的な業務上のボトルネックが解消される。

さらに2社の事例を見ていこう。

たまらなく魅力的なデジタル自転車

当社はアップル、テスラ、ネスト、ゴープロに似ていると思う。つまり、最先端のハードウェアとソフトウェアのテクノロジーを基盤とする消費者向け製品を手掛けている。

——ジョン・フォーリー（ペロトン創業者兼CEO）

ジョン・フォーリーが次世代型フィットネス企業のペロトンを立ち上げたとき、400人以上の投資家から出資を断られたという。200年以上前に発明された固定式自転車のような昔ながらの製品にデジタルの未来があることについて、投資家は納得してくれなかったのだ。ところが、老舗書店バーンズ・アンド・ノーブルのCEOとしてアマゾンと競い合った経験を持つフォーリーの考えは違っていた。「私がバーンズ・アンド・ノーブルに入社したとき、売上高は5億ドルだった。それを2倍にできたとしても、依然として1億ドルの赤字が出ただろう。私はビジネスマンとして、そういう価値提案はいただけなかった」と、彼は2014年にバロンズ紙に語っている。*12 フォーリーは、優れた規模、範囲、AIのケイパビリティを持つ別の競争相手を追いかけて時間を無駄にするよりも、従来型ビジネスを探してデジタルに変革したほうがいいと気づいていたのだ。

ペロトンのアイデアは、フォーリーがひいきにしていたインドア・スピンクラスに参加できずに、不満を感じたことから生まれた。スタジオの収容人数は限られているため、トップ・インストラクターのクラスはスケジュールが決まるとすぐに予約が埋まってしまう。そこで彼が構想したのが、アマゾンやネットフリックスを見習って、時間、スペース、収容人数の制約を取り払った新しいフィットネス企業である。

2012年に設立されたペロトンの主力製品は、フィットネスプログラムを表示する21インチのタブレットを内蔵した流線形の高品質なインドア自転車だ。顧客はこの自転車の購入に約2200ドル、さらにフィットネスプログラムを無制限に利用するために月額39ドルの会員料金を支払う。顧客はニューヨークとロンドンのスタジオから毎日14時間以上配信されるライブレッスンを受けたり、1万5000件以上の過去のワークアウトを収納し日々更新されるライブラリの中から好きなものを選んでオンデマンドで利用することができる。

デジタル・オペレーティング・モデルで構築されたペロトンのビジネスモデルは、フィットネス業界を根底から覆した。人々はスポーツジム（年始に年会費を払った人はどのくらいいるだろうか）か、自宅（かさばる高額ハンガーと化したルームランナーを持っている人がどれだけいるだろうか）で運動をする傾向がある。ジムの場合、設備投資を行い、サブスクリプション型（大部分の人が1月以降にその場所に足を踏み入れないという事実を当て込んでいる）や何らかのペイ・パー・ユーズ型のクラス利用料を顧客に課金するビジネスモデルとなる。自宅の場合、私たちは市販の家庭用フィットネス機器を個人で買って、毎日トレーニングするためのモチベーションにしようと考える。それに対して、ペロトンのビジネスモデルは、従来の「アナログ」製品に着目し、デジタル・コンテンツ、データ、アナリティクス、接続性を加えて変革し、伝統的な産業との衝突を起こしているのだ。

ペロトンの基本となる価値創造は単純明快だ。顧客は優れたインストラクターや一緒に汗を流す仲間のコミュニティとの交流を犠牲にすることなく、自宅でフィットネス体験をする恩恵や利便性を求めている。そこで、ペロトンはフィットネススタジオを顧客の自宅に持ち込んだ。サイクリング、トレッドミル、ヨガ、瞑想、筋トレ、さらには屋外でのウォーキングやランニングなど、無数のクラスに参加できることにより、価値創造を強化している。ネットフリックス加入者が番組に夢中になるように、同社の100万人以上の会員はワークアウトに熱中することができる。

追加される価値創造の仕組みは、ペロトン会員の接続性とコミュニティにある。17万人以上の会員がフェイスブック上のペロトンの公式ページでつながり、ペロトンのインストラクター（ペロトンの世界では有名人）を中心に数百ものサブコミュニティが形成されている。その他にも、様々な目標、地域、トレーニング・スタイルを中心に仲間のグループが多数生まれている。ライブ・ストリーミングのクラスへの参加は共同体験でもある。会員はライブ・リーダーボードで自分のパフォーマンスを追跡し、バーチャルでお互いにハイタッチし、相互につながり、ワークアウトの進捗をフォローし合う。インストラクターは、ライブ利用者の名前を見て、達成度やマイルストーンについて声をかけ、きつい部分でもフォームや高いモチベーションを維持するように注意を促す。オンデマンドの場合でも、その瞬間にたまたま同じクラスに参加している人々とつながることができる。ペロトンは、フィットネスクラス体験を自宅に持ち込むために、エクササイズ参加者間の音声接続や動画接続を盛り立ててきた。アメリカ、カナダ、イギリスなどから会員がマンハッタンのスタジオを訪れてライブレッスンを受ける「ホームライダー・インベージョン」が定期的に開催されるので、コミュニティの参加者たちが対面で会うこともある。

ペロトンの価値獲得モデルは、製品販売とサブスクリプションを組み合わせたものだ。自転車はサブスクリプション抜きではあまり役立たない。ペロトンのサービスの会員数は100万人で、更新率は95％という驚異的な数字だ。自転車を購入したくないペロトン・ファンは、モバイルアプリで同社のデジタル・コンテンツやコミュニティを月額20ドルで定期利用することができる。

フィットネス体験の規模拡大はペロトンのオペレーティング・モデルの中核となっている。バイクエクササイズを提供するソウルサイクルの典型的なスピンクラスでは、スタジオに30〜40人の参加者がいるのに対し、ペロトンのサイクリングクラスのライブ・ストリーミングでは、500〜20万人が同時に汗を流すことができる。ライブクラスが終わると、その録画はオンライン・ライブラリに収納され、会員は自由に利用することができる。ペロトンのリーダーたちは、会員がフィットネスの選択肢をさらに必要としていることにも気づき、ヨガ、筋トレ、トレッドミルのクラスを増設した（もちろん、ペロトンブランドのトレッドミルを購入した会員が対象だ）。

ペロトンは多くの点でまだ製品主体の企業だが、フォーリーが考えたのはフィットネス機器におけるｉＰｈｏｎｅを設計することだ。ペロトンは２０１３年に最初の自転車を開発。投資ラウンド終了後の２０１４年に改良版自転車をつくり、顧客向けにテスト販売できるようになった。２０１５年に自転車が完成し、ビジネスが軌道に乗り始めた。

ペロトンは約１億ドルを調達し、台湾メーカーと緊密に連携して生産能力を高め、自転車製造と配送をスピードアップし、ソフトウェアとアナリティクス・チームを拡大し、配信コンテンツを大幅に増やすことができた。また、ペロトンのロゴ付き小型トラックで自転車を配送し、自転車を設置する従業員を派遣し、それぞれの好みに合ったクラスやインストラクターが見つかるように顧客にアドバイスをするなど、独自のサプライチェーンも構築した。

ペロトンの成功は優れた製品に端を発するが、その組織はどちらかというとソフトウェア企業のような構成になっている。70人以上のソフトウェア・エンジニアを雇い、アンドロイド対応の自社システムを設計している。新しいトレッドミルから最新の「パワーゾーン」クラスまで、あらゆる製品とサービスの考案、設計、製造は、人間の才能に頼っている。ただし、人間が極めて重要であるとはいえ、急増中の熱心な視聴者に拡張性の高い方法で体験を提供するのはデジタルサービスだ。

（台湾のサプライヤーがフィットネス機器を納入し続ける限り）ペロトンのサービスの会員数に制限はない。アント・フィナンシャルと同じく、ペロトンの成長のボトルネックは社内のデジタル化されたシステムあるいは社外リソースに移転され、これまで成長の足かせとなってきた業務上の制約を受けないのだ。さらに、ペロトンのソフトウェアに搭載されたデジタルインターフェース（ＡＰＩ）は、様々な補完的アプリ（アップルヘルス、ストラバ、フィットビットなど）、ソーシャル・ネットワーク（フェイスブックとツイッター）、デバイス（心拍計、スマートウォッチ）につながり、事業の範囲を拡大しやすくしている。

ペロトンのＡＩのケイパビリティはアント・フィナンシャルのレベルには及ばないが、高度な解析プラットフォームとストリーミング配信用コンテンツを構築し、フィットネス・トレーニングを新しい体験に変えている。会員の心拍数から、トレーニング頻度、音楽の好み、スタジオ参加率、ソーシャル・ネットワークでのエンゲージメントまで、幅広いデータを収集する。そのデータを常に分析、活用し、クラスの選択や設計から新製品やサービスの最適化まで、様々な改善を行う。アナリティクスによってユーザー体験を促進し、エンゲージメントを大幅に高めるのと同時に、乗り換える障壁を高め、顧客解約率を下げている。

他のエクササイズ用品と違って、ペロトンへのロイヤリティは驚異的なレベルだ。同社がデータを使って何ができるのか、どのような範囲の拡大が可能かは、容易に想像がつく。たとえば、栄養サービス、ヘルスケア事業者、さらには保険商品とも、ユーザーを結びつけることができるだろう。同社の蓄積データは、フィットネス企業であることの意味を再定義するうえで幅広い選択肢をもたらしている。

ペロトンは目覚ましい成長を享受してきた。急拡大を可能にしたのは、ソフトウェア、データ、ネットワークに依拠してきたことだ。同社の売上高は7億ドル以上。約10億ドルの投資に対して、時価総額は40億ドルに達している。

世界で最も手強いAIビジネス

人間はAIにできることは何でもできる。ただ、それを拡大できないだけだ。

——アン・マリー・ニーサム（オカドテクノロジーCOO）

食料品のオンライン宅配は、これまでに考案されたビジネスの中で最も困難な部類に入るに違いない。晴れ、雨、みぞれ、雪、オリンピック期間中にも、世界で最も利益率の低い生鮮食料品5万点以上を100万人に期日通りに届けることを約束する状況を想像してみてほしい。オカドが金融アナリストの尊敬を勝ち取るまでに長い年月を要したのは無理もないことだ。2010年に上場した後、オカドはそのビジネスモデルやオペレーティング・モデル、はたまた社名さえも厳しく批判された（RFCアンブリアンのアナリストのフィリップ・ドーガン曰く「Ｏｃａｄｏは『ｏ』で始まり『ｏ』で終わり、価値はゼロだ」。*13）ところが近年、このイギリス企業は期待を大きく上回り、金融市場の寵児となっている。

オカドの成功の背景には、ビジネスモデルとオペレーティング・モデルに及ぼすAIの影響力の高まりがある。オカドは自社ブランドのオンラインサービスとモバイルサービスのほかに、様々なサードパーティー事業者向けに食料品を配達している。納期通りに確実かつ効率的に届けるために、データ、AI、ロボティクスの驚異的な基盤を構築してきた。オカドは、オンライン食料品店のようなサプライチェーン企業を装ったAI企業といえる。同社のケイパビリティは、忍耐強い信念と大規模投資とともに、必要に迫られて時間をかけて培われていったものだ。

オカドはもともとブラウザを使った商取引用に設立された組織で、2009年に最初のモバイルアプリを導入した。同事業の鍵は、2014年に一から再構築したオカドの中央集権型データ・プラットフォームにある。そこに含まれる商品、顧客、パートナー、サプライチェーン、配送環境に関する詳細情報は他の追随を許さない。データはクラウド上に蓄積され、使いやすいインターフェースを通じて提供される。それを利用するのはアジャイルチームであり、配送経路、ロボット工学、不正検知、廃棄予測など、あらゆるアプリを最適化していく。これらがすべて合わさって、納期順守率98・5%を誇る、急成長かつ高収益のオペレーションが構築されているのだ。

AIアルゴリズムは、オカドの業務執行の手綱を握っている。AIは1秒間に何千ものルート計算をこなし、予測精度の高い配送モデルで数千台のトラックを最適化し、イギリス全土のあらゆる天候や交通状況下で確実に配達できるようにしている。アルゴリズムはリアルタイムでトラックのルートを最適化し、配送する商品の鮮度をしっかりと保つ。

AIはルーティング（経路選択）に加え、顧客が商品を注文しそうなタイミング（通常は商品が必要になる2、3日前）を実際に予測する。非常に詳細な顧客の嗜好データと、オカドのサプライチェーン内の有機農家の制約を照らし合わせながら、アルゴリズムは肉類や農産物を集荷し倉庫に保管するために、冷蔵トラックがいつ頃、オカドのサプライヤー・ネットワークの契約農場に到着すればよいかを割り出すのだ。倉庫自体がAIテクノロジーの結晶であり、数千ものボットで食品のピッキング、収集、輸送を行う。ボットの調整や管理はアルゴリズムが担い、最も重要でタイムリーな配送を優先しながら、混雑を最小限に抑え、全体の効率性を最適化していく。

オカドのオペレーティング・モデルの至宝が倉庫（フルフィルメントセンターとも呼ばれ

る）だ。倉庫一つにつきサッカー場11面分の広さがあり、35マイル（約56キロメートル）に及ぶコンベアで食品の入った箱を毎日何十万個も運び、約1万個を同時に動かすことができる。渋滞を避け、鮮度と配送能力を確保するために、すべての箱のルーティングを担うのはアルゴリズムだ。ほかにも、倉庫システム全体を集約してモデル化するアルゴリズムを使用している。

このシステムには柔軟性があり、成長とともにキャパシティを拡大させる。また、オカドのテクノロジーとオペレーション・チームが学習、実験、イノベーションを続けることで、規模と範囲の急拡大にもつながるため、場所、顧客、ボットの数が次々と増えても対応することができる。オカドCOOのアン・マリー・ニーサムが指摘するように、「機械学習は決して止まらない。ただし、お気づきのように、チームには共通テーマがある。可視化、試行、反復、反復、反復。膨大な数を繰り返すことだ」。[*14]

時間の経過とともに、オカドのAIとボットのテクノロジーは、様々な伝統的な業務プロセスと衝突してきた。高度に自動化された倉庫でも、ボットが模倣しにくい作業の多くは依然として人手で行われている。最も顕著なのが、取り扱いが難しい品目のピッキング作業だ。ただし、これまで見てきたとおり、プロセスの拡張性と信頼性を高めるために、この人手による作業は可能な限りクリティカルパスから外されつつある。オカドCTO（最高技術責任者）のポール・クラークは「私たちからすれば、創業初日からずっと同じ道のりを進んできただけだ。ビニール袋の補充であれ、倉庫内での荷物の移動であれ、自動化すべき次の対象を探していく。簡単に気がつくものから始めて、次のもの、さらにその次のものを自動化する。決して終わりが来ることはない」と語っていた。*15

同社の深いAIとデジタルの組織機能は、二つの異なるビジネスモデルを可能にしている。イギリスのオンライン小売事業で磨いたケイパビリティを活かして、テクノロジー・プラットフォームも提供し、サードパーティーが小売・販売サービスを強化する支援を行っている。イギリスの老舗小売業者であるマークス＆スペンサーもその一例だ。オカドは海外にも拡大し、たとえばカナダのソービーズやアメリカのクローガーなどのスーパーマーケットと協力して、倉庫やカスタマー・フルフィルメント・センターを設立し運営している。

この提携の一環として、クローガーはオカドへの出資比率を6％以上に増やして、オンライン注文、オムニチャネルの統合、自動フルフィルメント、宅配など、オカド・スマート・プラットフォームのケイパビリティを活用するつもりだ。売上高が約20億ドル、時価総額が約70億ドルのオカドのアメリカ上陸に、アマゾンも注視している。

価値の創造、獲得、提供を変革する

アント・フィナンシャル、オカド、ペロトンの3社は、価値提供をデジタル化し、ビジネスモデルのイノベーションを可能にし、業界変革を促進する三つのアプローチを示している。それぞれの事例では、当該業界においてほぼ前例のない規模、範囲、イノベーション・レベルで、並外れた顧客価値の創造が見られた。価値獲得の類似性も顕著だ。それぞれの事例で、企業はその都度、顧客との取引を実現するためというよりも、消費者のロイヤリティとエンゲージメントを育むためのデジタル・テクノロジー活用に力を入れている。消費者がサービスに深く関わるようになれば、さらに多くのユーザーがサービスを利用するようになり、収益化の機会は倍増するだろう。

3社の違いも興味深い。それぞれがターゲットとしてきた金融サービス、食品、フィットネスはまったく異なる産業だ。アント・フィナンシャルが情報系サービスに専念しているのに対し、オカドは極めて効率的なサプライチェーンで商品を提供し、ペロトンは綿密に統合された商品とサービスの組み合わせを提供している。それでも、どの事例も極めて重要な業務プロセスをデジタル化して、変革につながるような影響力を発揮しているのだ。

詳しく見ていくと、3社はともにアルゴリズムとネットワークを利用して市場を変革したが、それぞれ独自のケイパビリティを構築し、独自の手法を使い、独自の方法でそれを実現している。アント・フィナンシャルは、アナリティクスとAIで目覚ましいケイパビリティを構築し、高度に自動化されたシステムを監督し、金融サービスやそれ以外の分野で事実上、前例のない規模と範囲を押し進めている。オカドも高度なＡＩ搭載型オペレーティング・モデルが特徴となっている。アルゴリズムを中核基盤として、目覚ましい拡張性を推進し、多岐にわたる製品やサービスを維持し、継続的な学習とイノベーションを可能にしているのだ。オカドはアルゴリズムをいかに用いて人間の能力と統合させるかという点も重視しており、たとえば運転手やピッキング担当者の支援につなげている。一方、ペロトンはもっとネットワークとコミュニティ寄りだが、やはりデータとアナリティクスを活用してエンゲージメントとロイヤリティを向上させている。人間の能力でつくったコンテンツを使って、広範囲に広がる顧客コミュニティへの影響力を大きく増幅させているのだ。顧客はますます高度化するアナリティクスを介して、サービスをストリーミング再生し、運動し、進捗状況を確認する。オカドと同じく、人間のスキルや労力を設計、作成、増強という役割に移しつつ、デジタル・テクノロジーが中核となる体験を提供し維持している。

何よりもワクワクさせられるのが、これだけ異なる企業であっても、オペレーティング・モデルに共通項が見られることだ。どのオペレーティング・モデルも、最重要プロセスをデジタル化することで従来のボトルネックを解消し、いまだかつてない規模、範囲、学習を可能にしている。一度モデルが確立されれば、企業の成長に必要なのはせいぜい追加のコンピューティング・パワーくらいだが、それはクラウドで簡単に入手できる。成長

図 2-2　価値創造と価値獲得 vs. 価値提供

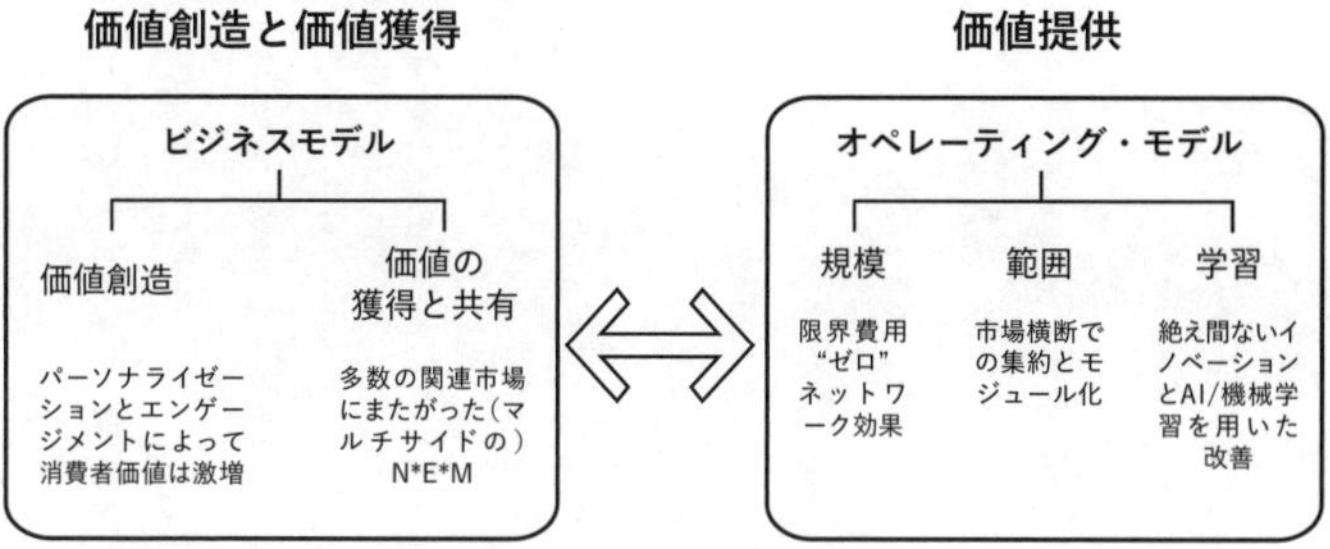

注）N*E*M＝（ユーザー数）*（ユーザー・エンゲージメント）*（収益化）

のボトルネックはテクノロジーのレイヤー、あるいは、パートナーやサプライヤーのエコシステムに移っていく。図2－2は、3社の中心となっているデジタル・ビジネスモデルとオペレーティング・モデルについて示したものだ。

AIを中核に据える

2017年5月17日、グーグルCEOのサンダー・ピチャイは、グーグル I／Oカンファレンスで、目の前にいる7000人の参加者と、ライブ・ストリーミングで視聴する100万人以上に向かって電撃発表をした。グーグルの戦略上の重点をモバイルから「AIファースト」にシフトすると語ったのだ[*16]。

この発表には多くの人が驚いた。創業以来、グーグルのビジネスモデルとオペレーティング・

モデルは常にデータ、ネットワーク、ソフトウェアによって推進されてきた。何だかんだ言っても、世界最高の検索アルゴリズムを商品化し、最先端の広告テクノロジーを開発し、アンドロイドは世界で最も普及しているソフトウェア・プラットフォームになった。すでにＡＩに多額の投資を行い、論文数や特許数ではほとんどの他企業や大学を凌駕している。そのグーグルがＡＩファーストになるとは、どういうことなのか。

ピチャイが語っていたのは、ＡＩに着想を得た新製品を導入したり、高度なアナリティクスを使って実験するためにパイロットプロジェクトを立ち上げたりすることではない。そういう半端なことではなく、彼の発表は20年にわたってソフトウェア・アルゴリズムとＡＩテクノロジーの開発に投資を行ってきた総仕上げであり、ＡＩを自社の中心、オペレーティング・モデルの中核に持ってくることを示していた。次第にＡＩがほぼすべての業務プロセスの共通基盤になっていくだろう。顧客向けアプリ（ＡＩを活用した革新的なグーグルアシスタントなど）から、グーグルのデータセンターとクラウドサービスを支える新しいＡＩ搭載インフラまで、ピチャイは様々な例を挙げてこのアプローチを説明した。

この発表はグーグルの消費者、広告主、外部開発者、従業員にとって、ＡＩとそれに関連するデータやアナリティクスへの投資が、グーグルのビジネスモデルとオペレーティング・モデルに不可欠になったというサインだった。グーグルのほぼすべての側面が、この中核を活用することになる。グーグルのあらゆる製品やサービス（そのいくつかは数十億人のアクティブ・ユーザーを擁する）は、会話型（発話、テキスト）、環境型（あらゆる種類のデバイス）、文脈型（あなたが欲しがっているものを理解する）のＡＩを通じて提供される価値を高め、各プロセスは継続的に学習し適応する。組み込まれたＡＩシステムは、消費者が何を望み、何を必要としているかを常に予測し、やりとり全般でモデルを更新していくだろう。この予測能力は、もちろんグーグルの広告主にも非常に大きな価値がある。ＡＩファーストのアプローチは、グーグルの広告がますますパーソナライズされ、文脈に沿ったものになることを意味し、最終的にはより顧客にとっての重要性が増すことで、より多くのクリックをもたらすだろう。

ピチャイの発表には、明確なメッセージと警鐘が込められていた。テック系かビジネス系かを問わず、グーグル社員にとって、これはＡＩを深く理解し、自社の価値創造、価値獲得、オペレーティング・モデルのあらゆる側面でＡＩ適用を推進せよということを示していた。また、グーグルの巨大なエコシステムであるパートナーや開発者にとっては、運動アプリからテレビに至るまで、それぞれの製品やサービスを改善するためにＡＩを組み込むようにという呼びかけだった。その他の私たち聴衆にとって、ＡＩ時代がついに到来したことがはっきりした。文字通り、何百万もの人々にとって、ＡＩはもはや有望な革新的テクノロジーではなく、企業の中核になりつつあったのだ。

次章では、ソフトウェア、データ、アルゴリズムを駆使した拡張性のある意思決定ファクトリーが、いかにグーグルのような企業の中核になっているかを見ていく。

The AI Factory

第3章　AIファクトリー

製品というものは、歴史を通じて、職人が工房で一つひとつ丁寧に手づくりすることが多かった。ところが産業革命により、規模拡大が可能で反復可能な生産方法が生み出されて経済が大きく変わると、この状況に終止符が打たれた。エンジニアやマネジャーは大量生産に必要なプロセスを理解する専門家となって第一世代の工場を建設し、高品質な製品を継続的に低コストで生産することに尽力した。しかし、生産は工業化されたものの、分析と意思決定はおおむね伝統的な個別プロセスのままだった。

今日、企業がこれまでにない抜本的な変革を進めることにより、AI時代が到来している。これはデータ収集、アナリティクス、意思決定を工業化し、現代企業の中核を再構築するものだ。これを私たちは「AIファクトリー」と呼んでいる。*1

AIファクトリーは、21世紀型企業のデジタル・オペレーティング・モデルを支える規模拡大可能な意思決定エンジンだ。経営上の意思決定はますますソフトウェアに組み込まれるようになり、従来は従業員が行っていた多くのプロセスがデジタル化される。グーグルや百度（バイドゥ）では検索広告オークションが1日に数百万回行われているが、そこに人間のオークショニアは一切タッチしない。滴滴出行（ディディ）、グラブ、リフト、ウーバーで車を選定するのは配車係ではない。スポーツ小売業者がアマゾンでゴルフウェアの日々の価格を決めることもない。アント・フィナンシャルでは銀行員がすべての融資を承認するわけではない。その代わりに、これらのプロセスはデジタル化され、意思決定を工業プロセスとして扱うAIファクトリーによって実現される。アナリティクスは社内外のデータから予測、知見、選択肢を体系的に導き出し、それをガイドに様々な業務活動が行われ、さらには自動化されていく。このようにして、デジタル企業の優れた規模、範囲、学習の処理能力が実現されるのだ。

デジタル・オペレーティング・モデルは様々な形態をとる。時には、情報フローを管理するだけかもしれない（アント・フィナンシャル、グーグル、フェイスブックなど）。あるいは、実際の物理的製品を構築、配送、運用する方法を誘導するオペレーティング・モデルもある（オカド、アマゾン、ウェイモなど）。どちらの場合も、AIファクトリーがそのモデルの中核にあり、最も重要なプロセスや運用上の意思決定を行いながら、価値提供のクリティカルなポイントから人間を除外し、周辺に位置づけるのだ。

要するに、ユーザーのエンゲージメント、データ収集、アルゴリズム設計、予測、改善

図3-1　AIファクトリーの好循環

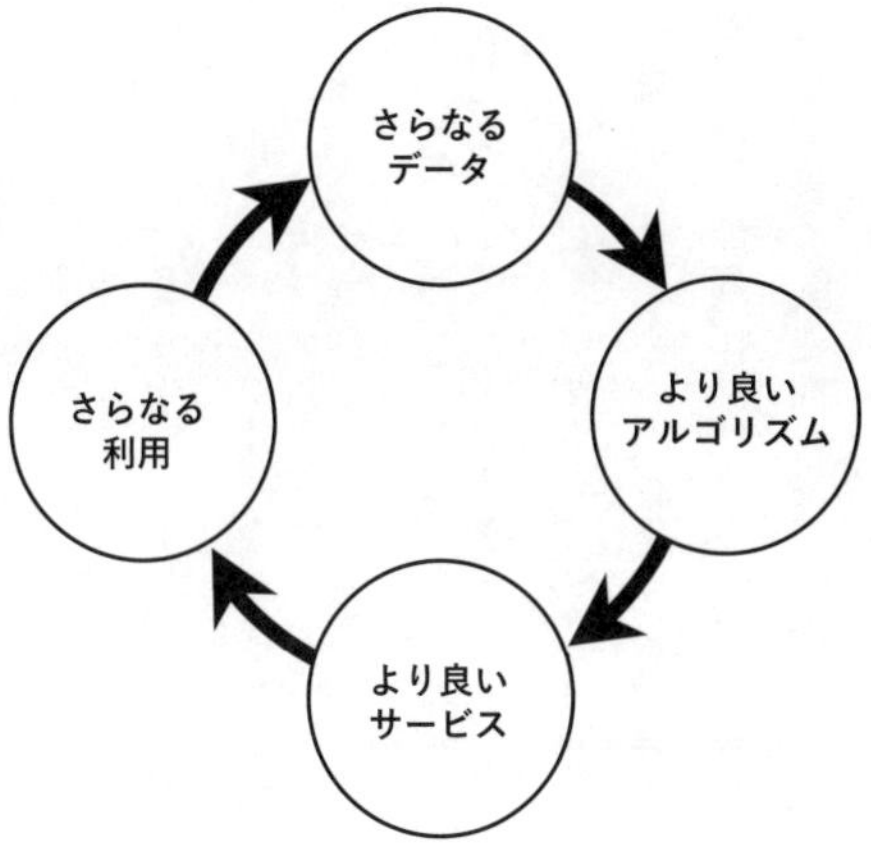

の間で好循環を生み出すのがＡＩファクトリーだ（図３－１を参照）。複数ソース（社内外）のデータを統合し、一連のアルゴリズムを精緻化し訓練する。アルゴリズムは予測に使われるだけでなく、そのデータを用いることでアルゴリズム自体の精度も高まっていく。こうした予測は、人間が参考にして示唆を得たり、自動対応を可能にしたりすることで、意思決定やアクションを加速させる。顧客の行動パターンの変化、競合の反応、工程のバラツキに関する仮説は厳格な実験プロトコルに沿って検証される。そこから原因が特定され、システムの改善につながることもある。利用状況、予測結果の精度や影響に関するデータは、システムに環流し、さらなる学習と予測に用いられる。そして、このサイクルは何度も

繰り返されるのだ。

たとえば、グーグルやBing（ビング）のような検索エンジンを考えてみよう。ユーザーが検索ボックスに何文字か入力するとすぐに、アルゴリズムが過去の検索キーワードとそのユーザーの過去のアクションに基づいて検索キーワードを動的に予測する。この予測はドロップダウン・メニュー（オートコンプリート・ボックス）に表示され、ユーザーは目指している検索に素早くたどり着ける。ユーザーの動きやクリックをすべてデータポイントとして把握し、データポイントを集めるたびに、将来の検索予測が改善されていく。検索回数が増えるほど予測精度は向上し、予測精度が高まるほど検索エンジンの利用が増えていくのだ。

検索エンジンのAIファクトリーでは、他にも複数の予測サイクルが存在する。自然検索プロセスでは、ユーザーが検索キーワードを入力すると、自然検索結果が表示される。これは事前に集められたウェブ・インデックスから抽出され、過去の検索結果（クリック数）を用いて最適化されたものだ。また、検索キーワードを入力すると、ユーザーの意図に合わせて最も関連性の高い広告の自動入札が始まる。その入札結果もまた、さらなる学習ループによって形成される。このため、自然検索結果と関連する広告を組み合わせた検索結果ページは、過去に試みた検索に関するデータの影響を大きく受ける。検索クエリや検索結果ページをクリックしたり離れたりすることが有益なデータになるのだ。

加えて、プロダクトマネジャーが検索エンジンを運用する中で新しい仮説を立てることもある。たとえば、「広告数を減らして表示すれば、特定ページの収益が改善されるのではないか」「検索結果を目立たせて表示すれば、クリックスルー率が向上するのではないか」というように。改善に向けたさらなる材料にするため、こうした仮説は実験装置に搭載され、関連するユーザー・サンプルで統計的に検証されていく。

数人のアナリストが手動のツールや無造作に組んだコードでこうしたデータをすべて分析するのは明らかに無理がある。ＡＩファクトリーは、データ処理とアナリティクスに大量生産方式を持ち込んでこの問題を解決しており、その結果、デジタル・オペレーティング・モデルの中核になっているのだ。ネットフリックスの事例を使って、その本質をもう少し掘り下げていこう。

ＡＩファクトリーの構築と運用

ネットフリックスはＡＩの力を使ってメディアの勢力図を一変させてきた。ネットフリックスの中核にあるのは、ＡＩ重視のオペレーティング・モデルだ。データを収集し、アルゴリズムを訓練し実行するソフトウェア・インフラを装備し、ユーザー体験のパーソナライズから、映画のコンセプト選定、コンテンツの契約交渉まで、ビジネスのほぼすべての側面に影響を及ぼしている。
20年前の創業初期、ネットフリックスは映画のレビューをウェブサイトに掲載し、顧客の視聴履歴に基づいてレコメンドを作成し、店頭での発売日に新作ＤＶＤを出荷していた。ネットフリックスは当時から、データを活かして顧客体験を向上させることの重要性を認識していた。最初に注力したのはレコメンドエンジンの開発だ。視聴履歴、作品の評価、類似の視聴者の好みをもとに映画を推奨する。[*2] こうしたデータは社内で利用されるだけでなく、映画会社にもレビューが共有された。このデータ共有は、ネットフリックスがワーナー・ブラザースやコロンビア・トライスターとの提携交渉時に、金銭面でよりよい条件を引き出すのに役立った。[*3]
ネットフリックスは急成長し、２００７年にストリーミングサービスを立ち上げると、加入者数は８００万人に達した。この新サービスによって社内のユーザーデータの活用が大幅に増加し、アナリティクス・チームはこれを大いに用いた。郵送サービスの場合、ネットフリックスが追跡できるのは、ユーザーがリクエストしたタイトル、ＤＶＤを借りた期間、各作品の評価に留まり、実際の視聴行動はモニターできない。ストリーミング配信であれば、たとえば、視聴時に一時停止、巻き戻し、スキップなどを行ったか、どのデバイスを利用していたかなど、ユーザーの行動をすべて追跡できる。この行動データは、視聴者の好みを予測し、表示する映画のサムネイル画像（ジャンルや俳優などの好みに応じてパーソナライズまでされている）を決める際の参考になった。より高度なアナリティクスを通じて、何が顧客のロイヤリティを高めるのかも予測した。また、会員の視聴時間を増やし、解約率を下げるために、AIを使って、あるシリーズの次のエピソードを自動的にキュー（リスト）に追加したり、似たような映画をレコメンドしたりする機能を導入した。カスタマイズやパーソナライズはあらゆる場面に広がっていった。２０１３年にネットフリックスのコミュニケーション責任者（当時）のジョリス・エバーズはニューヨーク・タイムズ紙で「３３００万通りのネットフリックスがある」と語っていたが、それくらい各ユーザーのネットフリックス体験はパーソナライズやカスタマイズされている。[*4]

ネットフリックスはデータやAIアルゴリズムを使って、どのようなコンテンツを自社制作するかも決めている。同社がこの目的で初めて予測分析を活用したのは、２０１３年にメディア・ライツ・キャピタル（MRC）と共同でドラマ「ハウス・オブ・カード 野望の階段」（ある下院議員がホワイトハウス入りする様子を描いた作品）の可能性を評価したときだ。オリジナル・コンテンツ担当バイスプレジデントのシンディ・ホランドはインタビューの中で、「当社の予測モデルを用いると、あるアイデアや分野について、特定の属性に基づいてどれくらいの視聴者数が見込めるかを把握するのに役立ちます。また、どのような作品群や分野が有望なのかを我々に示してくれるようなジャンル分けの概念を持っています」と述べていた。[*5]

図3-2　AIファクトリーの構成要素

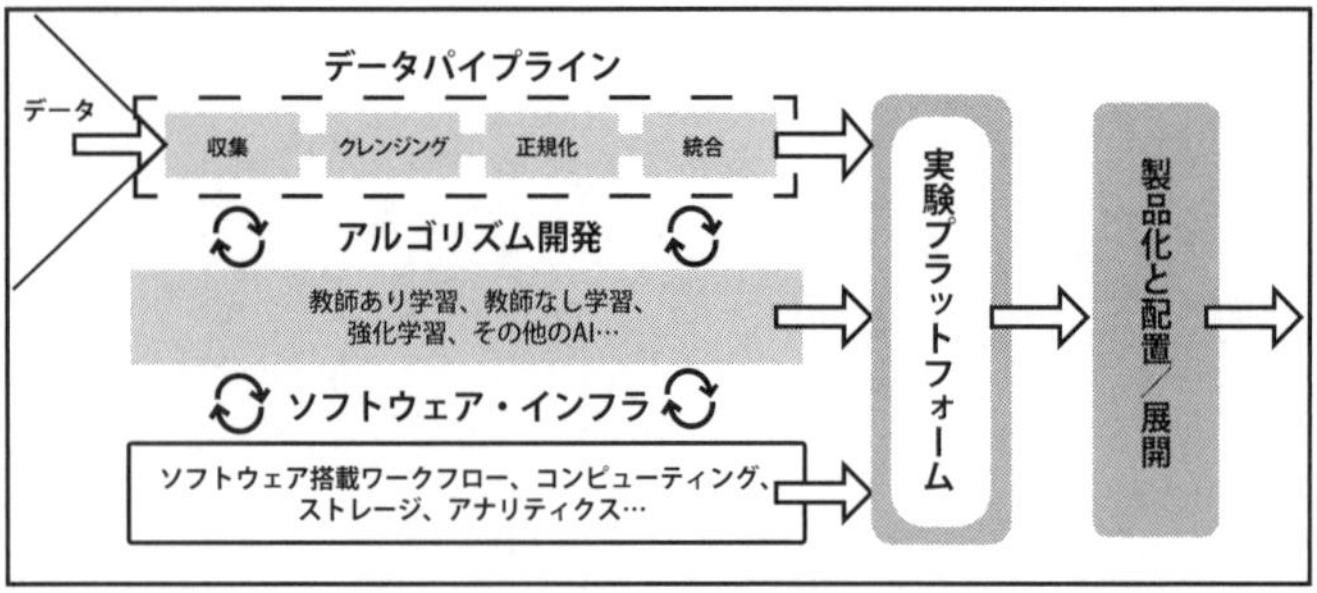

2010年までに、ネットフリックスは社内のレコメンドエンジンにアナリティクスとAIを体系的に適用するためにAIファクトリーのアプローチを採用した。2014年にファクトリーを拡大し、ユーザーの行動を理解したり、（接続速度や好みのデバイスなどの要素に基づいて）パーソナライズされたストリーミング体験を提供したり、視聴者の近くに配備された「エッジサーバー」でキャッシュする〔一時保存してネットワーク負荷を軽減できる〕映画や番組を決めたりすることで、ストリーミング体験の改善を図った。[*6] ネットフリックスは現在、190カ国以上で約1億5000万人の会員数を誇り、5500本以上の作品を揃えたコンテンツ・ライブラリを蓄積している。そのコンテンツを視聴するために、世界のインターネット帯域幅の15%が使われているのだ。

ネットフリックスや他の先行企業の経験から、AIファクトリーに欠かせない構成要素の重要性が明らかになる（図3－2を参照）。

①データパイプライン

データの収集、入力、クレンジング、統合、処理、保護などを体系的で持続可能かつ規模拡大が可能な方法で行う。

②アルゴリズム開発

アルゴリズムは事業の将来の状態や活動に関する予測を生成する。このアルゴリズムや予測はデジタル企業の心臓部であり、最も重要な事業活動の推進力になる。

③実験プラットフォーム

提案した変更内容が確実に意図した（因果的）効果を出せるように、新しい予測と意思決定のアルゴリズムに関する仮説を検証する仕組みである。

④ソフトウェア・インフラ

こうしたシステムは、一貫性のあるコンポーネント化されたソフトウェアとコンピューティング・インフラに、データパイプラインを組み込み、それを必要に応じて適切な形で社内外のユーザーにつなげる。

データがAIファクトリーを動かす燃料だとすれば、インフラは燃料を供給するパイプを構成し、アルゴリズムは作業を行う機械である。実験プラットフォームは燃料、パイプ、機械を既存のオペレーション・システムにつなげるバルブとして機能する。最初に、データパイプラインについて見てみよう。

データパイプライン

データはAIファクトリーに不可欠なインプットだ。近年、AIシステムが抜本的に進歩した一因は、分析に利用できるデータの速度（リアムタイム性）、量、種類が爆発的に増えたことにある。2012年に話を戻すと、ネットフリックスは当時、幅広いデータのインプット基盤を使用していた。同社のエンジニアのザビエル・アマトリアインとジャスティン・バジリコが同社のブログで説明しているように、インプットは多岐にわたる。*7

評価……………会員からの評価は数十億件にのぼる。1日に数百万件の新しい評価が寄せられる。

人気度……………人気度の算出方法は様々だ。たとえば、いろいろな間隔（毎時、日次、週次）で計算したり、会員を地域別などでグループ分けし、そのグループ内での人気度を算出したりできる。

ストリーミング再生……再生数は1日に数百万回にのぼり、再生時間、時間帯、デバイスの種類などの情報が含まれる。

マイリスト…………会員は毎日何百万ものコンテンツをマイリストに追加する。

メタデータ…………カタログの各項目には、俳優、監督、ジャンル、保護者の評価、レビューなど豊富なメタデータがある。

プレゼンテーション……どの項目をレコメンドし、どこで表示したかを把握し、その判断が会員の行動にどのような影響を与えたかがわかる。スクロール、マウスオーバー、クリック、ページ滞在時間など、会員とレコメンドの相互作用も観察できる。

ソーシャルデータ………パーソナライズの特徴量の最新ソースとなる。つながった友だちが何を視聴し、どのように評価したかなどの情報を得られる。

検索キーワード…………会員はネットフリックスのサービス内で毎日数百万語に及ぶ検索をしている。

外部データ……ここまで挙げたデータはすべて社内のデータソースからのものだ。特徴量を改善するために外部データも利用可能だ。たとえば、興行成績や評論家のレビューなどの外部コンテンツを追加してもよい。

その他……人口統計、場所、言語、時間など、予測モデルに利用できる特徴量は他にもたくさんある。

2018年、ネットフリックス会員は5600本以上の映画やテレビ番組を選ぶことができた。ユーザーがテレビ、パソコン、電話、タブレットでネットフリックスのアプリを開くたびに、同社のシステムが作動し、個人的なレコメンドやインターフェースのカスタマイズを行う。ユーザー体験のほぼすべての側面でデータが生成され、ネットフリックスは提供するカスタマイズサービスをさらに細かく調整することができる（このブログが書かれた2012年当時よりも、現在ははるかに多くのデータが利用可能になっていることは間違いない）。これらのデータはすべて、状況に合わせてネットフリックスのサービスに柔軟に活用できるように、クレンジング、統合、準備され、推定3億人のユーザーへの提供価値を継続的に高めている。

ネットフリックスのデータの深さと広さは業界で羨望の的となってきた。同社のデータとアナリティクスの資産の中には、約2000の**マイクロクラスター**（共通の趣味を持つ人々のコミュニティ）が含まれ、同じ好みを持った視聴者同士を結びつける。インドの都市ムンバイに住む65歳の女性が好きな番組は、アメリカのアーカンソーで田舎暮らしをする十代の若者が好きな番組と同じかもしれない。

ネットフリックスはテレビ・エンタテインメントを「データ化（datafication）」してきた。**データ化**はアリババ最高戦略顧問のミン・ゾンがつくった言葉で、どの事業でも当然のように行われる活動やトランザクションから体系的にデータを抽出することを意味する。[*8] たとえば、ネストのサーモスタットはこれまで手掛けていた家庭内の暖房、換気、冷房（HVAC）システムの制御をデータ化することで、活気のない市場に殴り込みをかけた。ネストは家の中の温度や動きを監視する数個の電子センサー、コンピュータを用いた制御、Wi-Fi接続を追加することで、家の所有者にとって重要な新しい価値を生み出す、まったく新しいデータレイヤーを構築することができた。同社のデバイスはわずか数日で、住人の習慣を学習して室内温度を自動調整し、地域の電力会社の省エネ・プログラムに参加し、スマートフォンで操作できるようにする。

このようなデータ化は、フェイスブック上の交流活動、アップルウォッチやフィットビットによるフィットネス、オーラやモーティブのリングを用いた睡眠と健康のトラッキングなど、あらゆる場面で行われてきた。[*9] ネットフリックスの例のように、当初のデータ化のプロセスは次第に外部のデータソースとも組み合わせて、ユーザーに付加価値を提供できるようになっている。たとえば、オーラリングのアプリは睡眠や心拍数のデータを、アップル・ウォッチでモニターしているユーザー活動レベルと組み合わせて、生産性の高い1日にするために必要な休息と活動レベルをユーザーにコーチングする。ウーバー、リフト、グラブ、ディディ、ゴジェックなどのライドシェア・プラットフォームは交通を軸にデータ化のレイヤーを構築している。これらの企業は、アプリとスマートフォンのインフラを組み合わせて、個人的な交通手段の好み、需給ニーズ、都心部の流入・流出交通量について、前例のないレベルでデータを生成できるようになった。これほど正確でリアルタイムのデータは今まで存在しなかったものだ。

従来の活動を有用なデータソースに変えるには、イノベーションが必要な場合もある。アリペイやウィーチャット・ペイは決済用QRコードをフル活用して、経済的なトランザクションを主導してきた。データが存在しない、あるいは、すぐに利用できない企業であれば、まずはデータを生み出すテクノロジーやサービスに投資する価値があるかもしれない。100年以上の歴史を持ち郵便関連の製品を扱ってきたピツニーボウズでさえ、アメリカの住所情報を中心にデータ化戦略を構築し、住所データをマーケティングや不正検出などに活かせるあらゆる組織（銀行、保険会社、ソーシャル・プラットフォーム、小売業者など）にデータ主導のナレッジ・ファブリック・ソリューションを提供することで、自社のビジネスモデルを強化している。同社は郵便料金計器の販売を超えて、価値創造と価値獲得が可能であることに気づいたのだ。

既存企業がAIファクトリーを構築しようとする際に、保有データが断片的だったり、不完全だったり、往々にして部門やITシステムごとに縦割りの状態で存在することが明らかになる。たとえば、出張者が一般的なホテルに滞在する状況を考えてみよう。理屈上、ホテルチェーンは顧客の自宅住所から、クレジットカード情報、旅行頻度、航空会社、交通手段、旅行先、部屋のランク、食事の選択、地元の観光地の好み、健康やフィットネスの好みまで、顧客データの宝庫とも言えるはずだ。ところが実際には、データがひどく断片的で、互換性のないデータ構造を持った様々なシステムに分断され、共通の識別子もなく、必ずしも正確ではない状態かもしれない。既存企業の経営幹部の多くは必ずと言ってよいほど、効果的なAIファクトリーを構築するために、企業全体でデータをクレンジングし統合する難しさや投資の緊急性を軽視してしまう。彼らが最初にやるべきなのは、確実に適切な投資を実施することだ。

データを収集して、クレンジング、正規化、統合する際にも、まだ多くの仕事が残っていることを強調しておきたい。これらの段階は非常に手強い。データ資産は、ともすればあらゆる種類のバイアスや明白なエラーにも悩まされる。不正確なデータや矛盾のあるデータを注意深くチェックするためには多額の投資が必要となる。さらに、複雑な分析用に複数のデータフローを一つに統合する際には、異なる種類のデータを正規化しなくてはならない。特に厄介なのが、業務データと一貫性のある形で財務データを適切に使用し、統合したデータセットの分析から正確な知見を得られるように徹底することだ。たとえば、単位を統一し、重複を省き、変数に互換性を持たせる。これは簡単なようだが、そうでもないことが多い。特にデータセットが大規模な場合はそうだ。

アルゴリズム開発

データを収集し準備した後、有益な情報にするツールが**アルゴリズム**――データを使って意思決定、予測、特定の問題解決を行うために、機械が従う一連のルールである。

ネットフリックスのようなサービスで、顧客が離脱する可能性を分析する方法を考えてみよう。ここで用いるアルゴリズムは、利用状況（頻度と強度）、満足度、人口統計、他のユーザーとの関係や類似性といった変数の関数として、顧客解約率を予測する。この予測アルゴリズムは、過去の顧客に関するデータによって調整・精緻化され、過去のデータもしくは対照実験でその精度が検証されたのち、管理者向けの分析ツールあるいは業務プロセスのある段階で展開される（たとえば、それほどサービスの利用に熱心ではないと判断された顧客に対し、サービス利用継続の意欲を喚起させるための特別オファーを自動的に提示するなど)。

トロント大学のアジェイ・アグラワル、ジョシュア・ガンズ、アヴィ・ゴールドファーブの指摘によると、データの普及とAIアルゴリズムの進歩により、正確な予測を行うための対応に必要なコストが下がり、社会全体における経済活動の中で予測アルゴリズムの利用範囲と強度が増大しているという。[*10] アルゴリズムが予測するのは、グーグルフォトのどこに家族や友だちが含まれているか、どのフェイスブックのコンテンツを次に読むべきか、ウォルマートが特定顧客に割引すると収益はいくらになるか、フォードの生産設備ではいつ機器のメンテナンスが必要になるか、といった内容だ。この種の予測は多くの組織の成功に極めて重要であり、一貫性を持ってより精度の高い予測を導き出せるようにアルゴリズムを適合させなければならない。

比較的簡単な予測(売上予測など)から、高頻度取引の推奨銘柄、人間の能力を超えた複雑な画像認識や言語翻訳まで、AIアルゴリズムの応用範囲は多岐にわたる。自動運転のような最も複雑な用途では、たとえば車を識別して追跡する、渋滞の中で最適なルートを探して走行するというように、多様なアルゴリズムを同時に用いる。

過去10年でアプリケーションの利用が爆発的に増えたが、アルゴリズム設計の基盤はかなり以前から存在していた。[*11] 線形回帰、クラスタリング、マルコフ連鎖など一般的な統計モデルの概念や数理学は100年以上前から発展してきた。ニューラルネットワークは現在、大きな反響を呼んでいるが、もともと1960年代に開発が始まり、最近になってようやくプロダクションレディ（本番運用が可能）なアウトプットで大規模に使われるようになった。プロダクションレディな業務AIシステムの大多数は、機械学習としても知られる統計モデルで正確な予測を出すために、次の三つのどれかを使っている。「教師あり学習」、「教師なし学習」、「強化学習」が一般的なアプローチだ。

教師あり学習

教師あり機械学習アルゴリズムの基本的な目標は、ある結果を予測する際に、人間の専門家（あるいは、真実であることが認められているソース）にできる限り近づけることだ。その典型例が、写真を分析して被写体が猫か犬かを予測するというものだ。この場合の専門家は、写真に猫か犬かのラベル付けをする人間である。この機械学習システムのアルゴリズムが依拠するのは**専門家がラベル付けした**結果（Y）のデータセットと潜在的な特性／特徴（X）だ。アルゴリズムを運用したものはモデルと呼ばれ、汎用的な統計的アプローチにより、解決すべき予測問題の状況に特化したインスタンス化を行う。

教師あり学習の最初のステップは、ラベル付きデータセットを作成（取得）することだ。たとえば、猫や犬の写真がそれぞれ数千枚入ったファイルを取得し、1枚1枚に適切なラベルを付けていく。次に、そのデータを学習・訓練（トレーニング）用と検証（バリデーション）用に分ける。**トレーニングセット**を使って、結果の予測（写真に写っているのは猫か犬か）を生成するモデルのパラメータを特定する。モデルを訓練した後、**バリデーションセット**を用いてモデルの精度を検証する。モデルの予測と専門家の見立てを比較し、モデルの品質を評価すればよい。教師あり機械学習アルゴリズムは、バイナリ（2値）の結果（たとえば、猫の写真か、犬の写真か）もしくは数量（特定製品の売上予測など）の予測に利用できる。[*12]

アルゴリズム・モデルの予測と検証されたラベル付き結果を比較しながら、モデルの予測と専門家の見立ての間で誤答率が許容範囲にあるかどうかを判断する。腑に落ちなければ、別の統計的アプローチを選択したり、データを増やしたり、もっと正確な予測に役立つ他の特徴を探したりする。ここでの主な課題は、満足のいく誤答率になるまでデータ、特徴、アルゴリズムの間で何度も調整を続けることだ。

教師あり機械学習の例は多い。私たちが電子メールをスパムとしてラベル付けするたび、電子メール・プロバイダの機械学習アルゴリズムはモデルを更新し、最新の巧妙な詐欺メールをより正確に識別できるようになる。フェイスブックやバイドゥが、新しくアップロードした写真に写っている可能性のある友だちの名前を示せるのは、私たちが事前に写真に付けたラベルに基づいている。クレジットカード会社や決済プラットフォームは、過去の購買習慣（自動的にラベル付きデータが作成される）に基づいて取引を認めるかどうかを判断する。あなたが帰宅する30分前にネストのサーモスタットがリビングルームの温度を調整するのも、あなたの過去の到着・出発時間や温度設定の習慣から収集したラベル付きデータに基づいている。

ネットフリックスは様々なシナリオで教師あり学習を用いている。レコメンドには、アルゴリズムが特定ユーザーと似ていると判断した人々のアクションと結果（たとえば、選んだ映画や「いいね！」の評価）からつくられたラベル付きデータセットを利用してきた。ユーザーの選択に関する大量のデータセットは、ユーザーと意思決定の状況の性質によって調整すれば、効果的なレコメンドにつながる可能性がある。このような**協調フィルタリング・アルゴリズム**は、アマゾンのショッピング・エンジンやエアビーアンドビーのマッチング・エンジンなど、あらゆる種類のレコメンドに用いられている。

多くの企業はシステム、テクノロジー、データベース、大規模なERP（エンタープライズ・リソース・プランニング）を設置するために投資してきたおかげで、アルゴリズムに対応した膨大なラベル付きデータをすでに保有しているかもしれない。たとえば、ほとんどの大手保険会社は物損に関して数十年分のラベル付きデータを保有しているため、教師あり学習モデルを導入しやすく、不正行為や保険金請求の処理時間を削減することができる。特に、写真を直接アップロードしたり、ドローンを使って検査できる体制になっている企業はそうだ。同じく、ラベル付きデータセットが豊富なのが医療システムだ。たとえば、医療データ（X線、心臓画像、病理検査、心電図の結果など）を取得して、健康診断と関連付けている企業が多い。イスラエル企業のゼブラ・メディカル・ビジョンは現在、X線、CT、MRIスキャンから放射線科医がよりよい診断を下せるように支援するテクノロジーを提供している。

教師なし学習

既知の結果を認識するようにシステムを訓練する教師あり学習モデルと違って、**教師なし**学習アルゴリズムの主な使い方は、先入観や仮説がほぼない状態においてもデータから知見を見つけ出すことだ。ネットフリックスが分析した視聴データから関連する顧客グループを発見したり、マーケティング・キャンペーン用に顧客セグメントをつくったり、異なる使用パターンに合わせて別バージョンのユーザー・インターフェースを作成したりするときに、このやり方が用いられている。あるいは、様々な国家安全保障機関や法執行機関が、膨大なソーシャルメディア・データを蓄積し、例外的なパターンを探り出したり、起こりうる安全保障上の脅威を見定めたりする状況を考えてみよう。この場合は、何を探せばよいか正確にはわかっていないけれども、関連するグループや、確立したパターンに当てはまる／当てはまらない事象を探っていく。

入力データに所定の結果のラベルを付ける教師あり学習アルゴリズムと違って、教師なし学習アルゴリズムで目指すのは、所与のラベルを付けない状態でデータ中の「自然」な分類を見つけて、観察では簡単に気がつかない構造を明らかにすることだ。したがって、アルゴリズムの役割はデータ中のパターンを示すことであり、人間（あるいは、他のアルゴリズム）は見出されたパターンや分類にラベルを付けて、可能なアクションを決定する。猫と犬の写真の例で言うと、教師なし学習アルゴリズムによって数種類のグループが見つかるかもしれない。クラスターがどのように構成されているかによって、猫か犬か、屋内の写真か屋外の写真か、撮影された時間が昼か夜か、その他のあらゆるグループがつくられる可能性がある。繰り返しになるが、教師なし学習アルゴリズムは、特定のラベルを提案するのではなく、むしろ最も強固な統計的分類を明らかにするものであり、残りの作業を行うのは人間や他のアルゴリズムだ。

教師なし学習は、ソーシャルメディアの投稿から知見を得るのに役立つ。たとえば、顧客グループや感情パターンが突き止められれば、製品開発の参考になる。意識調査や人口統計調査の回答をもとに、顧客セグメントを作成してもよい。教師なし学習を用いて、顧客が離脱する理由も分類できるかもしれない。製造業であれば、機械の故障や注文の遅延などを分類できるだろう。

教師なし学習は大きく3タイプに分かれる。一つめは**クラスタリング**で、データをグループ分けするアルゴリズムに関するものだ。たとえば、アパレル販売業者であれば、このアプローチを使って、売れた商品の種類、その品目の価格と売れ行き、来店につながったチャネルの種類に基づいて、顧客セグメントを理解するかもしれない。より高度な販売業者であれば、ソーシャル・ネットワークのグラフデータ（顧客が誰とつながっているか）やソーシャルメディアへの投稿など、追加データを持っているかもしれない。企業はこうしたデータを活用することで、単純な人口統計をはるかに超えて、独自のセグメントを発見することができる。

ネットフリックスのマイクロクラスター（映画やドラマの好みが似ている会員の趣味コミュニティ）は、このようなツールの威力を示す好例だ。トピックモデル手法によるクラスター分析は、テキストデータの意味を探り、テキスト内やテキスト間で顕著なトピックを見つけるために広く用いられている。この手法は、ニュースレポート、SEC（米国証券取引委員会）への提出書類、投資家向けの収支報告、顧客対応コールセンターの会話の書き起こし、さらにはチャット記録などの分析に利用されてきた。

第二のタイプは**相関ルールマイニング**として知られている。よくある例が、オンライン・ショッピングで、カート内に現在入っている商品群をもとに、その人がさらに買いたいと思うような商品をレコメンドすることだ。アマゾンが相関ルールマイニングの科学的手法を発展させてきた。このアルゴリズムは、任意の品目間の共起頻度や共起確率を調べて、様々なタイプの商品間で起こりそうな関連付けを行う。たとえば、オカドはデータから、おむつとビールの間に強い相関があることを学んだ。新しく親になった人たちはあまり外出しないので、おむつを買うときにビールやワインをレコメンドすると、利益につながり、顧客満足度も向上したのである。

教師なし学習アルゴリズムの第三のタイプは**異常検知**だ。このアルゴリズムは単純に、新しく入ってくる観測値やデータを見て、それが以前のパターンに合致するかどうかを判断する。既存パターンに当てはまらなければ、異常あるいは例外とみなしてその項目にフラグを立てる。このタイプの応用例は、金融サービスにおける不正検知、多様な患者データを扱うヘルスケア、システムや機械のメンテナンスなどが多い。

強化学習

強化学習の適用はまだかなり未開発の分野だが、教師あり学習や教師なし学習よりもさらに強い影響力を秘めている可能性がある。教師あり学習のように、結果に対する専門家の見解に関するデータから始めたり、教師なし学習のように、パターンと異常の認識システムから始めたりするのではなく、強化学習は出発点とパフォーマンス関数だけあればよい。任意の場所から出発して、自分の位置が上がったか下がったかを目安にしながら、周囲の空間を探っていく。周囲の複雑な世界を**探索**することに時間を割くか、これまで構築してきたモデルを**活用**して意思決定やアクションを促進するかが、重要なトレードオフとなる。

たとえば、ケーブルカーで高い山に登り、歩いて下山する道を探すとしよう。その日は霧がかかっていて、山中に明確な道しるべはない。最適な下山ルートがわからないので、歩き回って様々な選択肢を探らなければならない。歩き回ってその山の感触をつかむ時間と、最適ルートだと思って実際に歩いて下山する時間との間には、当然ながらトレードオフが存在する。これが、探索と活用をめぐるトレードオフだ。探索に時間をかけるほど、最適なルートを見つけたという確信を深められるが、探索に時間をかけすぎれば、その情報を活用して実際に下山する時間が減ってしまう。

これは、ネットフリックスのアルゴリズムがレコメンドする映画とそれに関連するビジュアルをパーソナライズする方法に近い。*13 ただし、この問題はもう少し複雑だ。というのも、ユーザーとレコメンドを最大限に一致させるために、表示する映画を選択したうえで、どのアートワークと組み合わせればいいか判断する必要があるからだ。ネットフリックスは、下山の例と似たやり方で、一定時間を使って選択肢を探索し、一定時間を使ってモデルが提示する解決策を活用している。体系的にユーザーに見せるビジュアルをランダムに変えて、新たな可能性を探索し、予測モデルを精緻化する。その後、改善されたモデルを活用し、改善されたビジュアルを用いた多数のレコメンドをユーザーに表示する。

ネットフリックスのサービスは、探索と活用の期間を自動的に循環させて動的に改善し続けるが、そのプロセスは、複雑な人間の好みを最もよく学び、長期的にユーザー・エンゲージメントを最大化するように設計されている。ネットフリックスのテクノロジー・ブログのライターは2017年の投稿の中で次のように問いかけている。「趣味や好みが千差万別であることを考えると、個々の会員に最適なアートワークを見つけ、タイトルではその会員に特に関連した側面を強調できたほうがよくないだろうか」[*14]

ネットフリックスの課題は、強化学習で用いられる一般的モデルの複雑な変形版といえる。これは**多腕バンディット問題**として知られる――複数のスロットマシン＝別称「単腕バンディット（一本腕の盗賊）」（スロットマシンは一本のレバーで操作し、ギャンブラーのお金を奪うことから、このような別称がつけられた）を使ってギャンブルをするイメージから名付けられた。各マシンの報酬確率分布は異なっている（が、利用者にはわからないようになっている）。ギャンブラーは最も高い報酬が得られるマシンの探索に時間をかけてもよし。これまでで一番よいと思った一つのマシンに賭けて、その活用に専念してもよし。最適なパス（最高のマシンを操作すること）からの逸脱は**リグレット（後悔）**という評価指標で表される。多腕バンディット問題が役立つのは、それぞれ異なる報酬分布に関連付けられている多様なプロセス間で有限のリソースを配分するときだ。リグレットを最小にして運用成績を最大にしようとするのが一般的な考え方である。

多腕バンディット問題は、オペレーティング・モデルにＡＩを展開するうえで極めて重要だ。私たちはプロセス全体の運用成績を最適化し高めようとするので、探索と活用のトレードオフを調整することが基本となる。これらのアルゴリズムは、製品のレコメンドから、製品の価格設定、臨床試験計画、デジタル広告の選択まで、様々なオペレーション上のワークフローを管理するために幅広く用いられている。また、任天堂のビデオゲーム「マリオカート」のコース取りから、オカドの倉庫のボットまで、想像上あるいは現実の世界で実際のエージェントの行動を誘導することもできる。要するに、多腕バンディット問題は短期的な影響と長期的な改善との間のトレードオフを最適化しながら、実際のオペレーション上の意思決定をしようとするものだ。

強化学習は「アルファ碁」と呼ばれるソフトウェア・システムのおかげで世間の注目を集めた。グーグル傘下のディープマインドAI研究チームが開発したアルファ碁は、古代中国の戦略ゲームである囲碁で、世界中のトップ棋士を打ち負かすようになった。チェスではコンピュータが人間に勝っていたが（IBMのスーパーコンピュータ「ディープ・ブルー」を思い出してほしい）、囲碁は複雑すぎてプログラムでは極められないと考えられていた。ところが2016年以降、トップ棋士がアルファ碁に負け続けると、状況が変わり始めた。その結果は驚くべきものだった。著名なコンピュータ・サイエンティストでテクノロジー投資家でもあるカイフ・リーが著書『AI世界秩序――米中が支配する「雇用なき未来」』（日経BP日本経済新聞出版本部）の中で、中国政府は独自の「スプートニクの瞬間」（バラク・オバマ大統領が2010年に使った言葉。1957年にソ連がアメリカよりも先に人工衛星「スプートニク」を打ち上げたことから、軍事や技術面で自国が他国に出し抜かれる瞬間を指す）を宣言し、AIで世界をリードすることを国家の優先課題とし、この目標を達成するために膨大なリソースを投入したと指摘したほどだ。

その後、アルファ碁ゼロが登場し、対戦相手のアルファ碁を打ち負かし始めた。アルファ碁ゼロは強化学習のアプローチを採用している。アルファ碁の過去バージョンでは、何十万件もの対局データがインプットとして使用されたが、それとは違って、アルファ碁ゼロのシステムに求められたのは、基本的にゲームのルールを与えられた後、最善のアプローチを見つけ出すことだった（「ゼロ」は外部データなしの意）。強化学習はソフトウェア・エージェントがその環境と相互作用し、あらかじめ定義された報酬を最大化するために、その環境内でアクションを起こすことで機能する。ゲームのルールや環境をエージェントに与えることで、ソフトウェア・システムは報酬を最大化するために迅速に学習し、優れた成績を達成できる。グーグルのディープマインド・チームは、囲碁で学んだことを創薬や「タンパク質折りたたみ問題」（タンパク質の構造予測）に応用し、そのシステムがトップクラスの科学者や彼らのアプローチよりもかなり好成績を出せることを発見した。

実験プラットフォーム

施策に影響力を確実に持たせるためには、AIファクトリーでデータとアルゴリズムによって生成された豊富な予測を慎重に検証する必要がある。グーグルは年間10万件以上の実験を行い、多種多様なデータ重視のサービス改善策を検証している。リンクトインが毎年行う実験は4万件以上と言われる。デジタル・オペレーティング・モデルで必要な実験能力は、従来の場当たり的な実験手法では対処しきれないほどの規模や効果が求められる。最先端の実験プラットフォームは、大規模実験に必要な一連のテクノロジー、ツール、メソッドを包括的に提供するだろう。

実験プラットフォームを扱うためには、まずその事業に起こりうる重要な変化を仮説として表さなければならない。次に、通常は各仮説についてランダム化比較試験（A／Bテストとしても知られる）を行う。これは、無作為に抽出したあるユーザー・サンプルに変化を加え（**介入群**）、同じく無作為に選んだ第二のサンプルには通常通りの体験をしてもらう（**対照群**）。そのアウトプットを比較して統計的に有意な差があれば、見せかけの相関ではなく、実際にアウトプットに影響を及ぼす施策だとわかる。アルゴリズムで生成される予測がアウトプットに対して実際に**因果効果**を持つことが、このアプローチで確かめられる。

実験プラットフォームはAIファクトリーの必須要素だ。たとえば、アルゴリズムで顧客解約率を予測し、ある年齢層と解約に相関が見られたとしよう。その年齢層の顧客は全体的に解約しやすいのか、それとも何らかの特別オファーに前向きに反応し、同社のサービスを使い続けてくれるのかは、まだわからない。何百万人もの顧客に高額の謝礼金を提供する前に、ごく少数を対象にA／Bテストを行い、そのオファーが功を奏してサービスを使い続ける顧客がどの程度いるかについて、統計的に有意な証拠を集めることは理に適っている。大規模なAIファクトリーが推奨する多種多様なビジネス改善にも、同じようなロジックが当てはまる。

ネットフリックスのエンジニアとデータサイエンティストは、アルゴリズム開発と実行プロセス内で完全に統合された大規模な実験プラットフォームを構築してきた。[*15] ネットフリックスでは、重要な製品変更の際には毎回、標準的な製品体験に組み込む前にA／Bテストにかける。実験プラットフォームは、動画ストリーミングやコンテンツ配信ネットワークのアルゴリズム（何百ものデバイスや膨大な帯域幅の条件をサポート）のほか、画像選択、ユーザー・インターフェースの変更、電子メール・キャンペーン、再生、登録などを改善するためにも活用されている。

実際に、ネットフリックスは実験を必須要素とすることで、あらゆる意思決定に科学的な厳密さを持たせようとしている。同社の従業員は完全に自動化された実験プラットフォームを使って大規模実験をすることができる。このプラットフォームでは、実験を始める際に、他の実験の邪魔にならないことや被験者プールが重複していないことを確認したり、視聴者から被験者を募集したり、実験中や事後の結果を分析し視覚化したレポートを作成したりできる。

ソフトウェア、接続性、インフラ

データパイプライン、アルゴリズム設計と実行エンジン、実験プラットフォームはすべて、デジタル企業の事業活動を推進するためのソフトウェア基盤に組み込まれるべきだ。

図3－3は、AIファクトリーを支える最先端のデータ・プラットフォームを例示したものだ。データは下から上へと流れていく。データ・プラットフォームは、ソフトウェア開発者がAIアプリケーションを構築、展開、実行する構造をもたらす。一連のパイプラインの背後にある基本的な考え方は、API用の**パブリッシュ／サブスクライブ**方式（非同期でメッセージを送受信するための手法）だ。その目的は、クリーンで一貫性のあるデータをアプリケーションから利用可能にすることである。いわばデータ版「スーパーマーケット」のようなものだと考えればよいだろう。

データは集約、クレンジング、統合、処理を経て、一貫性のあるインターフェース

図3-3　最先端のデータ・プラットフォーム

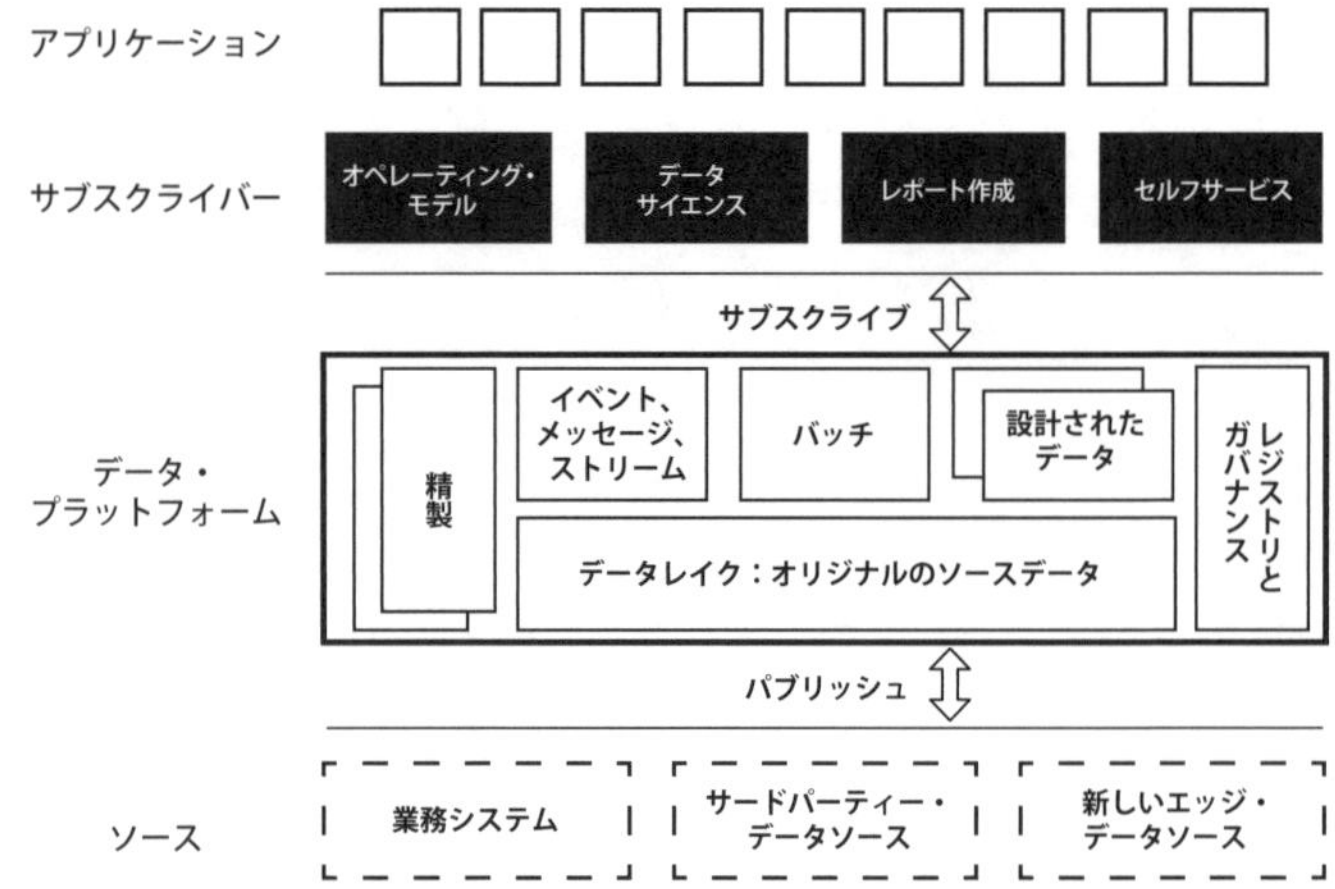

資料：キーストーン・ストラテジー

（ＡＰＩ）経由で提供され、アプリケーションは迅速な「購読」、つまりメッセージを受け取り、サンプリング、テスト、展開が可能になる。こうして、アジャイル開発チームは新しいアプリケーションを数週間、時には数日で構築可能になる。従来のＩＴカスタム・ビルド・プロセスでは、このような資産がないため、維持や更新に膨大な時間やコストを要する悪夢のような状況と化す。ネットフリックスのようなＡＩ主導型企業を目指す際には、一つのＡＩアプリケーションを構築するのではなく、なるべく多くのタイプに対する予測ができるように、何千ものアプリケーションを構築することを想定したほうがよいだろう。

データやソフトウェアへの投資と同時に、データ・プラットフォームと統合するための接続性や基盤への戦略的投資を行う。次章で詳しく取り上げるが、今日でも、ほとんどの企業は縦割りで運営されている。顧客は企業を一体化されたものと見なしているが、その内部ではたいてい部門や機能ごとにシステムやデータが分散し、データ集約がままならず、知見の導出が後手に回り、アナリティクスやAIの力を活かすことが不可能になっている。

データ・プラットフォームとそれを扱う組織は、縦割り構造を避けて、代わりにモジュール方式（機能ごとに独立性を持たせ、それらを組み上げてプロセス全体を機能させること。またその実行に適した組織構造）で設計したほうがよい。プログラムコードと組織の双方でモジュール性を確保するうえで極めて重要なのが、インターフェースの設計だ。明確なインターフェースがあれば、モジュール・レベルで分散型イノベーションが可能になる。データと機能性を共有するための標準が確保されていれば、各モジュールは独立してそのコア機能を改善できる。APIはイノベーションの問題を互いに影響を及ぼさないように区分し、そのおかげで独立したアジャイルチームや個々の開発者が、全体の一貫性を壊すことなく、特定のタスクに専念できる。

データを外部パートナーに提供している場合、一貫性のある（かつ安全な）データ・プラットフォームを構築することが一層重要になってくる。その好例が、アリババのオンラインモールである淘宝（タオバオ）だ。掲載商品は10億点を超え、すべてサードパーティー事業者から出品されている。アリババが社内外のユーザーと満足のいく形でデータを共有するには、要求される広範な機能を、明確かつ安全なAPI経由にするのが唯一の方法だ。

アリババの社内開発者、あるいは、タオバオの外部販売業者はたいてい、在庫情報のアップロード、（手動もしくは自動化された）価格設定、消費者レビューの追跡、出荷処理などに、100以上の異なるデータプラットフォーム・ソフトウェア・モジュールを定額サービスで利用することができる。APIをうまく設計しておけば、タオバオのエンジニアは数十億人のユーザーと数百万の販売業者に役立つ内部システムを開発し進歩を続けられるだけでなく、ソフトウェアベンダーのエコシステムによって創造性も解き放たれ、さらに豊富な追加サービスを提供できるようになるだろう。[*16]

最後に、うまく設計されたデータ・プラットフォームを用いて最先端のAIファクトリーを構築すれば、組織はデータガバナンスとセキュリティという重要課題にさらに集中することができる。ユーザー、サプライヤー、パートナー、従業員から続々と取得される膨大な量のデータは極めて貴重で、機密性が高く、プライベートなものだ。それを場当たり的な形で保存してはいけない。データセキュリティとガバナンスに慎重を期すために、安全性の高い集中型システムを構築し、アクセスと利用状況について適切なチェック・アンド・バランスを定義し、注意深く資産の棚卸しを行い、全利害関係者が必要な保護を受けられるようにする必要がある。

基本的なデータガバナンスの課題の一部として、AIファクトリーにとってクリーンで安全なAPIを注意深く定義することが欠かせない。結局のところ、AIファクトリーのシステムに出入りするデータの流量を制御し、企業が社内外の開発者に積極的に提供するデータや機能をすべてコントロールする方法がAPIだと考えればよい。APIは組織内の最も重要かつプライベートな資産へのアクセスをコントロールする。APIを使う際に企業は、これらの重要な資産について、どれを社内で利用できるようにし、どれを外部の人に提供しても構わないかを事前に明確にしておかなくてはならない。API経由で流通可能なデータが、デジタル企業の成功を左右することもあるからだ。ケンブリッジ・アナリティカ事件が起きた理由は、どうも開発者と管理者の手違いにより、フェイスブック・プラットフォームのグラフAPIで重大な欠陥が生じたことにある。会社側が当初意図していたよりもはるかに多くのデータに、外部のアプリケーション開発者がアクセス可能になってしまったのだ〔ケンブリッジ・アナリティカはイギリスの選挙コンサルティング会社。フェイスブックの個人情報を政治的に利用し、アメリカ大統領選やイギリスのEU離脱に関する国民投票などに影響を及ぼしたとされる〕。

最終的に、AIファクトリーの基礎となるデータ、ソフトウェア、接続性は、安全かつ堅牢で拡張性の高いコンピューティング・インフラ（計算基盤）内にあるようにしなければならない。この計算基盤はクラウド上にあり、オンデマンドで拡張でき、標準的な既製のコンポーネントやオープンソース・ソフトウェアを使って構築されることが増えている。さらに、企業のオペレーティング・モデルを構成する多くの個別プロセスや活動とシームレスにつなげる必要がある。これらは突き詰めると、ネットフリックスでいえば、コンテンツ作成、レコメンド、選択、配信、会員への課金、コンテンツパートナーのパフォーマンス追跡など、同社の価値提供の核となるデジタルプロセスそのものであると言える。

AIファクトリーを構築する

ＡＩファクトリーの構築は、ネットフリックスにしかできない芸当ではない。実際に、私たちがファカルティ・ディレクターを務めるハーバード大学イノベーション科学研究所（ＬＩＳＨ）では、同大学医学部やダナ・ファーバーがん研究所と共同で、ＣＴスキャン画像をもとに肺の悪性腫瘍の形状をマッピングするＡＩシステムを開発した。このシステムはわずか10週間で、しかも学術研究の予算内で展開されたが、学内で学んだ放射線腫瘍医と同じくらい優秀だ。

私たちはこのシステムを開発するために、ＬＩＳＨのＡＩファクトリーを活用した。これ自体は多様な問題解決用のデータパイプラインとプラットフォーム・アーキテクチャをつくるために構築されたもので、通常はトップコーダーのクラウドソーシング・プラットフォームで行われるアルゴリズム設計コンテストの助けを借りながら用いる。LISHは米国航空宇宙局（NASA）、ハーバード大学附属病院、ハーバード大学とマサチューセッツ工科大学（MIT）のブロード・インスティテュート、スクリプス研究所といった主要組織と提携し、最も難易度の高い計算や予測課題に取り組んでいる。

肺がんの輪郭を描くことは、患者にとって効果的な治療法を組み立てるのに極めて重要だ。そのため腫瘍医は、放射線治療の標的腫瘍の体積形状を正確に把握することに多くの時間を費やす。治療時にがん細胞を見落としたり、健康な組織を傷つけたりしないためにも、輪郭を正しく描くことが特に重要になる。LISHのチームはダナ・ファーバーがん研究所のレイモンド・マクと共同で、461人の患者から得た7万7000枚以上のCT画像データを活用して、このタスクの自動化に取り組んだ。

二人のデータサイエンティスト（医療画像の経験がない物理学者）が研究室ベースのAIファクトリーでマク博士のデータをクレンジングして準備したうえで、腫瘍の輪郭を描くのに最適なアルゴリズムを探すために一連のコンテストを設計した。10週間かけて三つのコンテストを連続して行ったところ、34人の応募者から45のアルゴリズムが提出された。参加者に提供された「訓練」データセットは、229人の患者のスキャン画像で構成され、がんの輪郭はすべてマクに描いてもらったものだ。残りのデータセットは、アルゴリズムがどれだけマクの仕事を真似て精度を高められるかを検証するために取っておいた。

上位5の参加者は、畳み込みニューラルネットワーク（CNN）やランダムフォレスト・アルゴリズムなど多様なアプローチを用いていた。驚いたことに、今回のコンテスト参加者に医療画像やがん診断の経験者は一人もいなかった。開発されたソリューションには、オブジェクトを検出しローカライズするタスクを実行するために、カスタマイズもしくは公開されているアーキテクチャやフレームワークが含まれていた。使用しているオープンソースのアルゴリズムは、もともと顔認識、生物医学画像のセグメンテーション、自律走行車の研究用路上シーンのセグメンテーション用に開発されたものだ。フェーズ3のアルゴリズムは、スキャン画像1枚当たり15秒〜2分でセグメンテーションを行う。1枚当たり8分かかる人間の専門家と比べると、大幅に速い。図3－4に示すように、最も優れた5つのアルゴリズムのアンサンブル結果〔各アルゴリズムが出した結果から一番多い結果を全体の結果として採用〕は、人間の放射線腫瘍医（観察者間検証）と同程度で、既存の市販ソフトウェアよりも優れていた。

この事例を紹介した理由は、私たちが誇らしく思っていることもあるが、それだけではない。データ、ITリソース、AI人材が潤沢に揃っていなくてもAIファクトリーは構築できることを示すためだ。私たちのAIファクトリーは、誰もが利用できるリソースでつくったものだが、その恩恵は計り知れない。この研究成果は医学雑誌「ジャーナル・

図 3-4　ダナ・ファーバーがん研究所のデータを用いた LISH 分析コンテストの結果

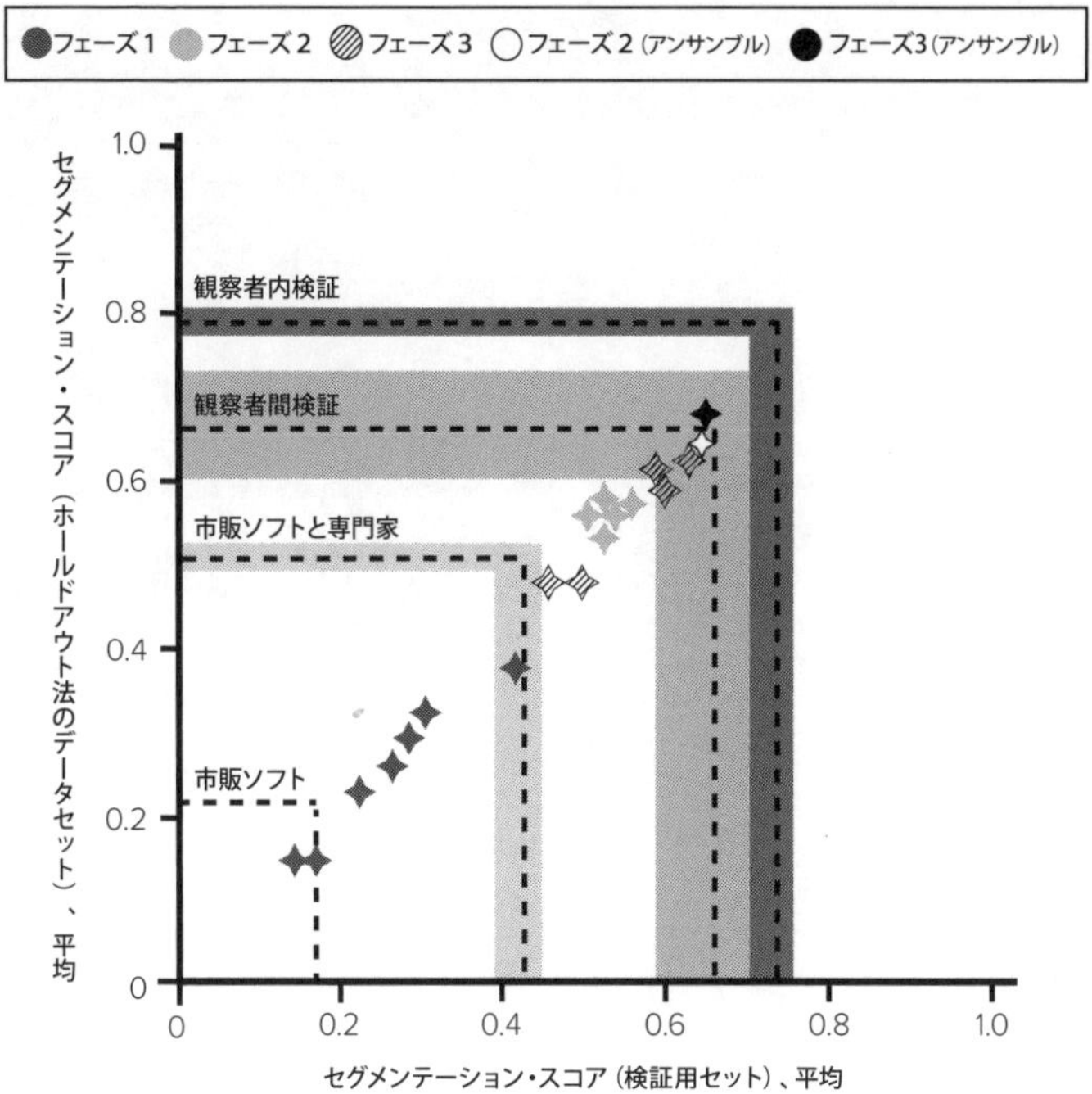

オブ・ジ・アメリカン・メディカル・アソシエーション」で発表した。ビジネススクールの教員には畑違いの腫瘍学の論文として、である。[*17]

小さな研究所内ではＡＩの力が比較的活用しやすい。大規模な縦割り組織や、複雑かつ時代遅れでミスマッチなＩＴシステムに対処する必要がないからだ。複雑な企業の中で、ＡＩで対応可能な業務が増えていくと、それを広範なオペレーティング・モデルに組み込み構築する方法が一層重要になる。企業のオペレーティング・アーキテクチャが、トップ層が扱うべき戦略的な検討事項になってきた理由もそこにある。これが次章のテーマである。

第4章　企業を再設計する

Rearchitecting the Firm

FROM：ジェフ・ベゾス
TO：全開発担当者
件名：ベゾスの指令書

今後はすべてのチームがサービス・インターフェース経由でデータや機能を提供する。お互いのコミュニケーションは、これらのインターフェースで行うこと。

直接的なリンク、他チームのデータストアの読み込み、共有メモリー・モデル、バックドアなど、プロセス間で他のコミュニケーション形態の使用は一切できない。唯一認められるのは、ネットワーク経由のサービス・インターフェースで呼び出すことだ。

どのテクノロジーを使っていようとも、関係ない。

サービス・インターフェースはすべて例外なく、最初から外部化を織り込んで設計する。つまり、外部開発者が触れるようにインターフェースを企画・設計しなくてはならない。例外はない。

これに従わない人は解雇となるだろう。ありがとう。よい一日を！

ジェフ・ベゾス

2002年、アマゾンのCEOがこの電子メールを書いたとき、同社は壁に突き当たっていた。[*1] 自社の成長を支えきれなくなっていたのだ。業務を動かすソフトウェア・インフラはプレッシャーに押しつぶされ、プロセスは崩壊しかけていた。書籍、事務用品、電子機器、アパレルなど、取引量、商品数、事業数があまりにも多くなりすぎた。おおむね企業買収を通じて寄せ集めたものをネットワーク上で販売し、共通のホームページでかろうじてつながっていたにすぎない。テクノロジーやデータアーキテクチャ、顧客の捉え方にも一貫性がなく、アマゾンは破綻しかけていた。

このベゾスのメールは、事業のデジタル変革に関する文書の中で、影響力の大きなものの一つだ。これまでの章で、新種の企業の誕生と成長を見てきた。インターネットを活用するか、モバイル・テクノロジーを導入するか、もしくは、「デジタルネイティブ」であれば、21世紀型企業であると言い切ることはできない。最近創設されたソフトウェア集約型企業は間違った形で構築されていることが多い。それらよりも重要なのは、これまでとは異なる原則で設計され、根本的に異なるビジネスモデルやオペレーティング・モデルの基盤の上に構築されていることだ。

デジタル企業は、伝統的な組織モデルに基づいて専門化された縦割りの組織的プロセスを通じて運営されるのではなく、高度にモジュール化された統合型デジタル基盤に支えられている。ITはもはや既存のプロセスや手法を活かして最適化するだけではない。むしろソフトウェアは実際の企業運営の中核を構成する。伝統的な労働集約型や資産集約型の組織に代わって、データパイプラインやアルゴリズムを原動力とし、ソフトウェアが顧客に価値を提供する際のクリティカルパスとなっているのだ。このデジタル基盤があってこそ、企業は規模、範囲、学習に関する収穫逓増を生み出し、伝統的なビジネスモデルを圧倒することができる。

　世界で最も進んだＡＩファクトリーでさえ、その強みを活かすオペレーティング・モデルに組み込まれていなければ、約束した価値を届けることはできない。これに関するベゾスの直感は秀逸だ。アマゾンの持続的成長の鍵は、私たちの言葉で言うと、**オペレーティング・アーキテクチャ**の変革にある、つまり、オペレーティング・モデルの構成要素間の境目と結びつきの定義を変えなければならないと彼は考えていた。デジタル企業には異なる種類のオペレーション・モデルが必要であることを理解していたのだ。それは、ソフトウェア、データ、ＡＩが統合されて中核をなし、それを用いて新種の組織を推進するように設計されたモデルだ。

　ベゾスのメールの重要性と近代的な企業デザインへの示唆を読み解くために、少し回り道して、オペレーティング・モデルの歴史と、それが組織とテクノロジーのアーキテクチャにどのように関係するかを見ていこう。

ベゾスとミラーリング仮説

経営学で最も興味深い分野の一つは、組織構造とそこでつくられる技術システムのアーキテクチャとの関係に着目したものだ。要するに、組織にはシステムが反映され、システムには組織が反映される。このシンプルな見解は、企業の進化にとって重要な意味を持つ。

1967年に、メルヴィン・コンウェイというコンピュータ・サイエンティストが、組織は内部で浸透しているコミュニケーション・パターンを踏まえたシステムを設計せざるをえないと指摘した。[*2] コンウェイの法則は、技術要素の統合を適切に設計するために、設計者は頻繁にコミュニケーションをとらなければならないという推論に基づいている（それを支持する経験的証拠は多数にのぼる）。したがって、相互に関連するタスクは、理想的にはお互いがすぐ隣にいるような統合型チームが実行するのがベストだと、今では一般的に受け止められている。[*3] ソフトウェア開発プロジェクトでは機能部門別チームよりもアジャイルを特徴とするチームがつくられたり、製造工場、さらには金融サービスやプロフェッショナル・サービスですら、関連するタスクが一つの部門として組織化される理由もそこにある。

このフレームワークは「プロジェクト、企業、企業グループ内の組織的な結びつきは（中略）遂行中の業務における依存関係の技術的パターンに対応する」という**ミラーリン**

グ仮説として要約される。[*4] システムのアーキテクチャは、設計作業よりもはるかに正確に、そのシステムに依拠する組織アーキテクチャを映し出すのだ。

　このような相互補強的なつながりは、業務実行における品質と効率性を高め、企業にとって大きな資産となる。たとえば、様々な車種や世代の自動車向けにドアハンドルを設計し製造するケースのように、組織は類似のタスクを手掛けるなかで、生産性の高い作業の進め方を習得していく。こうしたテクニックはテクノロジー、プロセス、ルーチンに組み込まれ、時間をかけて組織は独自性や差別性を構築することができる。トヨタ生産方式（ＴＰＳ）が組織内に埋め込まれているのは長期にわたってひたむきに実践されてきたからだ。こうしたパターンは報酬制度や業績評価制度によって強化され、日々の活動のパフォーマンス向上に役立つ。

　時間とともに類似タスクの効率性が高まる一方で、このようなパターンは組織を縛り、変化への対応を妨げる慣性も育んでしまうことがある。ハーバード大学の同僚であるレベッカ・ヘンダーソンとキム・クラークは１９９０年の論文で、アーキテクチャのイノベーション（技術要素間のアーキテクチャを変える必要があるイノベーション）は、伝統的な企業にとって特に危険だとしている。[*5] 彼らの洞察は多くの事例に関連している。たとえば、ＲＣＡはソニー（ＲＣＡの保有テクノロジーのライセンス供与先！）との競争にさらされても、卓上ラジオや音楽機器を再設計して小型化することに失敗した。ほかにも、

IBMはメインフレームからPCに移行することに、マイクロソフトはPCをスマートフォンに再設計することに失敗した。アーキテクチャの慣性――適応への抵抗という概念は、クレイトン・クリステンセンの破壊的イノベーション理論に通じる。[*6] 同理論によると、組織が破壊的変化にうまく対応しきれないのは、既存顧客との結びつきによって確立されたアーキテクチャの慣性が妨げになるからだ。[*7]

こうした視点や理論の多くの結論は似通っている。あるやり方で何かがうまくできるようになった組織はルーチンとシステムを開発し、それが互いに強化し合って、別のやり方で物事を行うことが難しくなるという。こうして、アーキテクチャの慣性が働くと、新しいやり方で仕事を整理せざるを得なくなるような変革は実現しにくくなるのだ。

決定的なのは、過去30~40年にわたるエンタープライズITのあり様にアーキテクチャの慣性が織り込まれていることだ。エンタープライズITは主に既存業務や組織の壁に沿って展開されてきた。総勘定元帳システム、マーケティング・オートメーション、CRM（顧客関係管理）、製品ライフサイクル管理、ERP（企業資源計画）など、それぞれが伝統的企業の確立されたコンポーネント（構成要素）にぴったりとはまっていた。こうしたコンポーネント化によって、それぞれの部分での効率性は向上するが、全体的なITの影響力は制限され、伝統的な企業の規模、範囲、学習の可能性が制約されてきた。

ベゾスは明確でかつ挑発的なメールを書くことで、アーキテクチャの慣性を打破し、アマゾンのテクノロジーだけでなく、組織のアーキテクチャをも変えようとしていたのだ。アマゾンのオペレーティング・アーキテクチャを変革し、ソフトウェア、データ、ＡＩ主導型の企業としての基盤を構築しようと、彼は決意していた。

新しいモデルを探求する前に、オペレーティング・モデルのルーツを理解し、どのように伝統的なオペレーティング・アーキテクチャの形にたどり着いたのか、なぜこれほど定着しているのかを簡単に振り返ってみよう。

歴史的な視点

ＩＴを使うようになるはるか前から、企業は専門化され、おおむね自律的な機能と運営用のユニット（組織単位）を持つ縦割りの事業構造を発展させてきた。少なくともイタリアのルネッサンス期には、組織をより小さな独立ユニットに分割し、それぞれが個々のタスクや分野に特化することで、業務の複雑性を管理するオペレーティング・モデルが採用されている。[*8] 各ユニットに大きな独立性を持たせて、柔軟性を最大化し、（耐え難いほど遅い）連絡手段にかかる負担を最小限に抑えていた。

分散型の商業的オペレーティング・アーキテクチャの最古の事例は15世紀に遡る。イタリアの都市プラートでは、羊毛や繊維の取引で、生産、流通、銀行、保険機関などに専門特化して分業が行われた。[*9] このオペレーティング・モデルは専門組織の緩やかな集合体として機能した。組織間の関係は家族の絆で結ばれている場合もあれば、より正式にビジネスパートナーとして資産を共同所有し、多機能構造の持株会社をつくることもあった。このような「原始的」な組織は、極めて効果的なオペレーティング・モデルを進化させ、ヨーロッパで主導的な地位を確立していった。

最初に登場した企業

近代的な企業の始まりは、1602年に設立されたオランダ東インド会社かもしれない。ライバル商社7社の合同体として発足した同社は、様々な船舶輸送のポートフォリオを統合し、個々の航海に伴う大きなリスクを管理することによって、規模の経済を実現させた。ただし、広範な業務を管理するため、複数ユニット構造へと進化を遂げた。専門特化し、物理的に離れた場所で、ほぼ自律しているユニットに組織を細分化することで、コミュニケーションの遅れや管理上の複雑さに圧倒されずに、多国籍で多分野にわたる業務を管理できるようになったのだ。縦割りのオペレーティング・アーキテクチャと柔軟な経営手法は、分散している拠点の要件に合わせるのに有効だった。

オランダ東インド会社はアジアとアフリカの港からナツメグ、メース、クローブなどの香辛料貿易を最初に独占した後、絹、綿、陶磁器、織物にも進出し、巨大な経済力をつけていった。1670年までに、おそらく世界一の金持ち企業になり、200隻近い船舶を配備し、5万人以上の従業員（かなり大規模な私兵も含めて）を雇い、複雑なオペレーティング・モデルを構築して世界貿易を支配するようになった。*10

17世紀から18世紀にかけて、貿易や金融サービスはさらに高度になっていったが、生産プロセスはたいして進化しなかった。伝統的な生産方法は「ファイリング&フィッティング」と呼ばれ、熟練職人が一つずつ工芸品をつくっていた。部品もすべて手掛けて、手作業で個別に調節する。各部品を「ファイリング（やすりがけ）」し、組み立てられるように「フィッティング（調整）」していくのだ。

大量生産の増加

産業革命は生産技術を一変させた。大量生産の登場により、イギリスからアメリカまで、専門化と標準化の波が押し寄せてきた。ファイリング&フィッティング手法と違って、大量生産では各労働者が生産工程の単一部品や単一段階に特化する。こうして、オペレーティング・モデルは専門化と反復の恩恵を受けて、規模の優位性と学習速度を増大させた。このアプローチにより、組織内で仕事の性質や分野ごとにますます専門化され、企業のオペレーティング・アーキテクチャがさらに細分化されるようになった。

大量生産と工業化の真の象徴は自動車産業、とりわけフォードに見ることができる。

ヘンリー・フォードは1903年にミシガン州ディアボーンで、12人の出資者から集めた2万8000ドルを元手に自動車メーカーを設立した。フォードのビジョンは、自動車輸送を実用的かつ手頃な価格で普通の人が利用できるようにすることだった。彼は中流階級の膨大な潜在需要に見合った価格で販売できる自動車を設計し生産することに大きな機会があると感じていた。

1908年に発売されたモデルT（愛称「ティン・リジー」）は、明らかに大量生産のために設計されていた。効率的で、耐久性があり、信頼性が高く、メンテナンスしやすいモデルTは、アメリカの消費者の手に届く範囲にある最初の自動車とおおむね見なされていた。この新しい車への需要が圧倒的に大きかったことを受けて、フォードは新しい価値提供の方法を見つけなければならなかった。

1913年、フォードはハイランドパーク工場に初の移動式のシャーシ組み立てラインを導入し、製造を一変させた。それまで自動車は固定された台で組み立てられ、作業員が動いて各車両まで必要な部品を運び、取り付けていた。組み立てラインの場合、所定の場所にいる作業員の間を車両が移動していく。各作業員は高度に専門特化し、組み立てる担当範囲は次第に狭まっていった。かの有名なフレデリック・テイラーの指導の下、フォードの組み立てラインはモデルTの組み立て時間を10分の1に短縮し、コストを大幅に削減させた。価格は2分の1以下になり、1918年にはアメリカの自動車の半分がモデルT

だった。

フォードは前代未聞のレベルで標準化と専門化を展開することで、アメリカ最大のメーカーになった。同社のオペレーティング・モデルは、機能的な専門性と関連する縦割り組織を、最小で最も専門化かつ標準化された人間のタスクにまで落とし込んでいた。

20世紀型オペレーティング・モデル

フォードのビジネスモデルは何十年も自動車業界を先導した。やがてゼネラルモーターズ（ＧＭ）がより幅広い車種をより幅広い価格帯で提供するようになり、フォードからシェアを奪い始めた。ＧＭは、そのオペレーティング・アーキテクチャで提供される製品やサービスの範囲を拡大するために、シボレー、ビュイック、ＧＭＣ、キャデラックといった車種別の組織ユニットをつくり、それぞれで専門化した組み立てラインを用いて異なる製品ラインに注力した。このほぼ自律的な製品ユニットにより、ＧＭは異なる顧客セグメントの特定のニーズに専念することができたのだ。[*11] 縦割り組織は今や、狭く定義付けした機能ごとだけではなく、製品ごとにも落とし込まれていた。

１９５０年代から１９６０年代にかけて、ＧＭのモデルは頂点に君臨したが、多くの日本企業をはじめとする競合他社が、より効率的で高品質な自動車を販売するようになった。こうした企業の成功は、オペレーティング・モデルやオペレーティング・アーキテクチャの設計をさらに磨き上げたことに起因する。トヨタのオペレーティング・モデルであるTPSの場合、組織の全レベルで学習と問題解決に尽力することが新たに追加された。TPSは同業界で一般的な従来型の狭い専門性に抗ったが、他社がそれを模倣し成功裏に展開するのは難しいことでも知られている。トヨタが工場現場を外部の人に完全に開放し、そのプロセスについて多数の本を書き、他の自動車メーカーと合弁事業を行っても、この状況は変わらなかった。

自動車部門に限らず、20世紀に欧米のほとんどの製造業で大量生産が急速に進んだ。労働者と組織は専門特化し、生産量が増えるにつれて、製造業のオペレーティング・モデルは規模の経済を享受し、作業量に応じて効率性が（専門化することで業務が改善されて、品質も）大きく向上した。その上、生産量が増えると学習が可能となり、生産効率がさらに高まった。こうした経済性は、武器から繊維製品、農業、保険業に至るまで、幅広い製造業やサービス業における伝統的な職人技を実質的に一掃したのである。

時間とともに、専門化、集中化、標準化といった大量生産のコンセプトがサービス業にも広く普及した。特にスーパーマーケットの成長は、購買や配送における大幅なプロセスの標準化と規模の経済に依拠している。また、マクドナルドのようなファストフードのフランチャイズは、サプライチェーンと食品調理の両方において高度に反復可能な業務と規模の効率性に頼っている。専門化と標準化はホテルチェーン、銀行、エネルギー会社、保険会社、病院、航空会社などの効率化にもつながった。

今日の製造業やサービス業では依然として、高度に専門化された縦割りのオペレーティング・モデルが欠かせない。たとえばｉＰｈｏｎｅは、フォックスコン・テクノロジー・グループが中国で組み立てている。鄭州市にあるフォックスコンの施設は2・2平方マイルに及び、最大35万人の従業員を雇用できる。その仕事は狭い範囲で専門特化され、細かく指定され、非常に最適化されている。生産ラインは94本で、ｉＰｈｏｎｅの組み立てには研磨、ハンダ付け、穴あけ、ネジ止めなど約４００の工程がある。同施設ではｉＰｈｏｎｅを1日50万台以上、1分間に約３５０台生産することができる。このような近代的な製造ラインは、部品や製品の追跡、問題の分析、ロボットによる組み立てなど、ＩＴあってのものだが、近代的なオペレーティング・モデルは依然として、製品とプロセス開発の両方で、標準的かつ反復可能な作業を設計することで規模を拡大している。

繰り返しになるが、エンタープライズＩＴの導入は、オペレーティング・モデルの方向性を変革するものではなかった。１９６０年代と70年代のメインフレームから、80年代のクライアント・サーバー・モデル、90年代に展開された初期のインターネットベースのシステムまで、いくつかの導入の波の中で、オラクルの財務やＳＡＰの製品ライフサイクル管理などのＩＴシステムは多くの既存業務プロセスの性能を向上させていった。しかし、これらのＩＴシステムには総じて企業の専門化された縦割りのアーキテクチャが反映され

図4-1　縦割りのアーキテクチャ

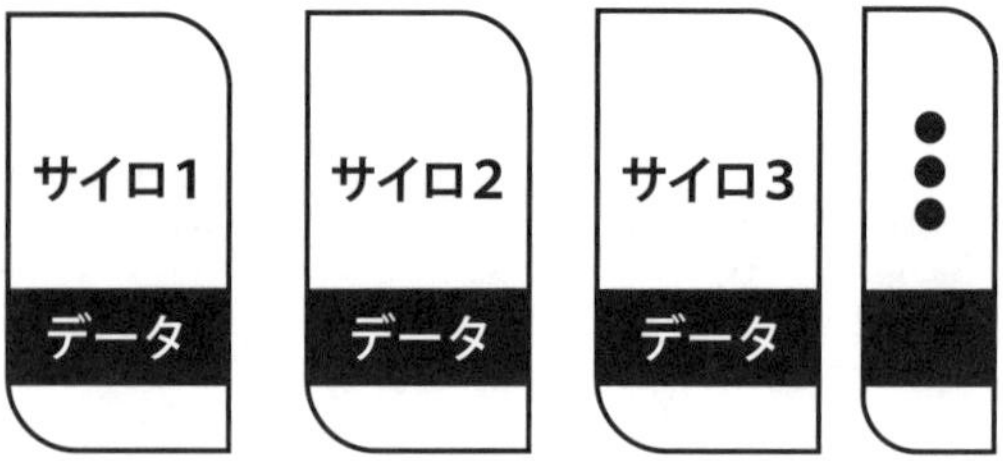

ていた。効率性と応答性が向上し、多くの場合、業務部門全体で規模、範囲、学習の経済がさらに高まったが、テクノロジーが企業の構造を一変させることはなかったのだ。

多くの企業では、プロセス、ソフトウェア・アプリケーション、データはいまだに（図4－1のような）おおむね自律的で縦割りの組織部門に個別に埋め込まれている。私たちはほとんどの大企業を見てきたが、ITと最も重要なデータは、分散した一貫性のない形で集められ、既存組織の下位部門や、高度に専門化され互換性のないレガシーテクノロジーによって、分離や隔離された状態である場合が非常に多い。大企業では往々にして、何千ものエンタープライズ・アプリケーションやITシステムが使用されており、それが散在したデータベースを使いながら多様なデータモデルや構造を支えている。（システム全体のアーキテクチャを変更せずに）様々な縦割りの機能部門にまたがってデータを統合することは、時間がかかるうえ、恐ろしく複雑で、信頼性の低いプロセスであり、それ専用の多額の投資や多大なコードのカスタマイズ対応を必要とする。このようなプロジェクトの多くが、手痛い遅延やコスト超過に悩まされるのは無理もないことだ。

伝統的なオペレーティングの限界

東インド会社からＧＭ、マクドナルドに至るまで、オペレーティング・モデルは自律性と専門性を強化し、新たなレベルの生産性とイノベーションをもたらした。どの事例も大成功だったことは証明されている。しかし、業務の拡大によって複雑さが増し、やがてすべての組織のキャパシティを上回り、競争の機会が開かれていくなど、明らかに限界を示す証拠もある。伝統的なオペレーティング・アーキテクチャは、企業の成長と価値に深刻な制約を生み出した。フォードの大量生産方式は、ＧＭの製品の多様性と差別化や、トヨタのプロセス改善と品質マインドの登場によって、問題に直面した。トヨタ生産システムでさえ、２０００年代半ばの多くの製品リコールが示すように、急成長と増大する複雑さの対応に苦慮した。[12] 結局のところ、既存組織は成長するにつれて、規模、範囲、学習の不経済に悩まされることになる。

組織は拡大すると、さらに複雑化して管理しにくくなり、官僚機構や非効率性がはびこり、埋め込まれた規範、インセンティブ、報酬がさらに慣性を生み出していく。規模や範囲（多様性）が大きすぎたり、学習やイノベーションに対する要求が多すぎたりすれば、どの経営プロセスでもいずれはうまく機能しなくなり、非効率に陥り、失敗を招くことすらある。工場は最適なサイズに達した後、整理や管理が煩雑になる。レストランの場合、サイズと範囲が最大限に達すると、現状のスタッフの能力とシステムでは、顧客とメニューに対処しきれなくなる。研究開発組織や製品開発チームも大きくなりすぎると、結果的に生産性や革新性が損なわれることが知られている。こうした要因により、組織が効率的でいられる最大規模が決まり、組織の成長には、全体として制約が生じるようになるのだ。

特に、従来型ITではこのような制約が大幅に緩和されることはなかった。伝統的な企業の場合、かつてないほど機能が縦割り化され、CRMや総勘定元帳ソフトウェアなど、担当する特定の機能要件を満たすITシステムが大量に展開されている。様々なアプリケーションを統合、集約し、価値のありそうなデータを結びつけるには、長い時間と労力がかかる。というのも、完全にバラバラに分断されているレガシーシステムをカスタムソフトウェアで慎重につなぎ合わせる必要があるからだ。しかも、時間とともに、そのこと自体が慣性や変革への抵抗の原因になってしまう。

一言で言うと、企業を形成し制限するのはオペレーティング・モデルだ。こうしたモデルは複雑さや成長のマネジメントに役立つが、それにも限度がある。企業は伝統的な機能

図 4-2　伝統的な組織の価値提供力は収穫逓減に直面する

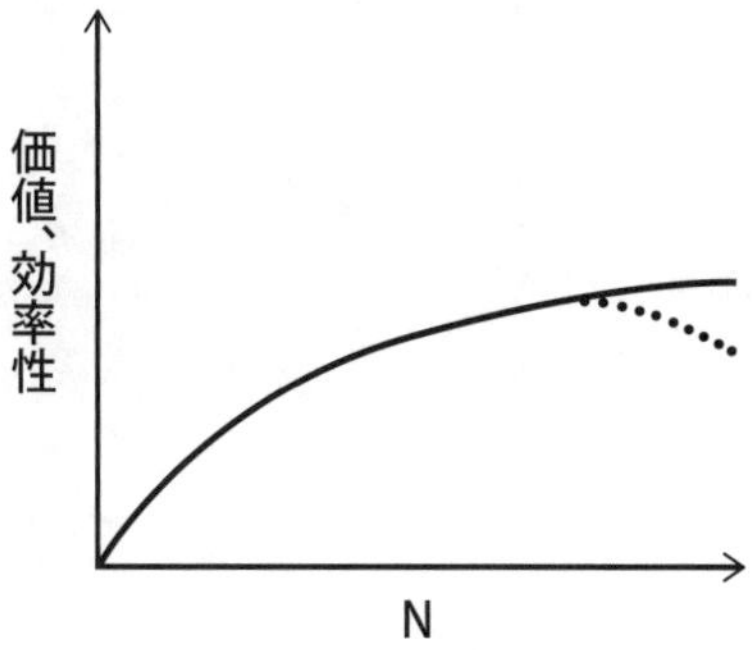

Nはユーザー数やプラットフォーム上の補完業者数など、様々な変数を表す。

構造と業務の縦割り化により、規模、範囲、学習において限界や収穫逓減にも直面した。数世代にわたって経営や業務が改善され、エンタープライズＩＴが広範に展開されてきたにもかかわらず、図４－２の通り、伝統的な企業が提供できる価値は、オペレーティング・モデルの複雑さによって制約されてきた。

重要で困難な移行期

ベゾスがメールを書く前のアマゾンは、伝統的な企業のようになりつつあった。アマゾンの組織、データ、テクノロジーは縦割り化が進み、完全に異なる小売分野に特化し、担当部門はバラバラだった。縦割り部門間のつながりは当座しのぎで、予測不能な場合が多く、その動機も目先のニーズや火急の事態に対応することにあった。アマゾンは、事業の拡大の能力と事業範囲を拡張するうえでの限界に対峙していた。この解決にはアーキテクチャを大きく変える必要があった。

ソフトウェアビジネスでは、複数バージョンのプログラミングが混在すれば悪夢のような状況になることを、ベゾスは熟知していた。また、システムや機能の間でデータが分散していると、集計しにくく、データパイプラインの整合性が失われ、包括的な視点で顧客を捉えることの妨げになる。ベゾスは優れた洞察力で、アマゾンが既存の業務タスク（たとえば、サプライチェーンや小売業務）を継続させつつ、ソフトウェアを皮切りに、それらのタスクを再構築できると見抜いていた。彼のビジョンは、最高のソフトウェアとデータ重視なオペレーティング・モデルを構築し、前例のないレベルの規模、範囲、学習へと小売業務を拡大することだった。ただし、ソフトウェアとデータ重視な組織を拡張するためには、組織とテクノロジーにおける縦割りの壁を打破しなければならないことにも気づいていた。図4－3はこの改革の変遷を示している。

ベゾスは、アマゾンのテクノロジーと組織を同時に再構築しようとした。ソフトウェアのケイパビリティが今やアマゾンのオペレーティング・モデルの重要部分を動かせるレベルに達したという認識に立ち、アマゾンの小売業務をソフトウェア・プラットフォーム上に再構築し、徐々に進化させて最先端のＡＩファクトリーを組み込んでいった。同時に、新しいアーキテクチャの境界線に沿って組織も変革し、明確に確立されたインターフェー

図 4-3　アマゾンの改革の変遷

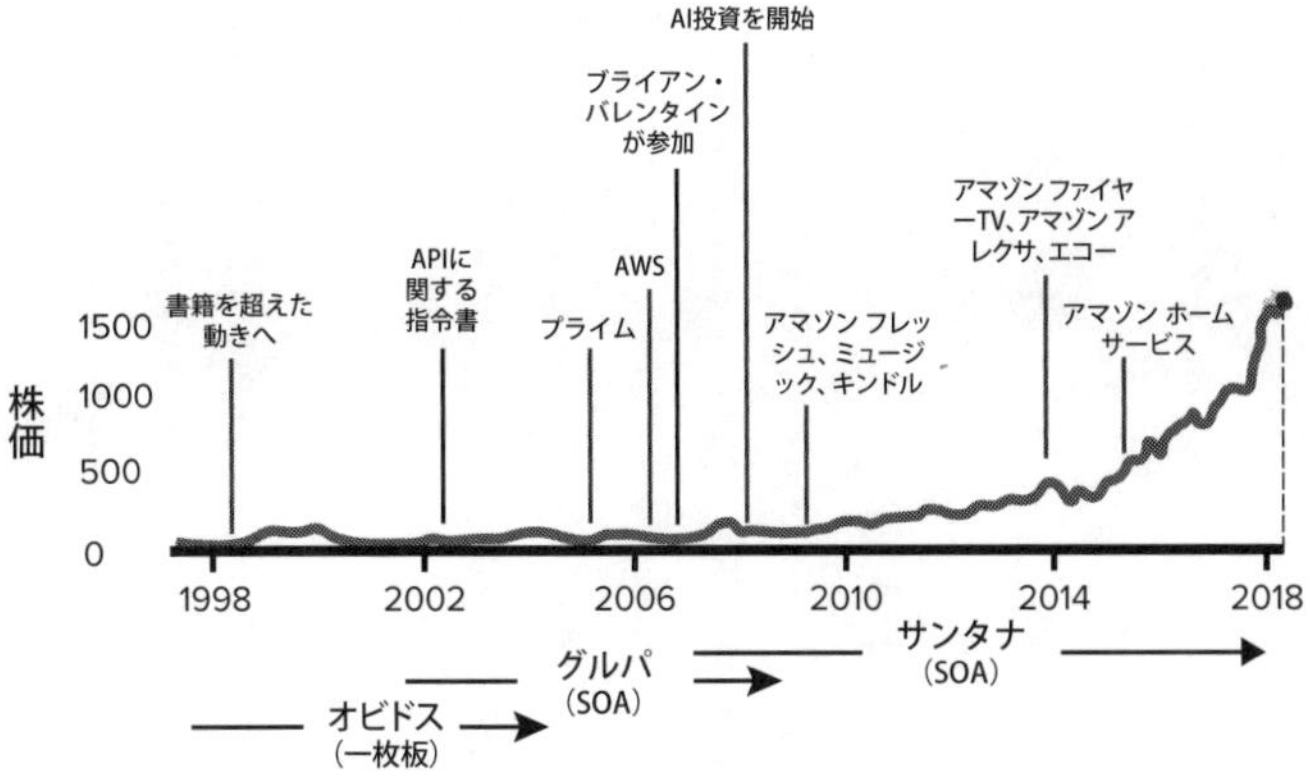

曲線はアマゾンの株価。オビドス、グルパ、サンタナは、オペレーティングのケイパビリティを可能にし、規模、範囲、学習の目標を達成するためにアマゾンが構築したシステム。SOAはサービス志向アーキテクチャの意である。

ス内で活動するアジャイルチームを幅広く展開することに重点が置かれた。

２０００年代初頭から始まったアマゾンの変革では、成功と同じくらい多くの課題が噴出した。最初のプラットフォームの再設計が期待通りに進まず、マイクロソフトのソフトウェア担当エグゼクティブだったブライアン・バレンタインを招聘した。バレンタインはプラットフォームに関する経験が豊富で、Microsoft Exchange（マイクロソフト エクスチェンジ）、Windows 2000（ウィンドウズ２０００）、Windows XP（ウィンドウズ エックスピー）のリリースを監督して成功させてきた。アマゾンのＩＴインフラの再構築を、伝統的なＩＴ専門家ではなく、ソフトウェア・

プラットフォームのリーダーに委ねたことは非常に重要である。その目的は、縦割りで分離したＩＴから、真のソフトウェアとデータのプラットフォームに移行することにあり、一連の共通する構成要素をアマゾンの急拡大中の事業ラインナップに実装して、規模や範囲の経済を促進できるようにすることにあった。

アマゾンのプラットフォームの第三弾、コードネーム「Santana（サンタナ）」は完成までに長い時間がかかったが、アマゾンを現在のリーダーの地位に押し上げる原動力となった。バレンタインは、一元化かつ標準化された一連のサービスと、それらとやりとりするために明確なＡＰＩを備えたリアルのソフトウェア・プラットフォームを開発した。この移行のためには、ほぼすべてのＥＣサービスのソースコードを書き直す必要が生じた。新しいプラットフォームは格段に優れていたが、構築と実装には当初の想定よりも長い時間がかかったのだ。[*13]

小売プラットフォームを再設計したことで、アマゾンの開発組織はモジュール化された分散型構造へと進化した。サンタナのテクノロジーで共通基盤が共有され、「ツーピザ」のアジャイルチーム（ベゾスは無意味な会議を減らそうと、ピザ２枚では全員に行き渡らないほど大きなグループにしないことを定めた）は独立して動くことができる。同時に、チームは共通コードを共有し、アプリケーション横断でデータを集約できる明確なアーキテクチャ・ルールが尊重されている。このようにして、アマゾンの構造は共通基盤を維持しているのだ。また重要な点として、機械学習やＡＩの原動力となるデータを集約しつつ、小規模チームの俊敏性を保っていることも挙げられる。

サンタナによって、ベゾスは次のステージに進み、データパイプラインと大量の世界トップクラスのＡＩアプリケーションを迅速に構築することができた。レコメンドエンジンからEcho（エコー）、Alexa（アレクサ）まで、アマゾンは全社でＡＩを展開する大企業となった。同社は決してＡＩの基礎研究で先頭に立っていたわけではないが（グーグルやマイクロソフトが先行していた）、事業のあらゆる側面に最新動向を反映させていくエキスパートになり、業務において多大な効果を上げている。

ＡＩ最前線におけるアマゾンの半ば公然の秘密兵器は、クラウドサービス部門のアマゾン・ウェブ・サービス（ＡＷＳ）だ。ＡＷＳは１００万人以上の顧客にサービスを提供し、コンピューティング、ストレージ、データベースなどの情報サービスへのアクセスを民主化することをミッションに掲げている。ＡＩツールキットの方向性も同じだ。２０１５年、ＡＷＳはアマゾン機械学習を顧客に提供し始め、アレクサ起点のイノベーションを素早く活用して、音声認識、テキスト読み上げサービス、自然言語処理インターフェースを提供するようになった。

アマゾンの顧客であるＮＡＳＡやピンタレストなどの大規模組織や多数のスタートアップはすぐに自社の問題にＡＩツールを実装し始め、組織全体で進歩を遂げた。アマゾンは現在、自社で開発したシステム、アルゴリズム、ツールをあらかじめパッケージ化し、顧客がデータから知見を導き出せるようにするソフトウェア・ツールキット「Sage Maker（セージメーカー）」を提供している。ＡＩ改革の対象範囲は非常に広いため、アマゾン社内の機械学習カンファレンスの参加者は数百人から数千人に増え、社内最大のイベントになりつつある。

アマゾンのオペレーティング・アーキテクチャの変遷は、経済全体の大きな流れを先取りしたものだった。アント・フィナンシャルやグーグル世代のＡＩ主導型企業は、この種のオペレーティング・モデルで設計され、ソフトウェア、データ、アナリティクスを集約して規模、範囲、学習を促進し、アジャイルチームを駆使して組織全体で特定のアプリケーションに重点を置いている。こうしたオペレーティング・モデルは、数百年に及ぶこれまでの企業の進化とは根本的に異なり、従来とは大きく異なるアーキテクチャを示し、伝統的な企業に存続の危機を突きつけている。

ＡＩ搭載企業のアーキテクチャ

人間の労働力の代わりにコードで成り立つ組織をどのように構築すればよいのだろうか。まず、人間と違って、デジタルシステム（「デジタルエージェント」と呼ぼう）は、世界のどこでも、類似タスクをこなすほぼ無数のデジタルエージェントと、限界費用ゼロでコミュニケーションができることを忘れてはならない。また、同じデジタルエージェントでも、他の多くのエージェントの補完的な活動に簡単につなげて、膨大な数の組み合わせを提供することが可能だ。さらに、デジタルエージェントはデータ処理の際に、処理命令、つまり論理の実行だけでなく、自ら学習し改善するアルゴリズムも組み込むことができる。

デジタルエージェントは、（まだ）人間ほど賢くも創造的でもないかもしれない。しかし、人間と違って、複雑さや規模の大きさを感じ取ったらそれらを縮小したり、相互作用の種類を制限したりするために、自律性を持たせたり分離したりする必要はない。デジタルシステムはうまく設計された共通インターフェースを用いている限り、ケイパビリティをつなげて組み合わせ、可能性の幅を格段に増強することができる。

ここで述べているのは、少数の接続ではなく、潜在的に無限の集まりについてだ。ワールド・ワイド・ウェブ（ＷＷＷ）を考えてみよう。極めて柔軟かつ汎用的なネットワークとインターフェースを通じて、数え切れないほどのウェブサイトがつながっている。多くのウェブサイトは、当初の設計者が夢にも思わなかったような方法で、頻繁に相互作用している。同様に、ｉＯＳとアンドロイドのプラットフォームは、健康やフィットネスから金融サービスまで、何百万もの完全に異なるアプリケーションやサービスをつなげて

図 4-4　AI 搭載企業の運営アーキテクチャ

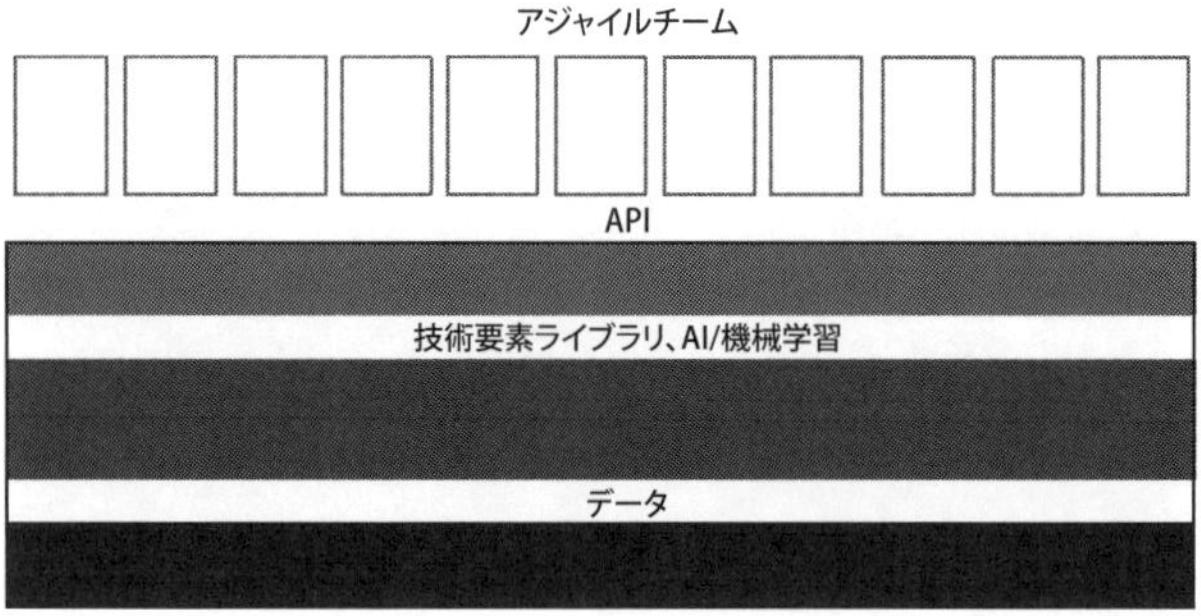

いる。そこで提供される機能の総数はほぼ無限大だ。このように、デジタル・オペレーティング・アーキテクチャでは、機能別に縦割りに分けたり、個々のサブユニット間を厳格に切り離したりする必要はほとんどない。その代わりに、無制限の接続性とデータ集約のメリットを享受し、アナリティクスがますます増強されていく。

デジタル・オペレーティング・モデルでは、図4−4で示すように、そこに載せるデジタル・テクノロジーの潜在能力を発揮させるように組織を設計すべきだ。これは、データとテクノロジーを取り込んだ基盤（プラットフォーム）をつくることを意味する。様々なユースケースに対応するアプリケーションの形態で、新しいデジタルエージェントを作成または接続するために簡単かつ迅速に展開できるプラットフォームである。

理想的には、第3章で説明したように、データ入力、ソフトウェア・テクノロジー、アルゴリズムに共通基盤があり、AIファクトリーですべてが提供されるとよい。この基盤はアクセスしやすい（が、入念に設計された安全な）インターフェースとなり、個々のアプリケーション開発チームが利用できる。アプリケーションは基盤をつなげて、CRMからサプライチェーンまで、業務タスクを可能にしている。これらのアプリケーション開発に使用されるプロセスは、データサイエンス、エンジニアリング、プロダクト管理のケイパビリティを備えた、小規模なアジャイルチームによって進められる。アジャイルプロセスとデジタル・オペレーティング・アーキテクチャは密接に関連しているのだ。

現代的なオペレーティング・モデルは、学習を通じたパフォーマンス向上に絶えず注力することも特徴となっている。たとえば、データが提案や価格設定のアルゴリズムを調整するように、こうした学習はリアルタイムで行われることもあるが、第3章で説明したように、専用実験プラットフォーム上でも多くの学びが生じる。そのサービスに対する様々な調整が消費者の行動促進、満足度の向上、また最終的に売上増加につながるかどうかを見るために、社員は日々A／Bテストやランダム化比較試験を何百回も何千回も繰り返しているかもしれない。データは一元管理されるが、その企業の実験のケイパビリティは高度に分散化されている。社員はほぼ誰でも仮説を立てたらリアルタイムで実験し、その結果を受けて意味のある変更を実施することができる。

最後に、デジタル・オペレーティング・モデルは、様々な業務タスク用に開発されたソフトウェアやアルゴリズムのモジュール化と再利用を促進すべきである。そのためには、ユーザー・インターフェース構築用のReact（リアクト）、データ処理用のApache Storm（アパッチストーム）など、一貫性のある機能構築用フレームワークを取り入れる必要がある。興味深いことに、ソフトウェアの多くは、オープンソースコミュニティから取得して利用（そして貢献）されるようになる。なぜなら、競争優位の源泉が、ソフトウェアから企業が集めるデータに移っていくからだ。このため新しい企業では、特許で保護されたテクノロジーやソフトウェアではなく、共同開発やオープンソースへと重点が移っていく。

従来の制約を打破する

デジタル・オペレーティング・モデルでは、従業員は製品やサービスを提供するのではなく、ソフトウェアで自動化されたアルゴリズム主導型デジタル「組織」を設計、監督する。実際に製品を提供するのはデジタル組織だ。これによって規模、範囲、学習における企業の潜在力を制約していた既存の業務上のボトルネックが取り除かれ、成長プロセスが一変する。

クリティカルパスから人間の介在を取り除けば、オペレーティング・モデルに決定的な影響を与える。デジタルエージェントが追加ユーザーに対応する限界費用は無視できるほど小さくなり、キャパシティを増やすプロセスは一変し、規模の拡大がはるかに容易になる。さらに、業務上の複雑さのほとんどがソフトウェアとアナリティクスによって解決されるか、企業のオペレーティング・ネットワークの外部ノードにアウトソーシングされる。このように、アルゴリズム主導型オペレーティング・モデルは、継続的にテクノロジー・インフラ（現在では主にクラウドを用いてオンデマンドで利用可能）にコンピューティングとストレージのキャパシティを増やしたり、AIファクトリーのパイプラインにデータを追加したりできる限り、ほぼ無限に拡張可能である。

デジタル・テクノロジーは本質的にモジュール化されているため、これまで以上に広い範囲で様々なビジネスを結びつけることができる。完全にデジタル化されたプロセスであれば、パートナーやプロバイダーの外部ネットワーク、あるいは、個人の外部コミュニティにもすぐにつながり、補完的な付加価値を提供できる。このように、デジタル化されたプロセスは本質的にマルチサイド性を有しているため、外部ネットワークの活用により業務の範囲を大幅に広げることができる。ある領域で価値が提供された（たとえば、ある消費者セグメントに関するデータを蓄積した）後で、その同じプロセスを他のアプリケーションに接続して価値を生み出し、顧客向けのサービス数や全体的価値を倍数で伸ばしていける。これがアント・フィナンシャルとアマゾンの仕組みだ。

学習効果は規模に関する収穫逓増につながるので、デジタル・オペレーティング・モデルの創出価値は急成長することもある。ここで輝きを放つのがアナリティクスとＡＩだ。ＡＩと機械学習はデータで成長し、機械学習モデルが進化するとともに、学習できるデータ量は急増した。規模を（あるいは、範囲も）拡大することでデータが蓄積されれば、アルゴリズムがよりよくなり、ビジネスはより大きな価値を生み出す。それらの価値はより多く使われるようになり、その結果、さらにデータも増えていく。アマゾンエコーやフェイスブックの広告ネットワークなど、デジタル対応型事業における機械学習の影響は、企業がユーザーに価値を提供する方法を効果的に加速させるのだ。

最後に、この新しい組織はマネジメントの役割を変えてしまう。監督としてのマネジメント、特に定型業務に携わる従業員のマネジメントはついに終わった。ＡＩ搭載オペレーティング・モデルでは、マネジャーは顧客ニーズを感知して価値提供できるデジタルシステムを形成、改善、（できれば）コントロールする設計者だ。また、これらのデジタルシステムが時間とともにどう進化していく必要があるかを構想するイノベーターでもある。さらに、まったく異なるデジタルシステムを結びつけ、自社のオペレーティング・モデルと顧客間の新しいつながりを突き止めようと励む統合者でかつ、自分が管理するデジタルシステムの品質、信頼性、セキュリティを維持し、責任を引き受ける守護者の役割も果たす。デジタルとＡＩ重視のオペレーティング・モデルは、従来の経営上や業務上の前提をほぼすべて覆し、企業や経営陣の性質、成長力、影響力や権力に対する制約を根本的に見直すよう私たちに迫っている。

しかし、ＡＩ搭載企業の推進力となっているデータ重視のオペレーティング・アーキテクチャは巨大なビジネスの可能性を秘めているにもかかわらず、多くの伝統的な企業は躊躇してしまう。そうした企業は本能的に、何十年もかけて構築してきたケイパビリティ、ルーティン、組織の境界を守ろうとしてしまうからだ。自社のアーキテクチャの問題には気づいていなかったり、その解決に必要な組織変革に完全にコミットする意欲がなかったりする。率直に言って、テクノロジーは簡単な部分だ。多くの人が指摘しているように、本当に難しいのは組織を変革することなのだ。

次章では、ＡＩ企業になるために何が必要かを考察したい。

Becoming an AI Company

第5章　ＡＩ企業を目指して

信念と忍耐のバランス。

――サティア・ナデラ（マイクロソフトＣＥＯ）

２０１１年2月9日夕方、マイクロソフトのサーバー&ツール・グループを任されたサティア・ナデラは異動初日を終えようとしていた。たまたま執筆者のイアンシティが、友人で同僚のグレッグ・リチャーズと一緒にナデラのオフィスの近くを通りかかった。サーバー&ツール・グループのプロダクトマネジャーたちと重要な打ち合わせを終えたばかりの二人が挨拶しようと彼のオフィスを覗くと、ナデラは手招きして迎え入れた。*1

三人は当該事業の今後について議論を始めた。その時点のサーバー&ツール部門の売上高は１５０億ドル超であり、そのほとんどを占めるのが二つのプロダクト、Windows Server（ウィンドウズ サーバー）とSQL Server（エスキューエル サーバー）だ。どちらも伝統的なオンプレミス型ソフトウェアだった。問題は、ナデラがマイクロソフトのクラウドサービスであるAzure（アジュール）にどれだけ大きく賭けるか、である。アジュールは当時、市場に投入して2年経っていたが、大失敗していると広くみなされていた。リチャーズとイアンシティは懐疑的だったが、ナデラは自信に溢れていた。「クラウドは私たちの未来であり、私たちには基本的に選択肢がない。何とかしよう」と、彼は決意を固めていたのだ。

３年後、ナデラはスティーブ・バルマーの後を継いでCEOに就任し、クラウドソフトウェア企業に変革するために主導していった。アジュールなどのインフラ（すでに根本的に再設計され、インストール数は四半期ごとに倍増していた）と、Office365（オフィス365）などのクラウドベースのアプリケーションの両方を手掛けたのだ。ナデラがCEOに就任して最初の3年で、マイクロソフトの株価は3倍になった。

再び揺さぶりをかける時が来た。２０１８年3月29日、ナデラは「Embracing Our Future: Intelligent Cloud and Intelligent Edge（私たちの未来に向けて――インテリジェントクラウドとインテリジェントエッジ）」と題する文章を社内と報道陣に送った。グーグルで「AIファースト」を発表した友人のサンダー・ピチャイに倣って、ナデラはマイクロソフトの次なる変革に向けた計画を打ち出したのだ。

「過去1年間、私たちはインテリジェントクラウドとインテリジェントエッジがどのように次の段階のイノベーションを形成するかというビジョンを共有してきました。第一に、コンピューティングはクラウドからエッジまで、より強力でユビキタスになっています。第二に、データと世界のナレッジが動力源となって、知覚と認知に関するAIケイパビリティが急速に進歩しています。第三に、物理的世界と仮想世界が融合し、人間、使うもの、出かける場所、活動や関係を取り巻く状況を理解した、より豊かな体験が生み出されます。

このような技術的変化は、当社の顧客やパートナーをはじめとして、あらゆる人にとって大きなチャンスを示しています。このすべての新しいテクノロジーと機会において、テクノロジーの恩恵を社会全体の人々にもっと広く行き渡らせる責任が伴います。また、私たちがつくり出すテクノロジーは、それを利用する個人や組織から信頼される必要もあります。

本日の発表により、私たちはすべてのソリューション領域でこの機会と責任に向かって歩み出せます」[*2]

この後に、組織変革と新しいリーダーの役割についての具体的な発表が続いた。マイクロソフトでは、10年足らずの間に二度目となる大規模なオペレーティング・モデル変革が進行していた。

マイクロソフトのダブルの変革は劇的だが、決して希有なことではない。数年以上生き延びてきたテクノロジー企業はほぼすべて、少なくとも一度は、オペレーティング・モデルとビジネスモデルの両方で全面的な変革を経験している。アマゾン、グーグル、アリババ、ネットフリックス、テンセントはいずれも何度も自己改革してきた。

しかし最近では、継続的な変革を必要とするのはテック企業に留まらなくなっている。デジタル・テクノロジーを組み込む必要性と同じくらい欠かせなくなりつつあるのだ。伝統的な企業にとって、ソフトウェアベースのAI主導型企業になることは、継続的な変革に慣れた異なるタイプの組織になることだ。これは、新しい組織をスピンオフさせたり、たまにスカンクワーク〔業務以外の自主的活動〕を立ち上げたり、AI部門をつくったりすることではない。継続的な変化を可能にするアジャイル組織が支える、データ重視のオペレーション・アーキテクチャを構築することにより、企業の中核を根本的に変革することなのだ。

本章では、AI企業への変革の要件と変革の価値を取り上げる。最初に、マイクロソフトの取り組みに注目し、ビジネスとオペレーティング・モデルの両方の変革を進めた経緯を説明する。マイクロソフトの事例だけでなく、他に何百社も対象にした調査から導き出された5つの原則を要約して、重要な教訓を明らかにする。本章の終盤では、他にも調査からわかったことを取り上げて、変革プロセスのベンチマーキングと、企業全体における変革の影響に関する私たちの結論を拡充させたい。最後に、フィデリティ・インベスメンツの変革を紹介して結論をまとめる。

マイクロソフトの変革

ナデラがCEOに就任したとき、マイクロソフトは疲弊していた。DOS、Windows（ウィンドウズ）、Office（オフィス）をあらゆるデスクトップに置くという旺盛な成長期を経た後、インターネットが生み出した様々な競争上の脅威に遭遇し、反トラスト法の厳しい取り締まりにさらされた。ビル・ゲイツは徐々に退き、スティーブ・バルマー率いるマイクロソフトにイノベーションの輝きはなかった。Windows Vista（ウィンドウズ ビスタ）の出荷問題、音楽プレーヤー「Zune（ズーン）」の失敗、期待外れに終わったWindows 8（ウィンドウズ8）、ノキア買収の失敗など、祝うべきことはほとんどなかったのだ。

マイクロソフトは迷走していた。おそらく最も気掛かりなのが、ソフトウェア・コミュニティと疎遠な関係に陥ってしまったことだろう。開発者エコシステムはずっとマイクロソフトの成功の中心にあった。アルバカーキのちっぽけなオフィスで、ゲイツとポール・アレンが起業したとき、第一世代のマイクロコンピュータ用コンパイラを構築した。今となっては忘れられがちだが、初期のアップルコンピュータは電源を入れると、Microsoft BASIC（マイクロソフト ベーシック）という言語のプログラムが起動したものだ。その後、マイクロソフトはDOSやウィンドウズの開発者が集まる活発なエコシステムをつくり、何百万人もの人々がPC用アプリケーションのプログラムコードを書けるようになり、PCはユビキタスなプラットフォームとなった。当時、開発者コミュニティはマイクロソフトの最も重要な資産とみなされていた。

ナデラは、CEO就任時に、マイクロソフトが開発者重視の姿勢と技術的な優位性を失っていることを理解していた。開発者がリナックスなどの代替オープンソースに流れ、マイクロソフトの開発者コミュニティが縮小するにつれて、同社のプラットフォームの地位は低下していた。世界はソフトウェア、データ、AIを基盤に再構築されつつあり、マイクロソフトは選ばれるプラットフォームの座を失いかけていた。新しい戦略だけでなく、新しいミッションも必要になっていたのだ。

新たなミッションと戦略

ナデラはマイクロソフトの新しいミッションと戦略を構築する際に、自社の原点に立ち返ることにした。彼の説明によると、「何よりもまず、目的意識とアイデンティティを刷新する必要があった」という。*3 マイクロソフトは今一度、テック企業となって、エコシステムの生産性を高めることを目指すことにした。新しいミッションは、大胆なだけでなく、同社の原点でもあったのだ。ナデラも語ったように、マイクロソフトは「地球上のすべての個人とすべての組織が、より多くのことを達成できるようにすることをミッションとするテクノロジー企業」である。

マイクロソフトは、Office 365（オフィス365）、Microsoft Dynamics（マイクロソフトダイナミクス、ERPとCAMソフトウェア）、Azure（アジュール）サービス群のポートフォリオなど、各プロダクトラインでAI時代の生産性プラットフォームとなりつつある。マイクロソフトのリーダーは、ミッションと戦略について揺るぎないコミットメントと、クラウドベースのシステム基盤上で動作するサービスに基づいた「従量課金」志向（顧客のサービス利用量に基づく課金モデル）への移行の重要性と、すべてがAIの機能によってますます可能性が増していくということを強調している。

大手クラウドサービス事業者になることは、ソフトウェア・アーキテクチャにおける根本的な進化も意味していた。Windows（ウィンドウズ）開発者エコシステムは1990年代以降、衰退の一途をたどっていった。一方、最も革新的な企業はオープンソースを基盤に構築され、多くの場合、アマゾンのクラウドサービスであるAWSをオンデマンドで利用していた。2014年秋を皮切りにシリコンバレーの国道101を行き来して、スタートアップを集中的に訪ね歩いた後、ナデラとスコット・ガスリー（当時アジュールを主導していた）はオープンソースを採用する時期が来たと判断した。その後すぐに、ナデラはマイクロソフトの開発者会議に「Microsoft ♡ Linux（マイクロソフト♡リナックス）」と書かれたバッチをつけて登場した。それ以来、ナデラとチームは、マイクロソフトのオープンソースプロジェクトへの取り組みに一層力を入れ、多額の投資を行い、自社のソフトウェアの多くをオープンソース化していった。

２０１８年にマイクロソフトがGitHub（ギットハブ）を買収して戦略に勢いをつけた。ギットハブはソフトウェア・プロジェクト管理ツールを提供し、オープンソース・プロジェクトで最も人気のあるリポジトリになった。マイクロソフトは今、オープンソース・コミュニティのど真ん中で影響を及ぼしている。*4

マイクロソフトの全社員がナデラの戦略に賛同したわけではなかったが、ナデラに躊躇はなかった。新戦略を実現させるためには大掛かりな移行が必要であり、経験豊富なリーダー人材が大挙して流出していった。しかし、残ったチームは重点的な新規採用や昇進で増強され、新戦略にとことん集中した。アジュールを担当するコーポレートバイスプレジデントの沼本健は２０１９年初めに私たちに次のように説明した。「クラウドとＡＩの重要性について、社内で驚くほど明確になった。次善の策はない。ナデラが就任して約７年になるが、それ以来ずっと明確だ。クラウド構築だけで年間50～60億ドルの設備投資を行ってきた」

オペレーティング・モデルの再構築

ミッションと戦略の整合性をとるのは、容易いことだったかもしれない。しかし、マイクロソフトがクラウドとＡＩの企業に変貌していく際に、どのようなオペレーション上の課題に直面したかを想像するのは難しい。同社の典型的なソフトウェア事業はソフトウェアのＣＤを出荷することだった。対照的に、クラウド事業には大規模なインフラ投資が必要となる。文字通り、何十億ドルにも相当するサーバー、ルーター、データセンターを購入し、移行し、組み立てていくのだ。

これらはすべて、複雑なサプライチェーンを通じて管理や組織化が行われ、その規模は世界最大のハードウェア企業に匹敵する。このため、絶え間のない熱心なケイパビリティ構築、多様な新しいプロセスやシステム、定常的な問題解決、経営陣の大幅交代が必要となる。マイクロソフトは、おそらく世界最高のサプライチェーン企業であるアマゾンに十分に対抗していけるような、効率的かつ迅速なサプライチェーンを展開しなくてはならない。そのためには、熟練のマネジャーやコンサルタントを招聘し、既存プロセスを洗い出し、プロトタイプをつくって改善し、最先端のデジタル業務システムを構築するという、骨の折れる作業を何年もかけて行っていく必要があった。

長年にわたる困難を経て多額の損失を出した後、マイクロソフトの絶え間ない投資は報われつつある。オペレーションに関するケイパビリティが深まり、リードタイムが大幅に短縮し、新システムでサプライチェーンの測定や追跡を行い、ほぼリアルタイムで問題や遅延に関する明確な情報が得られるようになっているのだ。

投資のリターンとして、クラウドベースの動作基盤であることは、運用上のメリットを数多く生み出す。クラウドのサーバー上でソフトウェアを運用し、サービスを管理することで、クラウドプロバイダーはユーザーからのコンスタントなフィードバックを基にサービスを継続的に改善し続けることができる。マイクロソフトのクラウドサービスは利用量に基づいて課金されるモデルであるため、ユーザーとの連携は必然的に不可欠になる。

クラウドの持つ顧客との親和性は、分断のあらゆる可能性を広げた。匿名化されたプロダクトの利用情報から、ある顧客のプロジェクトは順調か（あるいは、順調でないか）、どの機能が最も効果的か（あるいは、効果的でないか）をマイクロソフトは速やかに把握することができる。顧客のプロジェクトの利用状況に関するデータは厳密にモニタリングされ、製品の改善に関わる重要な観測データとしてフィードバックされる。こうしたデータがさらに洗練されたマイクロソフトのデータ基盤に統合され処理されることで、データの入力や保護、品質や使いやすさが向上し、結果として様々な分析はさらに強力になっていく。そこで得られた知見がさらなる本質的な改善へとつながる。沼本は次のように話す。

「従量課金ベースのビジネスモデルに一度携われば、顧客のオペレーションに加わることになる。その責任は重大だ。選挙から航空機運航に必須のシステムに至るまで、（当社のシステムを）ダウンさせるわけにはいかない」

中核の変革

２０１１年、ナデラがサーバー及びツール事業の責任者に昇進する以前、アジュールは独立した自律型組織として運営されていた。この構造は、マイクロソフトにとって様々な問題を引き起こしてきた。アジュールは新しいプラットフォームとして構想され、ＰａＳ（プラットフォーム・アズ・ア・サービス）として提供されていたが、マイクロソフトの他のプロダクトラインとは切り離されていた。さらに、アジュールチームはサーバーやツールなど他部門と対立しがちだった。というのも、アジュールは互換性のないソフトウェアをつくり続け、リソースやステータスを争っていたのだ。

ナデラがとった最初の動きの一つは、アジュールを手元に置くことだった。マイクロソフトの伝統的なWindows Server（ウィンドウズ サーバー）事業をかつて率いていた経験豊富な経営幹部であるビル・レインの管轄下にアジュールチームを配置した。アジュールをマイクロソフトの周辺部から中心に移し、自社の中核を変革しようと考えたのだ。様々な従来型ソフトウェア事業が変化できずに潰れていくのを直接見てきたレインは、その使命を理解していた。

より使いやすくして、既存プロダクトとの互換性を持たせるために、アジュールの再設計には多くの労力が費やされた。アジュールの初期の重点から明白に脱却して、マイクロソフトの既存の強みに立脚するために、従来のエンタープライズ（法人向け）ソフトウェアを新しいプラットフォームに非常に簡単に移植できるようにする。加えて、ウィンドウズとリナックスのワークロードを実行できるように再設計した。顧客が一部のアプリケーションをアジュールに移行するように、インセンティブも大幅に追加した。自社の中核を変える鍵は、マイクロソフト自身のインストールベースの顧客を変革することだと、ナデラは理解していたのだ。

レインとともにアジュールの取り組みを主導したのは、エンジニアリング・リーダーとして人望の厚いスコット・ガスリーである。彼が新しい役割に就いて最初に行ったのは、サーバーとツールの部門リーダーたちにアジュールを実際にインストールしてもらい、このソフトウェアが実に使いにくいことを納得させることだった。ガスリーのミッションは、さらに使いやすいプラットフォームにして、マイクロソフトの既存顧客と一緒にはるかに展開しやすくすることだった。

ガスリーは最終的にレインの後任としてアジュール事業を運営することになったが、同サービスをますます強力でビジネス・フレンドリーにし、他の自社プロダクトとの互換性を高めるために、次々と改革を推し進めていった。アジュールの組織構造やプロセス、さらには価値体系までもつくり替えたのだ。エンジニアリング組織の中心にあったハードウェアとソフトウェアの開発チームを再編し、従来の縦割り組織を切り崩した。ジェイソン・ザンダー率いるアジュールのソフトウェアと、トッド・ホムダールとその後任のラニ・ボルカー率いるハードウェアと、マイク・ニール率いる先進ハードウェア・エンジニアリングをすべて統合したのだ。

さらにガスリーは、組織全体にアジャイル手法を導入するよう指示し、結束力のある事業重視の目標を中心にプロダクトチームを再編した。各チームに求められたのは、技術的な機能を推進することではなく、顧客の悩みの種やユースケースを特定し、それに対処することだ。何よりも、エンジニアリング組織は業務対応レベルを大幅に改善しなくてはならなかった。クラウド事業を持つことのよい面は、使用状況から定常的にフィードバックが得られるので、そこから問題点が浮き彫りになり、改善を図ろうとする動機づけになることだ。「悪い」面は、エンジニアリング組織がほぼリアルタイムで、問題の対応にあたらなくてはならないことだ。

AIを最優先にする

クラウド変革が勢いを増す中で、マイクロソフトは第二の変革に踏み切った。プロダクトやサービスだけでなく、業務インフラ全般にも、高度な機械学習やAIサービス、機能のレイヤーをかぶせようというのだ。ナデラはこの移行について発表した後、社内のエンジニアリング活動を大きく2グループに集約した。そして、ガスリーがエグゼクティブ・バイスプレジデントとしてクラウドとAIのグループを、ラジェッシュ・ジャーがエクスペリエンスとデバイスのグループを率いることになった。

ナデラが自社の中核にAIを組み込むことを伝えたとき、同組織の準備は万端だった。実のところ、マイクロソフトは2000年代初頭から、AI及び研究担当エグゼクティブ・バイスプレジデントのハリー・シャムをリーダーとして、強力なAIケイパビリティの構築に注力してきた。エンジニアリング・グループはすでに研究チームと緊密に連携して、各プロダクトラインにAIテクノロジーを組み込んでいた。たとえば、2014年からAzure Machine Learning（アジュール マシン ラーニング）がサービスとして提供されていた。ナデラの発表でそれが具体化され、AIテクノロジーの開発とプロダクトの導入が加速した。しかし、AI関連プロジェクトへの投資もさることながら、ナデラの発表が示していたのは、マイクロソフト自体の運営方法を変革することだった。

マイクロソフトの開発者エコシステムは、同社のAI戦略の中心にある。アジュールのインフラは、スタートアップや法人企業の開発者がマイクロソフトの強力なAIを簡単に利用できるようにするものだ。アジュール マシン ラーニングはCortana Intelligence Suite（コルタナ インテリジェンス スイート）の一部として導入された。アジュールチームは検索、ナレッジ、ビジョン、言語、音声API など、様々なAI主導型サービスも立ち上げていった。2018年半ばに導入されたのは、Azure Data Factory（アジュール データ ファクトリー）だ。そこには、データ統合プロジェクトの管理やモニタリングを迅速に行い、データ重視のオペレーティング・モデルの基盤をオンデマンドで構築するための強力な機能が搭載されていた。

マイクロソフトの変革を推進する

マイクロソフトのAI変革では、社内業務を再構築する必要があった。自社のデータ資産、社内IT、オペレーション・チームの変革を主導したのはカート・デルベーネだ。彼はオフィス事業のプレジデントなど、多数の主力プロダクトを手掛けてきたベテラン社員だったが、直近ではマイクロソフトを休職して米政府のウェブサイト「healthcare.gov」の修正に当たっていた（オバマ政権が打ち出した医療保険制度改革、通称オバマケアでは、オンラインで医療保険の加入受付を行ったが、開始早々に大規模なシステム障害を引き起こし、修正作業に追われることになった）。ナデラは2015年にマイクロソフトに復職するようにデルベーネを説得した。デルベーネの最初の任務は企業戦略を進めることだったが、ITやオペレーションの担当組織（今は、コアサービスエンジニアリング&オペレーションズ傘下でグループ化されている）も引き継ぎ、マイクロソフトの最高デジタル責任者に就任した。ITを運用し、データ重視かつソフトウェア重視のオペレーティング・モデルの新しい基盤として、マイクロソフト独自のＡＩファクトリーの構築を支援するために、豊富なプロダクト経験を持つ人材が抜擢されたことは重要なポイントだ。

変えるべきことは山積していた。従来のマイクロソフトのＩＴは、他のほとんどのＩＴグループと同じく、受け身で動いていた。ＩＴ部門は長年、ＣＲＭ設置から、ヘルプデスク業務、エンタープライズネットワークの安全確保に至るまで、システムの導入と保守に専念してきた。しかし、デジタル・テクノロジーが企業の中心に移り、重要な業務タスクを形成、推進、自動化を始めるとなれば、ＩＴ部門は根本的に異なるオペレーティング・モデルのソフトウェア基盤を構築し展開できなくてはならない。カルチャー、ケイパビリティ、プロセス、システムを変える必要があるのだ。

マイクロソフトの新しいデジタル・オペレーティング・インフラを構築するために、デルベーネはＩＴ変革を進めなくてはならなかった。デルベーネの指揮の下、明確な成功ビジョンに沿って、マイクロソフトのＩＴは能動的な姿勢に変わった。ＩＴをオペレーションや戦略と統合したことにより、会社の運営方法におけるＩＴの基本的な役割が強調されたのだ。デルベーネは２０１９年のインタビューで「プロセスが当社のプロダクトだ」と語っている。「私たちはまず、サポートするシステムやプロセスのあるべきビジョンを明確にするつもりだ。第二に、製品開発チームのように運営していく。さらに、アジャイルベースになる」。デルベーネは組織の名称をＩＴからコアサービスエンジニアリングに変更し、開発の外注や請負業者への依存度を下げた。組織にはよくありがちな「相互賦課（費用を互いに請求し合う）」方式ではなく、予算責任を持った組織にしたのだ。さらに、新しい方向性を打ち出しケイパビリティを開発しやすくするために、プロダクト部門から選りすぐりのリーダー人材を配置した。続けて、請負業者に代わってプロダクト・グループのエンジニアを採用して人数を増やし、新しい開発カルチャーを築き上げていった。

デルベーネの説明によると、「社内のどこにデータがあるか、すべて特定できる。全データの所在場所をいったん把握したら、様々なデータソース用にデータカタログを作成する。カタログからデータを取り出し、データレイク内でマッシュアップすると、機械学習モデルを構築することができる。私たちは特にAIを活用して、状況が予期せぬ形で動き始めそうなときを把握している。これまでは、なるべく早く対応するだけで精一杯だったが、今では不当契約からサイバー攻撃まで、先手を打てるようになった」。コアプラットフォーム・チームのゼネラルマネジャーのルード・ハーダックは次のように説明する。

「私たちはあらゆるものの上にAIや機械学習モデルを構築できるようになった。データセット全体を検索し、分析することができる。私たちは全社を動かすプロセスの構築に利用できる構成要素を提供している。また、水平なプラットフォームとして構成されている。これは、多くのアプリやサービスが縦割りで、ほとんど共有されれず、似たような機能が何パターンも存在していた従前のＩＴのオペレーティング・モデルから大きく脱却している。私は採用候補者と話すときにコアサービスの形を図示するが、最初に会社の柱を垂直に描き、私自身の組織をすべてのものを横断する水平な板として描く。（中略）さらに、コアサービスエンジニアリング組織は、ギャップを埋め、問題を直接解決するために、社内のプロダクトチームとの連携を深めている。このような共同開発に携わることは、以前のＩＴ組織の運営方法とは根本的に違う。コアサービスがマイクロソフトという企業を運営することによって得た深い専門知識を、自分たちのプロダクトに還元させるのに役立ち、マイクロソフトのプロダクトをより完全なエンタープライズ対応でかつ、顧客にとって価値あるものにしている」

コアサービスはマイクロソフトの変革の中心であり、従来の縦割り組織を共通のデジタル基盤上に再構築するのに役立っている。このオペレーティング基盤は巨大な組織を共通のソフトウェア・コンポーネント・ライブラリ、アルゴリズム・リポジトリ、データカタログに結びつける。それを活用すれば、迅速にデジタル化を実現させ、全社的にデジタルプロセスを展開することができる。この大量のテクノロジーがマイクロソフトのオペレーティング・モデルの基盤となり、営業、マーケティング、プロダクト・グループにまたがるプロセスを可能にしてきた。さらに、この取り組みはマイクロソフトの顧客基盤全般で展開できる重要なオペレーティング・モデルの基盤となっている。

ガバナンス

マイクロソフトは変革の一環として、AIの広範な影響の一端にも対峙してきた。ナデラは2015年9月に、同社の顧問弁護士を長年務めてきたブラッド・スミスを新しいプレジデントに引き入れ、コーポレート・渉外・法務（CEIA）を担当するだけではなく、プライバシー、セキュリティ、アクセシビリティ（利用しやすさ）、サステナビリティ（持続可能性）、全社的なデジタル・インクルージョン（包括性）など基本的な問題についても明確な責任を担ってもらうことにした。スミスは以前からこうした取り組みの多くに声援を送っていた異色の顧問弁護士だ。彼はハリー・シャムと一緒に、マイクロソフトのAIに関する見解、その社会への影響、テクノロジー企業が果たすべき役割などを記した書籍『Future Computed――AIとその社会における役割』（マイクロソフト）の出版を主導した。

マイクロソフトの研究部門とCEIAの協業は書籍の執筆に留まらない。CEIAと研究部門は協力して、社内のAI活用を管理するための戦術、戦略、方針を設定している。同社のAIプログラム担当ゼネラルマネジャーのティム・オブライエンが語るように、「これ以上ないほどかけ離れた二つの社内カルチャーの興味深い融合である」。[*5]

２０１６年にツイッターに導入されたＡＩ搭載チャットボット「Tay（テイ）」の一件により、この取り組みはますます切迫感を帯びるようになった。テイは質問に答えたり、ユーザーの発言をオウム返ししたりしながら、ユーザーとのやりとりをパーソナライズするように設計されていた。ところが、コミュニティのツイートやチャットから学習して応答するうちに、同ボットは攻撃的で人種差別的な発言を次々とツイートするようになったのだ。テイは数時間で停止となり、マイクロソフトは猛反発をくらった。

ＣＥＩＡと研究チームは協働で、特にＡＩを使ったユーザーや顧客とのやりとりに関して、組織全体の新しい方針をまとめた。「責任あるボット」を設計するための明確なガイドラインを設けたことに加えて、公平性、信頼性と安全性、プライバシーとセキュリティ、包括性、透明性、説明責任という６つの「ＡＩ原則」を打ち出したのだ。[*6] ＣＥＩＡのチームメンバーが開発から営業まで多様な活動に溶け込んでいくとともに、この方針は組織に変化をもたらしつつある。マイクロソフトは、エンジニアリング主導の（時にはリスクを受容しやすい）イノベーション文化と、ＡＩが社会に及ぼす潜在的な悪影響との衝突に対処するために、同業界の経験から学んでいるところだ。

変革の5原則

マイクロソフトの道のりからわかるのは、オペレーティング・モデルの変革は決して生易しくないが、やればできるし、重要な結果をもたらす可能性があるということだ。実際に、ノードストローム、ボーダフォン、コムキャスト、ビザなど多くの伝統的企業が乗り出したのは重要な動きといえる。こうした企業はオペレーティング・モデルの主要な構成要素をデジタル化・再設計し、高度なデータ・プラットフォームとＡＩケイパビリティを構築してきた。

ここで効果的な変革プロセスを特徴付ける5つの指針を明確にしたい。これらは、マイクロソフトの事例だけでなく、様々な組織で私たちが見てきたこと、私たちの研究、変革プロジェクトに積極的に関与した経験から導き出したものだ。

①戦略の一本化

変革における最初の基本原則は、戦略の明快さとコミットメントだ。統合データ・プラットフォームを構築する、アジャイルチームとして編成するなど、目標をはっきりさせたほうがよい。デジタル変革に多くの関心が集まっているが、新しい戦略、特に変革を伴う戦略を進めるためには、その取り組みの真剣さ、持続力、最終目標の明確さにおいて、疑いの余地をなくすことが必要不可欠となる。根本的な変革を中心に組織の連携を図るだけでも難しい。リーダー層が長期的に本腰を入れて取り組まないとすれば、おそらくヘッドハンターを呼ぶべき時だろう。

変革の重要な要素の一つは、企業を変えながら統一感を持たせるという考え方だ。これは、自律型グループのスピンオフ、AI部門のカーブアウト、スカンクワークの容認を指しているのではない。オペレーティング・モデルの再設計では、統合された新しい基盤上に企業を再構築する必要がある。マイクロソフトの事例で見てきたように、明確で説得力のあるビジョンが不可欠であり、絶えず強化しながら、営業、マーケティング、エンジニアリング、研究、IT、人事、オペレーション、さらには法務チームも含めて、統合された多面的な取り組み間の連携を進めていく。ビジネス上のやりとりが増大するほど、ますます調整が欠かせなくなる。データに機能上の境界はない。アナリティクスとAIの基盤上で企業の仕切り直しを図るには、多機能間で緊密に協働し、リスクを軽減しながら成果を上げる必要がある。長年にわたって事業を阻害してきた縦割り組織を取り除くのに、これほどよい大義名分があるだろうか。

機能間連携に目鼻がつき始めると、劇的なビジネスモデルのイノベーションの可能性を爆発的に増やすことができる。ネットワーク、アナリティクス、AIを組み合わせることで、多様な新しいネットワークと学習の機会が生まれ、あらゆる価値創造と価値獲得の機会につながる。マイクロソフト独自のビジネスモデルは、クラウドとAIを志向することで大幅に拡大した。本書で取り上げた他の多くの企業のビジネスモデルも同様である。

②アーキテクチャの明快さ

第二に、変革の技術目標を明確にすることが極めて重要だ。今後のオペレーティング・アーキテクチャをどうしたいのか、全員が理解しなくてはならない。データ、アナリティクス、AIに重点を置く場合、それなりの中央集権化と並外れた一貫性が求められる。組織が変革の恩恵を存分に受けるためには、広範なアプリケーション全体でデータ資産を統合しなくてはならない。さらに、断片化されたデータでは、プライバシーとセキュリティを一貫した形で保護することはほぼ不可能だ。全データが単一の中央リポジトリに保管されていない場合、データの所在場所に関する正確なデータカタログ、データの取り扱い（保護の方法）に関する明確なガイドライン、複数の関係者が利用・再利用できるようなデータ保存法に関する明確な基準が必要になる。組織がオペレーティング・モデルの強化に向けてますます高度なAIの導入に取り組んでいけば、標準的な方針、構成要素、アーキテクチャの重要性はさらに高まっていく。

これは、社内で古いアーキテクチャを運営してきた当事者と渡り合う際に、ヒートアップし始める部分だ。変革の取り組みの中で私たちがひどく驚いたのが（後から考えれば明白なことだが）、CIOやIT部門がしきりに抵抗したことだ。企業のIT組織の多くはもともと異なる目的のもと設計されてきた。複雑なITバックオフィスを運営し、何もかもが効果的かつ安全に回るように徹底させるためだ。伝統的なIT部門の責任範囲では、イノベーションと変革は対象外で、伝統的なITスキルセットにはAIはおろか、アナリティクスもほとんど含まれていない。さらに、ITは通常、既存の縦割り組織に対応し、その枠内で仕事をすれば褒められるので、さらなる断片化と一貫性の欠如を招いていた。マイクロソフトでも、新しいデータ中心のアーキテクチャを推進する際に、IT組織の責任範囲、構造、カルチャー、ケイパビリティを大きく変える必要があった。

③アジャイルでプロダクト重視の組織

プロダクト重視のメンタリティ（社内システムなどを、常に開発側のサポートや調整が必要なプロジェクトとして捉えるのではなく、利用者側が自己完結的に使えるような「プロダクト」として提供しようという考え方）を養うことは、AI中心のオペレーティング・モデルに欠かせない。AI中心のアプリケーションを展開するチームは、プロダクト重視の取り組みと同じように、アプリケーション設定について深い理解を持たなければならない。だからこそ、アマゾンやマイクロソフトでは、主要プロダクトの事業運営に携わってきた経験豊富なエンジニアリング・リーダーに、企業のオペレーティング・モデルの再設計に必要なソフトウェアの構築を担当させたのだ。

ＡＩ中心のオペレーティング・モデルを構築するポイントは、多数の既存プロセスを取り出し、ソフトウェアとアルゴリズムに埋め込むことにある。結局のところ、膨大な種類のＡＩ搭載プロセスで構成されるＡＩ主導の企業そのものが、近代的に変革された中核サービスを提供する組織の「プロダクト」だと言えるのだ。

アジャイル手法は、変革されたデータ中心のオペレーティング・アーキテクチャと密接に関係している。各アプリケーションが特定のデータセットに紐付けされ、大勢のコンサルタントが何年もかけて取り組むような大規模なカスタム構築アプリケーション時代は終わった。データ、モデル、要素技術が企業のＡＩファクトリーと連携して簡単に利用可能になってからは、特に関連チームが下流の状況を十分に理解し、迅速かつアジャイルに取り組むとすれば、アプリケーションを非常に素早く構築することができる。

変革には、アーキテクチャや組織に関する新しいアプローチを超えて、カルチャーの大転換が必要なことは明白だ。オペレーティング・モデルのデジタル化は、実際にソフトウェアの文化とマインドセットを育むことを意味する。それはシリコンバレーに拠点を構えるといったことではなく、ドレスコードから報奨制度、採用、賃金に至るまで、組織の雰囲気を変えることだ。これはパイロットテストでも研究活動でもない。主眼は中核を変革することにあるのだ。

④ケイパビリティの基盤

ＡＩ重視の企業を構築するうえで最も明白な課題は、ソフトウェア、データサイエンス、高度なアナリティクスで深いケイパビリティの基盤を育てることだ。当然ながら、こうした基盤の構築には時間がかかるが、やる気と知識のある人材が何人かいれば、実現できることは多い。

それ以上に厄介なのが、組織が体系立てて異なるタイプの人材を採用し、適切なキャリアパスとインセンティブ制度を構築することの必要性に気づくことかもしれない。本気で変革に取り組むなら、従来の慣行を変える必要がある。というのも、この種の人材市場は過熱しているからだ。もっとも、マイクロソフトやフィデリティの経験を見ると、適切なプロセスとインセンティブがあれば、アナリティクス・グループを迅速に構築し、やる気を促すことは可能だ。

あまり目立たないが、同じく重要な一連のスキルを持つ人材を採用し育成すべきなのが、データ及びアナリティクス担当プロダクトマネジャーだ。エンタープライズ・データが真新しいＡＩファクトリーに集約され始めると、重要なユースケースを突き止め、様々な新しいアプリケーションの開発チームを引っ張っていける人材を育成し増やしていかなければならない。この時、ビジネスでの経験や知識が豊富にあることが強みとなる。さらに、リーダーシップ課題には同じスキルとケイパビリティの組み合わせがますます必要になるので、データ及びアナリティクス担当プロダクトマネジャーの役割が広がると予想される。これは新世代のビジネスリーダーが出現する予兆かもしれない。つまり、企業全体でより深いアナリティクスとソフトウェアのマインドセットを推進し、ＡＩの影響（功罪の両方）に十分に敏感なリーダーである。

⑤明確で多領域のガバナンス

各企業にとってＡＩの重要性が次第に高まるにつれ、ＡＩが社会に及ぼす広範な影響から生じる課題は増え続ける一方だろう。私たちはすでにその一端を目にしてきた。ユーザーが友だちに職場の問題について話したときに、アント・フィナンシャルが社会的信用スコアにその情報を直ちに反映させていたらどうだろう。ＡＩ主導のサービスの力は明らかに多くの恩恵をもたらすが、予期せぬ結果を招く恐れもある。さらに、プライバシーとサイバーセキュリティの課題は、議論や規制だけでなく、必要とされる投資の動機になる。こうした課題はＡＩ主導型企業にとって実際にボトルネックとなっており、突発的でしばしば壊滅的な失敗を招きやすい。

したがって、デジタルガバナンスには、異なる分野や機能にまたがる協働が必要である。そうすることで、法務や広報の役割がより活発になり、担当者は訴訟やロビー活動に参加するだけでなく、プロダクトや政策決定にも関与できるようになるだろう。ＡＩが法的、倫理的に抵触する問題は熟考する必要があり、こうした活動には積極的に人員を配置し支援したほうがよい。

最後に、社内で強力なガバナンス・プロセスを構築するだけでなく、社外にも目を向けて、パートナーや顧客のエコシステム、周囲のコミュニティとも連携する必要がある。ＡＩの課題はつながったネットワークによって増幅されるので、経済や社会全体の多くの利害関係者を明確に考慮し、うまく巻き込みながら、ガバナンスに幅広く真摯に取り組んでいく必要がある。

企業におけるデータ、アナリティクス、AI

マイクロソフトのデジタル変革への意欲は珍しいものではない。私たちはアナリティクスとＡＩのケイパビリティ開発について何百社も調査し、定性的なケーススタディ・メソッドや分析的調査で長年にわたって企業研究を行ってきた。このセクションで取り上げるのは、私たちがキーストーン・ストラテジーのチームと共同で行った、３５０社以上を対象にした体系的な調査についてだ。この調査では、各組織のデータ、アナリティクス、ＡＩケイパビリティを評価し、その結果と業績の相関関係を探った。[*7]

そこからわかったのは、企業によって幅はあるものの、重要な新しいケイパビリティをすでに開発してきた企業の数は非常に多いことだ。さらに、アナリティクスやＡＩケイパビリティを導入してきた企業は実際に優れた業績を享受していた。これは心強い発見といえる。

私たちは企業全般における約40の主要なビジネスプロセスを追跡調査し、どのくらい基本的な分析を参考にしているか、より高度なＡＩで実現されているかを検証した。基盤テクノロジー、データインフラ、アナリティクス、ＡＩのケイパビリティの実装状況も確認した。そして最後に、ＩＴやデータ基盤のアーキテクチャを評価した。個々の調査結果を合算したのがＡＩ成熟度指数だ。

調査対象は製造業とサービス業の企業である。従業員数の中央値は６０００人。売上高の中央値は34億ドル。製造、消費財、金融サービス、小売業界の主要企業が含まれる。私たちが出したＡＩ成熟度指数の結果は、データ分析、高度なアナリティクス、ＡＩにおけるケイパビリティの一般的な指標と見なすことができる。

企業間では重要な違いが見られた。サンプルの下位企業は、伝統的かつ初歩的な手段を使っていた。エクセルのスプレッドシートに埋め込まれて分散化されたデータ資産をはじめとして、縦割り組織が目立った。対照的に、上位４分の１の企業は高度化され、社内外のデータを統合データ・プラットフォームに集約し、ＡＩや機械学習を活用して重要業務を自動化しビジネスの知見を得ていた。

AI搭載オペレーティング・モデルのメリット

私たちの研究から判明したのは、AI成熟度の高い先行企業では、様々なビジネス機能で、データとアナリティクスへの投資による大きな恩恵が実現されていることだ。そうした企業は、データを活用して意思決定を自動化するとともに、市場動向、顧客、企業運営、従業員の能力、製品やサービスの性能を包括的に理解したうえで複雑な意思決定するのに役立てていた。

その具体的な内容をいくつか掘り下げていこう。上位組織はデータを統合し、自社ビジネスの実態について見解が一致している。加えて、自社システム内でビジネス・インテリジェンス・ツールと分析モデルを活用して、カスタマイズの顧客体験を開発したり、顧客離反リスクを軽減したり、機器の故障を予測したり、あらゆるプロセスの意思決定をリアルタイムで可能にしたりしている。また、先進企業は市場理解を深め、新規顧客を獲得し、広告効果を最適化するためにもデータを活用していた。顧客ライフサイクルの至るところで収集してきたデータは、企業が十分な情報に基づいて意思決定し、顧客に合わせた提案や体験を提供し、サポート問題を軽減させるのに役立っていた。これはすべて、あらゆるチャネルと接点を通じて、顧客を360度の視野で捉えられるからだ。

最も優れた企業はエンジニアリング、製造、オペレーション全般でデータとアナリティクスを活用していた。その多くが、プロダクト開発のライフサイクルとサプライチェーン

表 5-1　AI 成熟度指数の上位企業と下位企業の財務業績

	出遅れ組（下位 25%）	先行組（上位 25%）
3 年間の平均売上高総利益率	37%	55%
3 年間の平均税引前利益	11%	16%
3 年間の平均当期純利益	7%	11%

の全般で情報を統合し、その情報に基づいて自動化された方法で頻繁に実行されていた。データ分析により、業務効率と製品品質のドライバーを把握し、設備や業務の故障や中断を予測し、点在する施設間でプロセスの順守や改善を促進していた。

トップ企業は以前にも増してIoT（もののインターネット）テクノロジーを利用し、接続されたセンサーで製品やサービスを計測するようになっている。センサーで収集された機器や製品の使用状況は詳細にモニタリングされ、この取得データを使って製造やサービスオペレーションを最適化し、顧客への価値提供や価値獲得のやり方を変更することができる。

最後に、最も優れた企業はこうしたケイパビリティをすべて支援しながら、高度なデータ・プラットフォームを構築してきた。アジャイルチームはこのすぐに入手できるデータを使ってアプリケーションを素早く展開し、通常は事業の業績、応答性、顧客体験を向上させている。さらに、事業戦略の最適化から従業員の個別育成プランの自動作成まで、幅広い支援機能においても、予測や提案にデータを活用していた。表５－１は、ＡＩケイパビリティへの投資の財務的効果について、ＡＩ成熟度指数で後れをとる企業と先行企業を比較したものだ。

オペレーティング・モデル変革の段階

私たちの研究では、最高業績の企業はデータ、アナリティクス、ＡＩ重視のケイパビリティの開発に多額の投資を行っていた。ＡＩがもたらす機会と課題を十分に理解し受容するための実質的なカルチャー変革も伴った、オペレーティング・モデルの変革を進めている企業が多い。こうした変革が時間とともにどう進展するかを少し見ていこう。

最先端のＡＩファクトリーになるための道のりは、どうやら縦割りのデータから、パイロット、データハブ、ＡＩファクトリーへと段階を踏んでいくのが自然な展開のようだ（図５－１を参照）。

たいていの組織の現在地は第一段階であり、縦割りのデータから始まる。パイロット段階（第二段階）までは、行く手を遮る障壁はほとんど見当たらない。なぜなら、アナリティクスに基づく意思決定の価値を示すことは、組織やカルチャーを大きく変えなくても可能であり、ベンダーやコンサルタントにおおむね任せることが多いからだ。

ところが、データハブの段階（第三段階）になると、多くの縦割りのソースからデータを集約し、それを用いて全社的な機会を特定するために、組織そのものを再設計しなければならない。この時点で相当な投資が必要となるので、組織が変革の必要性を理解し始めるタイミングでもある。また当然ながら、組織内の抵抗も見られる。

最も重要なのは（そして往々にして最も困難なのは）、市場機会、価格設定、計画策定、業務の最適化に関する意思決定の基盤となる、信頼できる唯一の情報源を実現・採用することだ。データとアナリティクスに対する一貫したアプローチは、データサイエンスとアナリティクスに特化した中央集権型組織を設立し、ハブ&スポーク方式でアプリケーション、製品、SBU（戦略事業単位）に展開していくことが非常に多い。個々の機能部門や製品部門は独自のケイパビリティや手法を採用するためにある程度の柔軟性を求めるが、データサイエンス・チームはデータ資産（さらにプライバシーとセキュリティ）を中心に置くことを第一に保ちつつ、知見や必要な変更を環流させるために自組織を各部門と結びつける能力を失わないようにする。

データハブからAIファクトリー（第4段階）に移行するには、大きな投資が別途必要になるが、この時点ではすでにアーキテクチャの大部分が変更されているはずだ。第4段階の企業はAI用の標準オペレーティング・モデルを開発してきた。そのオペレーティング・モデルでは、一元化されたデータ、強力なアルゴリズム、再利用可能なソフトウェア・コンポーネントだけでなく、プライバシーからバイアスに至る諸問題に対処するため

図 5-1　デジタル・オペレーティング・モデル変革の 4 段階

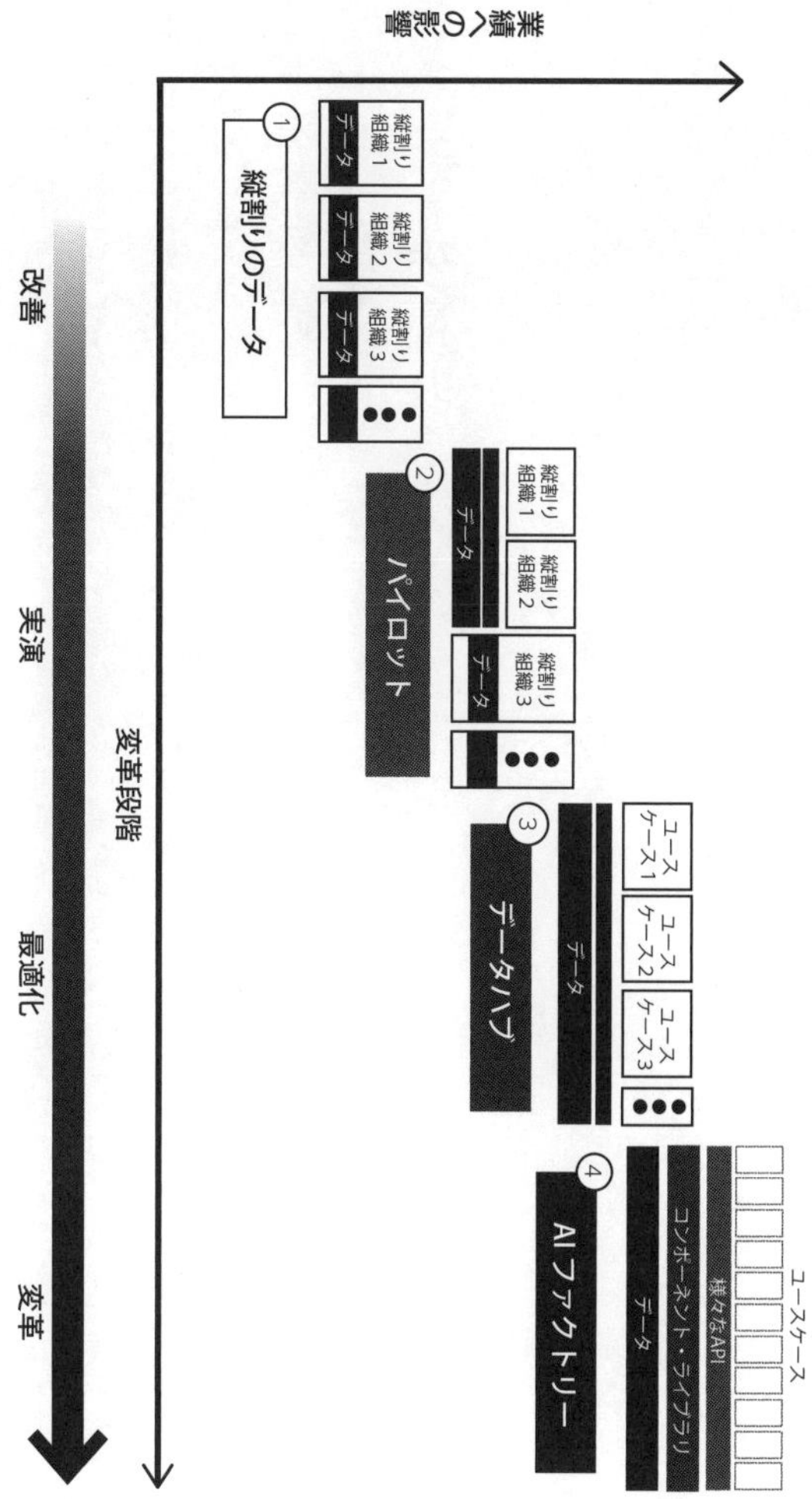

の明確な方針とガバナンスにも重点が置かれている。この段階には、集中的な領域横断型のケイパビリティ開発も含まれる。データとアナリティクスの企業から真のＡＩファクトリーへと進むことは、エンジニアリング組織をはるかに超えて、組織全体でＡＩのケイパビリティとスキルを構築する継続的な道のりだ。顧客と社会へのクリティカルパスを次第に形成していくものは何であるかを全員が理解すべきなのは、この時点である。

この観察結果の具体例として、フィデリティ・インベスメンツがたどった進化の道のりをしばし見ていこう。

フィデリティの道のり

まずグーグルが、続いてマイクロソフトが「ＡＩファースト」企業になると発表したとき、とりわけ注目した人たちがいた。中でも最も熱心だったのが、フィデリティ・インベスメンツのエグゼクティブ・バイスプレジデントで、中央主権型のデータ、インサイト、アナリティクス担当グループを運営していたヴィピン・メイヤーだ。同時に、フィデリティ会長兼ＣＥＯのアビー・ジョンソンは社内でＡＩをさらに深く組み込む必要があると考えていた。

メイヤーは２０１１年に、フィデリティの経営陣の旗振りの下、プロジェクト・ポートフォリオとともに、新しいAIセンター・オブ・エクセレンスのリーダーを任された。メイヤーは同センターの活動として、事業部門や機能別に小グループのセッションを行い、主要なAIの取り組み、ユースケース、目標のリストを作成するところから着手した。「AIの活用例やビジネス・ユースケースには事欠かなかった。私たちが重要なケイパビリティをまとめ上げないといけないことは明白だった」と、メイヤーは振り返る。*8 フィデリティにおけるAI活用は、文字通り、事業のあらゆる場面で不可欠だとみなされていた。今後のニーズを予測し、AI戦略に優先順位をつける明らかな必要があった。

フィデリティは準備万端だった。トップクラスのデータサイエンティストを採用する必要があり、テック企業やシリコンバレーに惹かれる人材に向けて採用活動を拡大した。「当社のユースケース、カルチャー、データは、こうした人材にとって大きな魅力があり、ここで今や、世界に通用するチームをつくってきた」と、メイヤーは指摘する。「CEOがこの取り組みを最も重視していたことが助けになった」とも言い添えた。さらに、データやAIに特化したプロダクト・マネジメントという、同社にとっては新しいスキルを発揮するように奨励したことも大きい。エキスパートたちは、アナリティクスが事業に及ぼす影響に鋭く目を光らせながら機能横断で見渡し、新しいアプリケーションの特定と展開においてアジャイルチームを引っ張っていった。

チームは今、データとアルゴリズムのファクトリーを拡張し、AIをフィデリティの中核的なケイパビリティとして構築できるようになっている。2012年、同社は統合データ戦略の立案に乗り出した。一元化された戦略的な分析データ資産に投資を行い、360度の視野で顧客を捉えることから始めて、そのデータを安全な場所に保存し、アナリティクスに使えるようにした。チームは独自の分析ソフトウェア・スタックを構成し、機械学習モデルを迅速に構築、訓練、展開するためのツールを、社内のソフトウェア開発者とデータサイエンティストに提供した。

フィデリティのデータ基盤は、3600万人以上のユーザープロファイル、やりとり、デジタル化された音声通話を追跡し統合している。データマイニングで顧客インサイトを提示し、フィデリティのサービスを向上させてさらに統合型のエンドツーエンド体験を実現させ、顧客により多くの価値を提供している。

おそらく技術的な変化以上に重要なのは、フィデリティ規模の企業が小さな企業並みの俊敏性と意思決定スピードを持てるように、アジャイル手法の導入に向けて組織やカルチャーを変えたことだろう。この羨ましくなるような統合データ資産を基盤に、既存組織の壁を取り払い、アジャイルチームで協力して新しいアプリケーションを迅速に展開することを学んでいった。チームは2週間のスクラムで活動し、顧客満足度、解約率や典型的な問題の追跡、リスクプロファイルの見積もり、高度な投資レコメンド・システムの発展を行うアプリケーションを開発した。新しいアプリケーションはその都度、フィデリティの実験プラットフォームで何度もテストし、展開する前に確実に動くことを確認したのだ。同時に、メイヤーは総合的な教育活動に乗り出した。会社全体でこのケイパビリティをより広く深く推進するために、何百人ものビジネスリーダーが基本的なアルゴリズムを学び、クラスを受講した。

フィデリティはＡＩの取り組みについて三つの優先順位を設定してきた。第一に、顧客体験だ。顧客の好みに関して理解を深め、より効果的で高度にパーソナライズした投資戦略を推奨するために、ＡＩに大規模投資を行う。第二に、ＡＩ投資では売上成長を重視する。既存の業務プロセスを最適化する機会を見出し、企業の事業拡大能力を高め、事業横断型サービスを追加する新たな機会をつくる。第三に、一連の取り組みでは、よりよい投資戦略の立案やカスタマーサービスに顧客が電話をかけてくる理由の解明など、基本的なビジネス上の知見を得ることも目指す。

フィデリティのチームは現在、複数の事業ラインでデータとＡＩ重視のオペレーティング・モデルを徐々に推進し、ポートフォリオ分析から顧客サービスまで、非常に多くのプロセスを可能にしようと懸命に取り組んでいる。全体を見渡すと、ソフトウェアやアルゴリズムに移行した業務が多くなり、従来の制約による影響は減少しつつある。フィデリティでは依然として投資アドバイザーが事業の重要部分を担っているので、人間味を完全に失うことはないが、企業業績を向上させ並外れた顧客体験を届ける際にＡＩが一層重要な役割を果たすようになった。この進化に伴い、ガバナンスへの投資がはるかに明確かつ熱心に行われ、ＡＩの利用や効果、サイバーセキュリティ、プライバシーに関する部門横断的な政策を推進している状況が見られる。メイヤーの話では、「ＡＩによって自社事業のあらゆる側面がよくなっている」という。

フィデリティだけではない。本書の執筆時点で、オペレーティング・モデルの変革に積極的に取り組んでいる企業は多い。古参企業の間でも有望な取り組みが多く、新しいケイパビリティを高め、パフォーマンスを向上させ、新しいビジネスチャンスを幅広く生み出している。マイクロソフトやグーグルのようなテック企業だけでなく、優れた伝統的な企業の中でも、ＡＩを搭載した新タイプの企業が急増している。こうした企業に今必要なのは、戦略に対する新しい取り組み方だ。

デジタル・オペレーティング・モデルの展開から新たな機会が生じ始めると、自社のビジネスモデルを形成するために新たな幅広い戦略オプションを突きつけられる。しかし、デジタル変革が経済のあり方を再形成し、既存の業界の垣根を取り払い、新しい競争優位の源泉を促進するにつれて、こうした選択肢の評価には新しいレンズが必要になる。企業は様々な経済ネットワークにつながり、ネットワーク効果による新しい価値を推進し、データと学習効果から得られる重要な利益を享受することができるのだ。

ここまでオペレーティング・モデル変革の手強さをじっくり見てきたので、そろそろ戦略とビジネスモデルを変革することの意義について考えていこう。

Strategy for a New Age

第6章　新時代の戦略

1990年代後半に、物理学者のバラバーシ・アルベルト・ラースローらはワールド・ワイド・ウェブの構造を解析する中で、ネットワーク・ノード間の接続数が常に進化し、時間とともに増加していくことに気づいた。また、ネットワーク上では他のノードよりもはるかに高い接続性を持ち、ハブ化していくノードが少数見つかり、それらの重要度が増していたのだ。ウェブは**優先的選択**の原則に従っていた。つまり、接続数の多いノードであるほど、新しい接続が増えるので、重要性が増し、さらに新しい接続を引き付けていく。[*1]

本著の執筆者であるイアンシティは共著書『キーストーン戦略』（翔泳社）の中で、デジタル接続から生じるビジネス・ネットワークとウェブの類似性に言及し、一部の企業（**キーストーン**、**プラットフォーム企業**、**スーパースター企業**、**ハブ企業**などと呼ばれる）の接続数が他社と比べてはるかに多く、強力なプレゼンスを持つことを指摘した。[*2] 同書で予測した内容は基本的に正しかったが、ネットワークで運ばれるデータや、アナリティクスや

ＡＩで処理されたデータの価値によって、その力がどれほど増幅されるかについては気づいていなかった。

ＡＩとネットワークの戦略的ダイナミクスは密接に関連している。デジタル企業と既存企業間の衝突が産業を一変させ、企業が次第にデジタル基盤を構築するにつれて、経済構造はソーシャル・ネットワーク、サプライチェーン・ネットワーク、モバイルアプリ・ネットワークなど、様々なサブネットワークを持つ巨大で包括的なＡＩ搭載ネットワークに再構成されつつある。

こうしたネットワークには、少なくとも５つの共通項がある。ネットワーク・ノード間のデジタル接続で構成されていること。データを運ぶこと。以前にも増して強力なソフトウェア・アルゴリズムで形作られていること。既存の業界の壁を無視していること。経済や社会システムにおいて重要性が一層増していることだ。

競争優位性はますます、このようなネットワークを形成し、制御し、そこで行われるトランザクションの量や種類を獲得する能力によって規定されるようになっている。その結果、事業をつなげて、事業間で流れるデータを集約し、強力なアナリティクスとＡＩを通じて価値を抽出する際に、最も中心的な役割を果たす組織が競争優位性を獲得するようになった。グーグルからフェイスブック、テンセント、アリババまで、ネットワーク・ハブはデータを蓄積し、異業種間で競争優位性を創出、維持、成長させるのに必要なアナリティクスとAIを構築している。

今日でもいまだに、ネットワークやデータのダイナミクスを無視し、特定の産業セグメントに集中し、あたかも自社が他の経済圏とかけ離れているかのように振る舞う企業が多い。しかし、デジタル化されたオペレーティング・モデルを持った企業と衝突する中で、このような従来の戦略は通用しなくなってきている。

このことの戦略的な意味合いは重要だ。戦略分析において、独自の性質や特徴を持った個々の産業に注目するのではなく、産業横断で企業が（経済全体に対して）生み出すつながりの構造や重要性、また、企業がつながったネットワークを通じたデータフローに焦点を移すべきだ。かつての企業戦略で扱っていたのは、どのように企業が内部資源を管理するかということだ。それが今や、自社のネットワークを管理したり、ネットワーク経由で流れるデータを活用したりする技法へと対象が移っている。過去数十年にわたって、戦略で最も重要なのは**産業分析**だったが、今後は**ネットワーク分析**が戦略的思考を次第に形成するようになると、私たちは考えている。

この章では、こうした新しい戦略的な検討事項を見ながら、ネットワーク分析のガイダンスを提供する。HBSの同僚で共著書も多いフェン・ジュウの研究をかなり引用する。ジュウの研究はこのテーマの解明に重要な貢献をしてきた。[*3] 複雑な議論の中で読者が迷子にならないよう、一定の論理的な流れに沿って説明していきたい。

最初に論点を簡単に概観した後で、企業からその外部にある経済ネットワークへと目を向け、事業と経済全体との間の最も重要な相互作用を明らかにする。次に、事業を取り巻くネットワークがそれぞれ、価値創造と価値獲得のそれぞれまったく異なるダイナミクスをどのように形成するのかを分析する。続けて、既存事業の体系的な分析例として、価値創造と価値獲得のダイナミクスを統合している事例を取り上げる。事業戦略におけるネットワーク分析の重要な示唆をまとめて、この章の締め括りとしたい。

新しい戦略上の問題の本質

この章で扱う内容は複雑なので、新しい戦略上の問題の本質を捉えることに少し時間を割く価値がある。ここからは、関連する概念を整理し、事例を挙げて説明していこう。

伝統的な産業分析では特定の単独の産業セグメントに注目するが、**ネットワーク分析**では、企業間のオープンで分散化されたつながりを解き明かす。[*4] これらの企業はそれぞれ異業種間の多数のネットワークにつながっている。企業が相互につながったり、異なるネットワークにつながったりしながら、多様なデータフローを集約していく中で、ネットワーク効果と学習効果の両方が蓄積されていく。

ネットワーク効果と学習効果は同じものではない。[*5] **ネットワーク効果**は、ネットワーク

図 6-1　ネットワーク効果と学習効果の価値

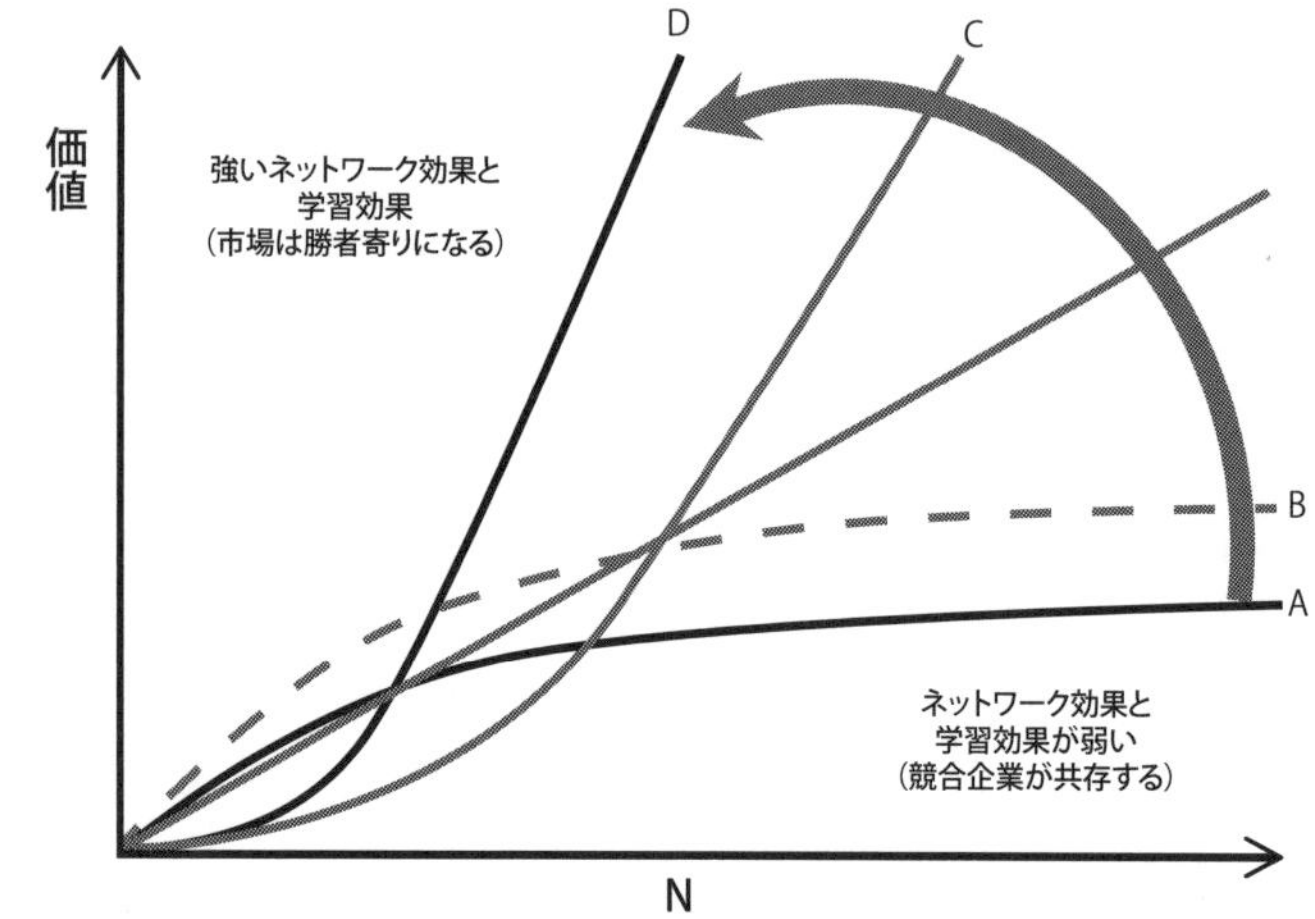

内やネットワーク間の接続数を増やすことで付加される価値を表す。たとえば、フェイスブックのユーザーにとっての価値は、大勢の友だちとつながったり、幅広い開発者のアプリを利用できたりすることだ。**学習効果**は、同じネットワーク経由で流れるデータ量を増やすことで付加される価値を指す。たとえば、ＡＩを使って、ユーザー体験の学習や改善、あるいは、ターゲット広告の向上に使用されるデータがそうだ。どちらの場合も一般的に多いほどよいとされるが、どのくらいよいかを定義する際には微妙な違いがいろいろと出てくる。

図６－１では、異なるビジネスの創出価値を規模の関数で表している。ここでは規模をＮとしているが、ユーザー数、

それらのユーザーのエンゲージメントの強さ、プラットフォーム上の補完的な参加者の数など、様々な変数を用いることができる。曲線Aは伝統的ビジネスの典型例で、規模に関する収穫逓減が見られる。点線（曲線B）のとおり、ネットワーク効果や学習効果が小さくても、提供価値は増幅可能だ。ネットワーク効果や学習効果が強いと、曲線Cや曲線Dのように、収穫逓増になることもある。戦略的ネットワーク分析の一般概念は、規模の拡大によって創出価値を増大させ、それを獲得する方法を見つけること。つまり、矢印で示すように、バリューカーブ（価値曲線）をうまく引き上げていくことだ。

創出価値（及び、その結果である競争優位性）を大規模に増やすためには、図6－1の曲線Aから曲線Dへと移動させればよい。すると、伝統的なビジネスでは通常、強力な規模の不経済が働く。しかし、ネットワーク効果や学習効果がビジネスに与える影響が大きくなると、バリューカーブの形が変わることがある。たいてい最初はネットワークが小さく、データも少ないので、ほとんど価値は提供されないだろう。しかし規模が拡大するにつれて、曲線B、C、Dに見られるように、創出価値や獲得価値が増えて、より急勾配の曲線になる。ネットワーク効果や学習効果が強くなるほど、規模拡大とともに価値は急増する。極めて重要なのは、この論理がマイクロソフト、フェイスブック、グーグルなど典型的なテック企業だけでなく、伝統的な産業分野のビジネスにも当てはまることだ。

ヘルスケア分野の事例を見ていこう。

ビジネス・ネットワークのマッピング

ネットワーク分析では、事業に接続する最も重要な経済ネットワークを洗い出し、貴重なデータフローや、AIを通じた優位性獲得の機会があるかどうかを調べていく。伝統的な企業の例でひととおり見ていこう。

ある大手製薬会社は最近、新しいパーキンソン病治療薬を発売した。同社はデジタル・ネットワークの力を活かして、単に既存チャネル（医師や病院）をターゲットにするだけでなく、患者が自宅で利用できるアプリを活用して幅広い疾病管理戦略をとることでリーチ（到達範囲）を広げることにした。アプリで患者に日々アンケートをとり、患者の身体の敏捷性や協調性のテストと組み合わせて、病気の進行を追跡していくのだ。

アプリで取得した情報は、患者の病気の進行を管理し、治療を最適化するために使用される。しかし、このアプリで得られるデータやアクセスは、中核的な適用を超えて、薬局、保険会社、医師など関連サービス事業者にとっても、有益なものになりうる。さらに、このアプリを使って、患者間やサービス事業者間でつながることもできる。

図6－2は、従来の製品やサービスがこれまでの中核的な用い方を超えて周囲に影響を及ぼすとしたら、どのように展開しうるかを示したものだ。戦略分析では、あらゆる応用についてその性質や可能性を調べて、できる限り多様なネットワークの相互作用を考慮し

図6-2　疾病管理アプリのネットワークに基づく価値創造

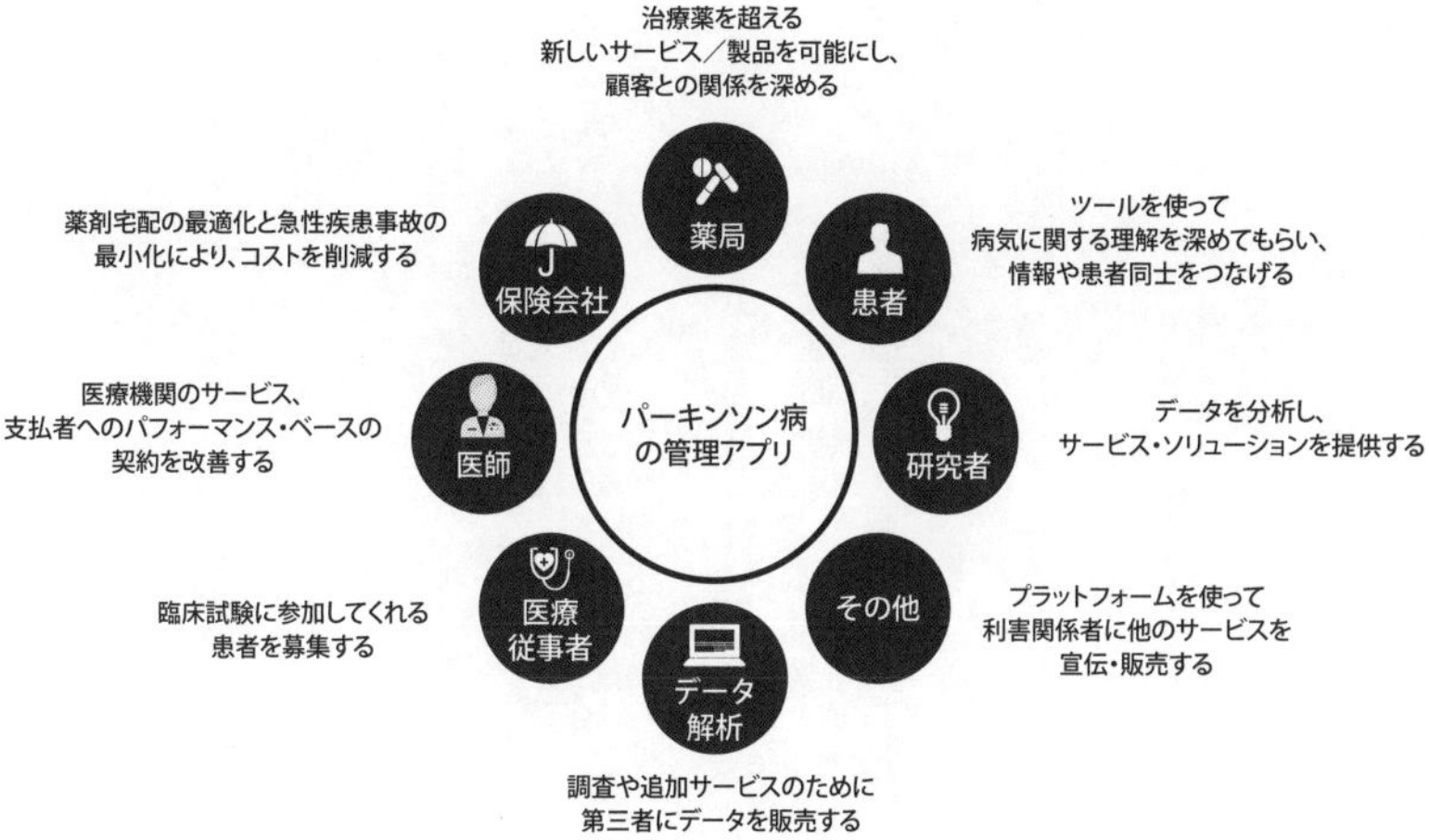
治療薬を超える
新しいサービス／製品を可能にし、
顧客との関係を深める
薬局
ツールを使って
病気に関する理解を深めてもらい、
情報や患者同士をつなげる
患者
データを分析し、
サービス・ソリューションを提供する
研究者
プラットフォームを使って
利害関係者に他のサービスを
宣伝・販売する
その他
データ
解析
調査や追加サービスのために
第三者にデータを販売する
医療
従事者
臨床試験に参加してくれる
患者を募集する
医師
医療機関のサービス、
支払者へのパフォーマンス・ベースの
契約を改善する
保険会社
薬剤宅配の最適化と急性疾患事故の
最小化により、コストを削減する
パーキンソン病
の管理アプリ

資料：キーストーン・ストラテジー

ながら、補完的なネットワークの利用法を見つけたほうがよい。一つのネットワークで生み出される本質的な価値は、当該ビジネスが今すぐに接続可能な他の様々なネットワークでも実現（獲得）できるかもしれない。

このようなつながりの多くは企業の中核事業（図では医薬品）と大きな相乗効果をもたらすことがある。たとえば、アプリは患者とのエンゲージメントを劇的に高める機会を生み出す。ここから新薬の効能が向上したり、消費者のロイヤリティが深まったり、データを収集して補完的なアプリケーションに活用することで患者に提供する価値を高めることができる。別の可能性として、患者ネットワークに働きかけて、患者間で交流できるようにすることでも、関係性を醸成できる。というのも、患者は互いに頼り合って、知見や慰めを得るだけでなく、体力を消耗する疾患にそれぞれが用いている革新的な対処法を共有したりするからだ。[*6] さらに、保険会社、医師、医療従事者のネットワークと直接つながることで、重要な支援基盤を確立し、新しいデータに基づく知見の影響を増幅し、それによって治療の全体的な効果を押し上げることができる。様々なネットワークは、保険業者あるいは潜在的には広告主に課金して新たな収益化の機会につながることもある。機会が増えれば、図6－1の矢印で示すように、バリューカーブは急勾配で上がっていく。

ほぼすべての事業における価値創造／獲得の機会は、その事業が今つながっているネットワーク全体で増幅するかもしれない。その可能性を理解するには、まずネットワークを個別に分析したほうがよい。ネットワークの特性や構造はそれぞれ異なり、それに応じて学習機会、顧客の支払意思、競争の度合いも違ってくるからだ。しかし、様々なバリュー・ネットワークを中心に分析を進めていくので、ネットワーク間の相互作用や潜在的な相乗効果の分析でフォローアップすることが大切だ。以降のセクションで、これらの要因を考察していこう。

価値創造ダイナミクス

ネットワーク構造が価値創造と価値獲得におけるビジネスモデルのダイナミクスに対してどのように影響するかに着目することが、分析の出発点となる。最初に、価値創造のダイナミクスに影響を及ぼす主な要因を見た後、価値獲得を促進する要因を分析する。続けて、両者の相互作用を整理し、パーキンソン病のアプリの例に戻って詳しく解説し、その学習とネットワークに基づく機会を体系的に分析する。*7

ネットワーク効果

デジタル・オペレーティング・モデルの最も重要な価値創造のダイナミズムは、そのネットワーク効果にある。**ネットワーク効果**の基本的な定義は、製品やサービスの基本的な価値や効用は、利用者が増えるほど高まるというものだ。

ここで、ファックスの時代（1980年代～1990年代）に戻って、ネットワーク効果を説明してみよう。*8 ファックス機を最初に買った人は基本的に「通常の電話1本で世界中のどこにでも書類が送れる」という夢を買った。最初のファックス機はそれ以外の点ではほとんど役に立たなかった。しかし、ファックス機を導入する企業が増えるにつれて、ファックス機の価値は全体的に上昇した。接続性が高まることで、すべてのユーザーにとってファックス・ネットワークの価値が高まったのだ。同じく、ソーシャル・メディア・プラットフォームやインターネット・メッセージング・サービスの価値もユーザー数の関数だ。ほかに誰もユーザーがいなければ、フェイスブックは寂しい限りだろう。しかし、友だちや同僚がフェイスブックに加わることで、私たち（彼ら）にとっての価値もまた高まる。

ユーザー数（Nで表されることが多い）の関数として、正確にどれだけ価値が増えるかは状況次第であり、多くの議論がされてきた。たとえば、通信におけるメトカーフの法則では、ネットワークの価値はユーザー数の2乗（N^2）としている。一方、ネットワークのすべてのノードに等しく価値があるわけではなく、価値の増加はそこまで急勾配にならないNLog(N)ではないかと指摘する人もいる。もしくは、単純に線形で増加していくNの一次関数という人もいる。バリューカーブの形状にかかわらず、ここで押さえておきたい重要な要素は、ネットワークの本質的な効用は、ユーザーが追加されるにつれて大きくなることだ。

伝統的な製品ではたいていネットワーク効果は働かない。手元にあるペンについて考えてみよう。何人がペンを持っていようと、より正確に言うと、同じペンを持っていようと、あなたにとってのペンの価値は同じで、変わることはない。ペンの生産量が増えて、安価につくったり買ったりできるようになれば、ペン製造の経済性は高まるかもしれない。しかし、あなたがペンを使って行う作業におけるペンの基本的価値は、あなたからすれば同じままだ。ファックスの例でいうと、どのオフィスにもあるスタンドアローンのコピー機、あるいはネットワーク化されたコピー機でも、ネットワーク効果は見られないが、ファックス機においてはネットワーク効果が働く。ちなみに、今の近代的なコピー機のほとんどにファックス機能が組み込まれているので、世界中のファックス・ネットワークにアクセスできる。

一般的に、ネットワークへ接続する参加者の数が増えるほど、ネットワークの価値は大きくなる。これがネットワーク効果を生み出す基本的な仕組みである。ネットワークをホストするプラットフォームの最も基本的なオペレーティング・モデルは、ユーザー間のマッチングを可能にして、ネットワーク効果で生まれる価値を獲得することだ。

ネットワーク効果は主に直接的効果と間接的効果の2タイプある。ファックス、メッセージング・アプリケーション、ソーシャル・ネットワークは、ユーザーが他のユーザーの存在を重視するので、直接的ネットワーク効果といえる。

間接的ネットワーク効果は、あるカテゴリーのユーザー（例、売り手）が、別のカテゴリーのユーザー（買い手）がネットワーク上にいることに価値を見出す。ウーバーとエアビーアンドビーの二つのネットワークは間接的ネットワーク効果の例だ。ウーバーの乗客にとって、行きたいところにすぐに行けるように、運転手の数は多いほうがよい。休暇を過ごす人や宿を借りる人は、好きな都市で利用できる短期賃貸物件が豊富なほうがよい。このような場合、間接的ネットワーク効果は二面的（ツーサイド）だ。つまり、乗客が増えればウーバーが生み出す価値が高まり、その結果、運転手が増え、それで乗客も増えるということが繰り返されていく。ユーチューブのようなコンテンツ・プラットフォームも同様で、クリエイターが消費者を求め、消費者もクリエイターを求める。他の例として、マイクロソフトのXbox（エックスボックス）やソニーのプレイステーション2などのゲーム機プラットフォームでは、ゲームプレイヤーとゲームクリエイターがお互いに大きな価値を見出している。

間接的ネットワーク効果は、片方だけが相手側の存在に価値を見出す「ワンサイド」になる場合もある。グーグル、バイドゥ、フェイスブックでは、ユーザーは広告主を求めていないが、広告主は確実に自社商品に興味を持ちそうなユーザーを求めている。さらに具体的に言うと、ユーザーはグーグルやバイドゥが構築する検索インデックスのスピード、精度、網羅性（ついでに言うと、使えば使うほどよくなること）に価値を見出す。その一方で、検索エンジンの情報量と種類が増えるにつれて、その情報によって各広告のターゲティング力が研ぎ澄まされるので、広告主はユーザーの多さを重視する。

企業はどちらかのタイプ（直接的か間接的）のネットワーク効果の存在を活かして、別のタイプのネットワーク効果を生み出せることも学んできた。たとえば、ほとんどのユーザーは友だちや同僚と交流するためにフェイスブックを使っている（直接的ネットワーク効果）が、コンテンツ制作者、ゲーム事業者、ウェブサイトへのログインも同じユーザーに手軽にアクセスできることを望んでおり、これが相互に補完的であることに、フェイスブックはすぐに気づいた。そこで、ＡＰＩアクセスを通じてツーサイドの間接ネットワーク効果を可能にした。同様に、ゲーム機メーカーやプラットフォームも当初はツーサイドの間接ネットワーク効果を持つ事業であり、ゲームプレイヤーはゲームに価値を見出し、ゲーム機メーカーはプレイヤーに価値を見出していたが、マルチプレイ機能をつくってプレイヤー間でコミュニケーションをとれるようにしてさらに価値を高めた。つまり、それまで分かれていたネットワーク・ノードがつながり、間接的ネットワーク効果が得られるようになったのだ。

ネットワークが拡大するほど価値が高まるのは一般的に言えることだが、実際のネットワークの規模と価値の関係はもっと複雑だ。ネットワークの成長に伴い、実際にどのくらい価値を高められるかについては大きな違いが見られる。弱いネットワーク効果に依存したビジネスは始めやすいが、短期的に得られた優位性はあまり長続きしない。

たとえば、ネットフリックスのような高価格のコンテンツ・ストリーミング事業は、映画やテレビ番組を大量に調達し配信するので、非常に素早く価値を生み出すことができる。ただし時間とともに、競合他社（アマゾン、アップルのｉＴｕｎｅｓ、ディズニーなど）

が集まってきて、大きな不利益を被ることなく、同じ道を後追いすることが可能だ。ネットフリックスが一部のコンテンツ制作会社と独占契約を結んだとしても、視聴者が複数のサービスに申し込まない理由はほとんどない。これに対して、ユーチューブのようなコンテンツ制作と配信のコミュニティは、はるかに強力なネットワーク効果を享受している。大多数の小さな独立系コンテンツ制作者には、他のサイトに投稿するインセンティブがほとんどないのだ。

ビジネスで強いネットワーク効果を発揮するには、ネットワークのサイズ拡大とともに、提供価値を急速に増大し続けなければならない。一般的に、弱いネットワーク効果に頼る事業は競争相手が多いのに対し、強いネットワーク効果を生み出す事業は競争相手が少ないので、市場集中が進み、より大きな競争優位性を獲得できる。

学習効果

学習効果は、既存のネットワーク効果に価値を付加することも、それ自体で価値を生み出すこともある。たとえば、グーグルの検索ビジネスでは、ユーザーがより多く（より素早く）検索するほど、同社のアルゴリズムが共通の検索パターンを把握し、よりよいサービスになっていく。こうした学習効果は、検索エンジンの提供価値において極めて重要だ。マイクロソフトのBing（ビング）は、グーグルに対抗するため、ヤフーと提携して獲得するユーザーと広告主を増やし、ユーザー基盤とその結果としての規模の拡大を図ろうとした。ところが、規模が拡大しても、自社の検索広告事業に競争力がないことにすぐに気がついた。というのも、グーグルと同じ学習効果の恩恵を受けていないからだ。グーグルは何年も大量の入力データフローを用いて、学習や実験を行ってきた。こうした経験はアルゴリズムを最適化し、よりよい検索結果とエンゲージメントを得るだけでなく、収益化の向上においても強力な優位性をもたらしてきたのだ。

学習効果が競争優位性を強化できるのは、その大部分が規模に依存しているからだ。一般的に、アルゴリズムの訓練と最適化に使うデータが多いほど、アウトプットがより正確になり、アルゴリズムを使ってより複雑な問題を解決できるようになる。図6－3は、一連の予測アルゴリズムがデータセットのサイズによって、どのくらい改善されるかを示している。オペレーティング・モデルが成長して多数のアルゴリズム（それぞれ大規模で多様な最新データセットを必要とする）が具現化されると、学習効果によって、企業の創出価値に対する影響が規模・範囲の両面で増幅される。ユーザー基盤と規模が大きくなり、利用可能なデータ量が増えるほど、価値は大きくなる（もちろん、これはすべて、その企業に適切なオペレーティング・モデルと適切なアルゴリズムを実装するケイパビリティがあることが前提となっている）。

データがどのくらい競争優位性に持続的な影響を及ぼすかは、アプリケーションごとに

図 6-3　データセットの規模がパフォーマンスに与える影響

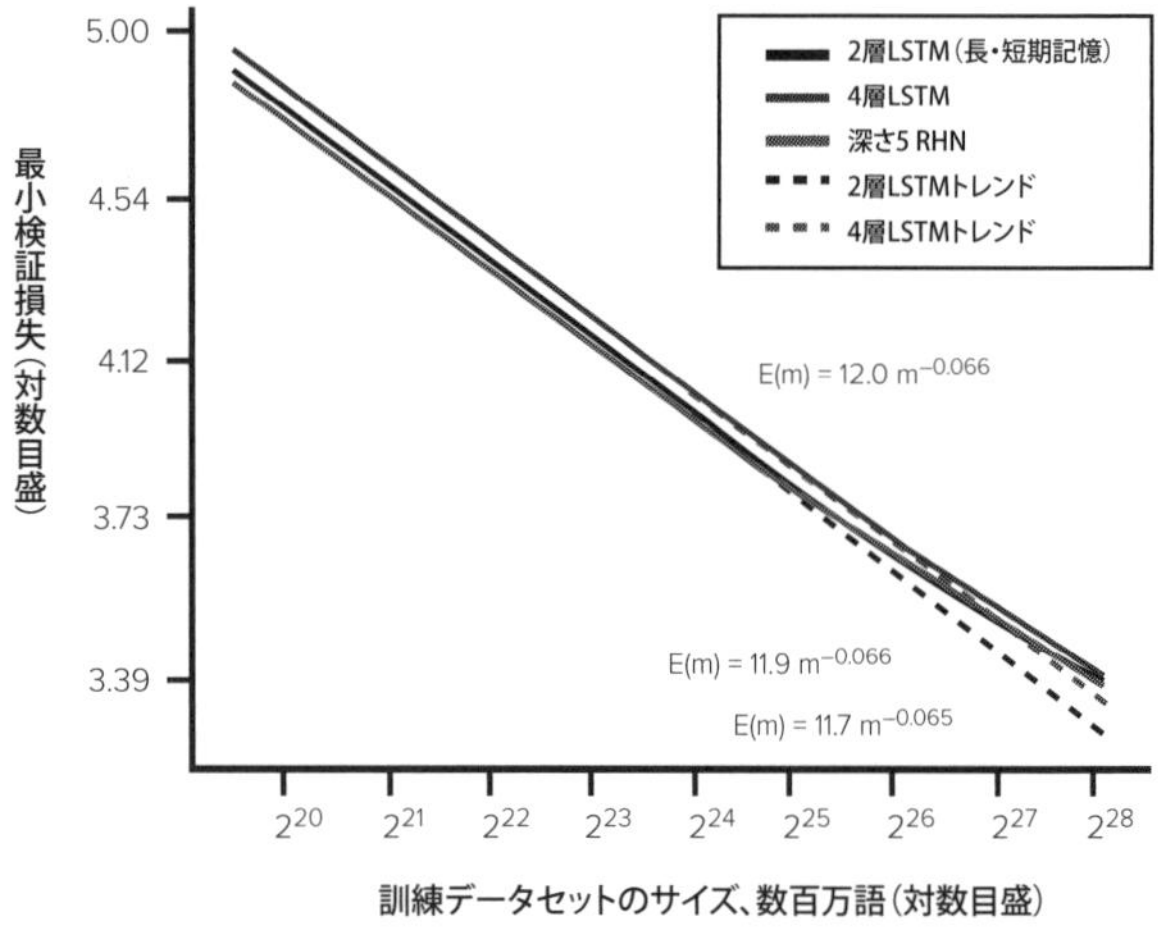

予測誤差はデータ量が多いほど大幅に減少する。

資料：バイドゥ・リサーチ

違いがある。これにはいくつかの理由がある。まず、ほとんどのアルゴリズムの精度は、少なくともしばらくの間は、データポイント数の平方根に比例して上がった後、アルゴリズムが十分に訓練されると横ばいになる。平方根の法則は近似値で、単独で動かすアルゴリズムの場合、それほど急速に精度が高まらない。というのも、集めたデータポイントの大半が無相関であるとはいえないからだ。しかし、複数のアルゴリズムで事業を推進していく場合、それらの学習効果を合わせた価値は一層大きくなる。ネットフリックスの場合、多くのユーザーに関連するアルゴリズムとバックチャネルのアルゴリズムが同時に効果を生み出している。

使用するアルゴリズムの種類や、必要なデータのユニークさや規模など、他にも競争優位性の要因がある。たとえば、猫と犬の画像の違いを検出するような、比較的単純なアルゴリズムの場合、必要な訓練セットのサイズは限定的で、アルゴリズムの訓練に必要なデータは幅広く入手可能かもしれない。猫と犬の違いの識別に基づくビジネスでは、持続的な競争優位性を築けそうにない。

その一方で、特殊な腫瘍を識別するアルゴリズムはもっと参入障壁が高いかもしれない。というのも、そのシステムではより多くの、よりユニークなデータを必要とするからだ。やや極端な例が、無人運転車のテクノロジーに関わるアルゴリズムだ。多様かつ複雑で、リアルタイムのマッピングや交通データを大量に必要とする。その結果、自律走行車ビジネスでは、競合他社を排除する（企業の競争力と収益を守る）エコノミック・モート（経済的な堀）や障壁が大量に生み出されるだろう。

学習効果とネットワーク効果は相乗的に働きうる。一般的に言うと、ネットワークが大きいほど（つまり、接続数が多いほど）、つながることの価値が高まり、データフローが増え、ＡＩや全体的な学習の機会が増える。ネットワーク内のどのつながりも有益なデータソースとなり、このデータを使って学習し、アルゴリズムを訓練し、ネットワーク効果によってもたらされる優位性を増幅させることができる。

クラスター

ネットワーク構造は、そのサイズに応じたネットワークの価値の増え方にも重要な影響を及ぼす。エアビーとウーバーの例で考えてみよう。エアビーは基本的にグローバル・サービスを提供しているが、ウーバーのネットワークは特定の都市部を中心に高度にクラスター化されている。

私たちはコネティカット大学のフェン・ジュウ、シンシン・リー、HBSのイーシャン・ヴァラヴィとの共同研究プロジェクトで、ウーバーとエアビーをモデル化し、ネットワークのクラスタリングがどのようにネットワークに基づくビジネスモデルの持続性に影響するかを調べた。すると、クラスタリングが大きな違いを生んでいることが判明した。旅行者は地元の町のエアビーのホスト数にそれほど関心を示さない。それよりも気になるのは、自分が訪ねたい都市のホスト数だ。したがって、このネットワークはグローバルといえる。エアビーと真っ向勝負をしたいプレイヤーは、グローバル規模で市場に参入しなければならないだろう。十分な数の都市で最小必要人数の旅行者とホストを引き付け、様々な提示価格で取引が行われ、参加者が低コストで入退出しやすい流動的な市場を構築するには、グローバルでブランド認知度を高める必要がある。このため、ホームシェアリ

図6-4　ローカル・ネットワーク（左）とグローバル・ネットワークの違い

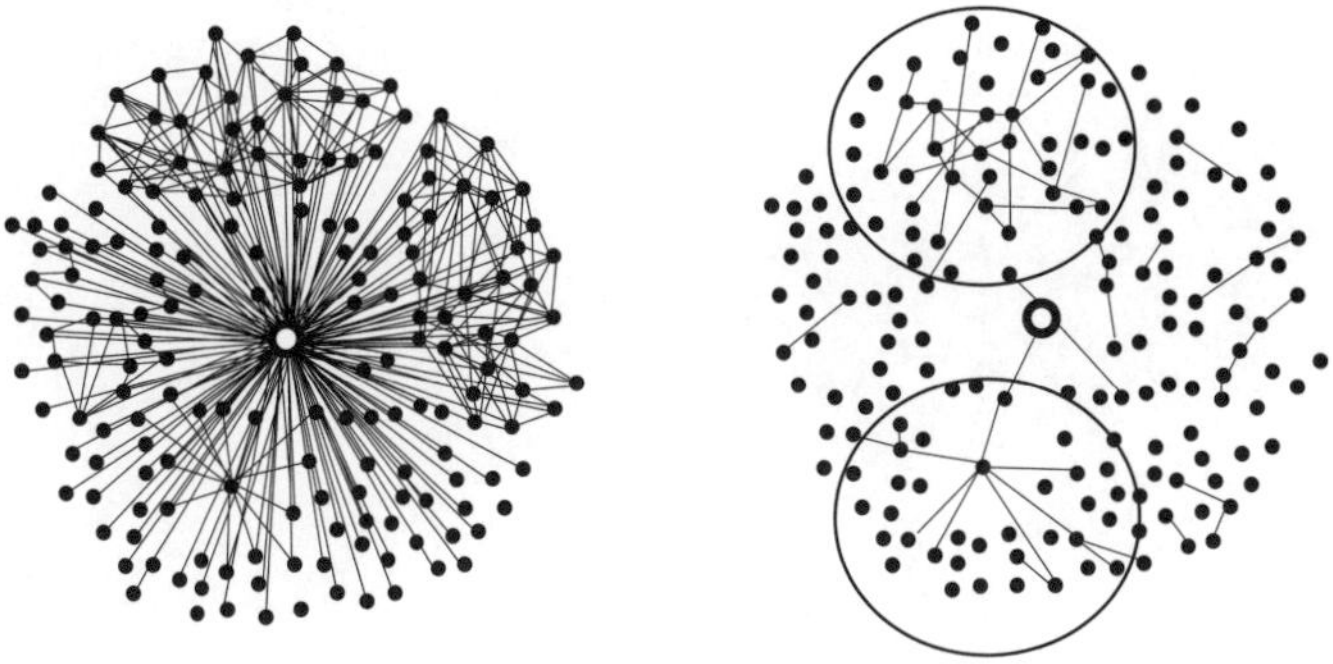

ング市場への参入コストは高い。実際に、エアビーの競合相手で規模的に成功しているのはホームアウェイ／バーボ一社のみだ。同社は異なるビジネスモデルで同市場に参入している。

一般的に、グローバル・ネットワークは少数の重要なハブを中心に集積度が高くなっている。競争上の障壁はたいてい高く、有力プレイヤーはかなり容易に収益性を維持している（エアビーやホームアウェイと直接競争するというマリオットの意思決定は、既存企業がネットワーク効果戦略をどれだけよく考え抜き、実行できるかの参考になるだろう）。

エアビーのネットワークとは対照的に、ウーバーのネットワークは高度にクラスター化され、各都市でグループ化されている（図6－4を参照）。ボストン近郊の運転手の関心事はその近辺で利用する乗客数だけであり、乗客も同様だ。さらに、ボストンの乗客は、かなり頻繁に旅行する少数派を除けば、サンフランシスコなどの運転手や乗客の数はそれほど気にしないだろう。

これが意味するのは、グローバルで100万人以上の運転手を擁するウーバー全体の規模は、ローカルで提供できる価値にあまり関係ない、ということだ。したがって、ネットワークがローカルなクラスターに細分化されるほど、規模の影響やネットワーク効果は小さくなり、チャレンジャー企業が参入しやすくなる。だから、クラスター化されたネットワークは一般的に非常に競争が激しい（ローカルで強いネットワーク効果が働く場合も、規模の影響は、ローカルのクラスター向けに営業するのに必要なレベルが実質的に上限となる）。ローカルでそれなりの規模を持つ競合他社であれば、同様の効率性を達成することができる。

このタイプのクラスター型ネットワーク構造では、規模の小さな競合他社がローカル・ネットワークでクリティカルマスに達し、差別化された製品やサービス、あるいは、低価格を通じて急成長することは容易い。実際に、ウーバーはアメリカ全土で展開しているリフトとの競争に加えて、主要都市で多くのローカルな競合に直面している。たとえばニューヨークでは、ゲット、ジュノ、ビアのほか、タクシー事業者との競争も熾烈だ。同様に、中国のライドシェア最大手の滴滴出行（ディディ）は、ウーバーを本国市場から追い出したが、現在はライドシェア・プラットフォームによるコモディティ化を懸念する地元の自動車会社との競争にさらされている。

クラスター型ネットワークはライドシェアリングに限定されたものではない。グルーポンのようなグループ購入サイト、グラブハブのようなフードデリバリー・プラットフォームでも同様の構造が見られる。さらに、クラスター化は必ずしも地理的なものだけではない。多くの医療ネットワークでは、糖尿病や○○がんなど疾病分類を軸に患者をクラスター化している。スポーツのネットワークではチームを中心にクラスター化している。こうしたケースのいずれでも、関係する企業は競争に対して脆弱だ。特定のクラスター、地域、専門分野に特化した競合他社であれば、ビジネスチャンスがあるだろう。一般的に、クラスター型ネットワークではグローバル・ハブは生まれない。

クラスタリング現象はネットワーク構造だけでなく、データやＡＩの価値にも当てはまる。たとえば、ボストンで取得したデータが、サンフランシスコやパリでのウーバーの乗客体験に関連するのかを考えてみよう。地理的な違いは通常、場所をまたがってデータを集約する価値を制限する。

ネットワーク効果と学習効果の進化

ネットワークは絶えず変化するので、ネットワーク効果と学習効果の強さや構造は時とともに変わる可能性があり、実際に変わっていくだろう。変化は価値創造の曲線を強めたり弱めたりし、それに応じて市場での競争の激しさも変わる。その興味深い事例がマイクロソフト・ウィンドウズだ。1990年代のPC全盛期、PC用アプリケーションのほとんどはクライアント・ベース、つまり、PC上に実際に置かれていた。これは、関連するウィンドウズ開発者のローカル・ネットワークを規定し、開発されたアプリケーションはウィンドウズにつながり、PCの価値の大部分をもたらしていた。1990年代後半のピーク時には約600万人の熱心な開発者がウィンドウズ専用アプリケーションを書き、ウィンドウズは支配的プラットフォームとして定着していた。

当時、経済学者はまことしやかに、競争力のあるプラットフォームの価値はそれに匹敵する数の熱心な開発者を集めることに大きく左右されるので、ウィンドウズ系のネットワーク効果は強いと論じていた。さらに、DOS／ウィンドウズ用のアプリケーションはアップルのOS（基本ソフト）と（あるいは、DECアルファなどインテル以外のプロセッサとも）互換性がないことから、アプリケーション開発者がマイクロソフト以外のプラットフォームと連携するのは困難だった。マイクロソフトの技術的ロックインは強力な参入障壁を築いていたのだ。

ところが、インターネットの利用が爆発的に増え、インターネットベースのアプリケーションやサービスの力が発揮されるようになると、関連するビジネス・ネットワークも変化した。関連する機能のほとんどはPC用アプリケーションから、オープンで通常は異なるOSでも機能するウェブベースやモバイルアプリへと移行した。驚くまでもなく、アンドロイド、クローム、iOSなどのOSはPCやタブレット端末の両方に搭載され、特にハイエンド市場ではアップルのMac（マック）PCが復活している。Macの出荷台数は2000年代半ばに5倍以上に伸びた。ネットワーク効果が弱まると、影響を受けた市場の集中度は低下する。

価値獲得ダイナミクス

近年、デジタル・ネットワークによって様々なタイプのユーザーや事業が簡単につながるようになったので、価値獲得の選択肢は飛躍的に拡大している。*9 企業による価値獲得の最適化は、経済分析、戦略的思考、技術力を駆使した重要な仕事になりうる。デジタルの価値獲得で用いられるテクノロジーであれば、慎重な利用量の測定、製品の在庫状況に対応した高度な価格設定アルゴリズム、さらには成果ベースの価格設定モデルも可能だ。

しかし、高度な価格設定手法を使っても、ユーザー・ネットワークの創出価値を残らず獲得できるわけではない。デジタル・ビジネス・ネットワーク上の**価値の専有可能性**（言い換えると、価値獲得力）は、競合するソリューションの存在や顧客の支払意思など、多くの重要な検討事項の関数である。マルチサイド・プラットフォーム・ビジネスやネットワーク・ハブでの取り組みなど複数の選択肢があれば、最も競争が少なく、強い支払意思を示すサイドやネットワークに課金するように価格設定を調節することができる。検索エンジンがエンドユーザーではなく広告主に課金し、特定の検索語をクリックしたユーザーに独占的にリーチする機会を提供している理由も同じだ。多くの場合、検索語は商業的ニーズを示しているので、クリックへのアクセスには価値がある。

ここで重要なのは、ネットワーク効果によって新しいタイプの価値獲得の選択肢が広がる点に気づくことだ。たとえば、直接的ネットワーク効果を伴うシステムがあったとしよう。企業によっては、ネットワークへのアクセスを提供し、その創出価値に対して顧客に課金することが有益だと考えるかもしれない。たとえば、Ｘｂｏｘやプレイステーション２は自社プラットフォームの利用に対して月額料金を設定し、プレイヤーが他のプレイヤーと直接つながり、マルチプレーヤー・ゲームを楽しめるようにしている。

ツーサイドの間接的ネットワーク効果を持つ企業は価値獲得の選択肢が増える。各サイドの支払意思に応じて別々に課金することで、複数のサービス収益化の方法を見つけることができるからだ。たとえば、アント・フィナンシャルは消費者と販売業者から複数の方法で収益化することができ、エアビーは宿泊の都度、借り手とホストの両サイドに課金している。アリババやアマゾンでは、加盟店から徴収する取引手数料以上に、加盟店からの広告料が儲かる収入源になりつつある。

マルチホーミング

価値の獲得のあり方がどのようなものになるかに影響を与える最初の重要な力はマルチホーミングだ。**マルチホーミング**とは、競争力のある代替案の実行可能性を表す。特に、ネットワーク内でユーザーやサービス事業者が、同時に複数のプラットフォームやハブ企業（「ホーム」）と接続できる状況を指す。似たようなネットワーク・ハブの間で競争が起こると、最初のネットワーク・ハブの価値獲得力に問題が生じる。特に、切り替えコストが低く、ユーザーがどちらのハブも簡単に利用できる場合はそうだ。

競争が激化するほど、ネットワーク・ハブの獲得価値は減少する。たとえば、スマートフォンのアプリ開発者の多くは、ｉＯＳとアンドロイドでマルチホーミングしている。その結果、これらのプラットフォームは開発者サイドの市場で収益を上げにくくなっている。しかし、開発者サイドでマルチホーミングが一般的でも、大多数の消費者はｉＯＳかアンドロイドのどちらか一方にシングルホーミングし、何十年も使い続けるので、アップルとアンドロイドは消費者サイドの市場から大きな利益を引き出すことができる。

プラットフォームの各サイドでマルチホーミングが一般的になると、プラットフォームがそのビジネスで儲けを出すことはほぼ不可能になる。たとえばライドシェア・サービスでは、複数のプラットフォームを利用する運転手や乗客が多い。乗客は料金や待ち時間を比較でき、運転手は遊休時間を短縮できる。当然ながら、ウーバーやリフトなど競合各社は常に、乗客と運転手をめぐって、互いに値引き競争をしている。

エアビーもプラットフォームの両サイドで深刻なマルチホーミングを経験している。というのも、他のホームシェアリング・サイトが同じような価値提案をしているからだ。家主は料金体系やモデルは違っていても、複数サイト（ホームアウェイやバーボなど）に同じ物件を難なく同時掲載できる。一方、借り手サイドは、利用可能な全サイトの掲載物件を検索して探すことができる。このように、マルチホーミングはライドシェアとホームシェアの両方のサービスで収益性を蝕んでいるのだ。

既存のプラットフォーム運営者は、市場のワンサイド（あるいは両サイド）のロックインに努めることで、マルチホーミングの軽減を図ることができる。たとえば、ウーバーは自動車メーカーと提携して、手頃な料金プランで車をリースする選択肢を運転手に提供した。これはウーバーのみで仕事するように運転手を囲い込もうとする試みだ。というのも、運転手はウーバーで一定の運転回数をこなさないと、融資を受ける資格を維持できなくなるからだ。ウーバーとリフトは各々のプラットフォームで走行距離の長い運転手に手数料の割引も行っているが、ここでも運転手の専属化を促している。さらに、両社は乗客を乗せて移動中の運転手に次の乗車リクエストを提示し、現在の降車場所のすぐ側で別の乗客を拾うように奨励することで、運転手の遊休時間と他のプラットフォームを利用する誘因を減らしている。両社は乗客にも利用状況に応じた報酬プログラムを導入して、定着率を高め、マルチホーミングを抑制している。

同様のアプローチでより成功しているのがエアビーだ。たとえば、パワーユーザー向けに専用ツールや特典を用意することで、価値提供だけでなく、プラットフォーム間の切り替えコストを高めている。ただし、複数のプラットフォームの導入コストは低いので、マルチホーミングはまだ一般的であり、収益性は限定的だ。

企業はほかにもあの手この手でマルチホーミングを回避しようとしてきた。マイクロソフトやソニーなどゲーム機メーカーは、ゲームソフト制作会社と独占契約を結んできた。プレイヤーのサイドでは、ゲーム機の価格の高さや、Ｘｂｏｘライブやプレイステーション・プラスなど関連するサブスクリプション・サービスによってマルチホーミングへの意向を殺いでいる。同様に、アマゾンはサードパーティー販売業者に物流業務を代行するフルフィルメント・サービスを提供し、アマゾンのマーケットプレイス以外の注文には高い手数料を課すことで、自社のプラットフォームだけで販売するように促してきた。また、ほとんどの商品を2日間で無料配送する有料会員制サービス、アマゾン・プライムを用いて、顧客を囲い込み、極力マルチホーミングにならないようにしている。

中抜き

ネットワークの参加者が、プラットフォームを迂回して直接つながってしまう**中抜き**

も、プラットフォームが価値獲得をするうえで重要な問題になる。数年前に閉鎖されたホームサービスのマーケットプレイス、ホームジョイを例に取ろう。最初にサービス提供者と住宅保有者とのマッチングが行われると、その後は顧客にとってそのハブを使い続けるインセンティブがほとんどなく、中抜きが一般的になっていた。ホームジョイのトランザクション・ベースの価値獲得モデルは命運が尽きて、サービス中止に追い込まれた。こうした問題は、ホームジョイからタスクラビットまで、ネットワーク参加者間のつながりだけを提供するマーケットプレイスで特によく見られる。最初につながりができた後、創出価値のほぼすべてが提供されてしまうと、ユーザーに対し、ネットワーク・ハブに継続的に使用料を支払う必要性を持たせにくくなるのだ。

プラットフォーム上で全取引を完了するようにサービス利用規約で義務づけたり、少なくとも入金が確認されるまでユーザーと連絡先情報を交換できないようにしたりと、ハブは良くも悪くも中抜きを阻止しようと、様々な仕組みを設けてきた。たとえば、エアビーは支払いが完了するまで、ホストの正確な所在地や連絡先を非公開にしている。しかし、このような戦略が必ずしも有効とは限らない。ハブの使い勝手が多少なりとも悪ければ、もっと合理的な体験を提供する競合他社につけいる隙を与えてしまう。エアビーの場合、実質的な規模の経済性がハブを競争から守っている。

より良心的な中抜き阻止策は、ユーザー側がハブ経由でビジネスを行う価値を高めることだ。保険、エスクロー決済、コミュニケーション・ツール、トラブル解消、取引の監視などのサービスを用意すれば、ハブによってトランザクションが促進されるかもしれない。しかし、当事者間で強い信頼関係が構築された後、こうしたサービスの価値が薄れてしまうこともある。

ＨＢＳ博士課程のグレース・グーとフェン・ジュウは信頼と中抜きの関係を探るために、オンライン・フリーランス・マーケットプレイスを調査した。そこで判明したのは、ネットワーク・ハブがその評価システムの精度を高めて、クライアントとフリーランサーの間で強い信頼が醸成されると、実は中抜きが増加し、マッチング向上による売上増分が相殺されてしまうことだ。ユーザーとサービス提供者の間に十分な信頼関係が構築された後、エスクロー決済やトラブル解消などのサービスはもはや重視されなくなり、プラットフォームに対するニーズが減少していく。

より効果的な中抜き軽減策は、取引手数料を下げて、市場の別サイドで売上を補填することだ。２００５年に発足した中国のアウトソーシング・マーケットの猪八戒网（ＺＢＪドット・コム）は、20％の手数料をとるビジネスモデルだったが、試算によると、中抜きによって90％もの売上が失われていた。ＺＢＪは２０１４年、新規事業主の多くがロゴデザインを作成してもらうために同社サイトを利用していることを発見した。こうした顧客が次に必要とするのは通常、事業登録や商標登録だ。そこで、プラットフォーム上で関連するサービスを始めた。同社は機会に気づき、補完的サービスを打ち出したことにより、今や中国最大の商標登録サービス事業者となり、年間10億ドル以上の売上を生み出している。同プラットフォームは中抜きに対抗する代わりに、取引手数料を大幅に引き下げてユーザー基盤の拡大にリソースを集中させた。同社の時価総額は現在、20億ドル以上だ。[*10] 中抜きが脅威だとすれば、取引手数料をとるよりも、補完的サービスを用意したほうがはるかに効果的になりうるのだ。

ネットワーク・ブリッジング

マルチホーミングと中抜きはネットワークに基づく収益性の敵だが、ネットワーク・ブリッジング（橋渡し）は企業のビジネスモデルを改善し、救済策にさえなりうる。**ネットワーク・ブリッジング**とは、より有利な競争力学や支払意思の違いを活かして、これまで分かれていた経済的ネットワークを横断して新しい接続をつくることだ。ネットワーク参加者は複数のネットワークとつながる際に、それらを橋渡しして重要な相乗効果をつくり出しながら、価値創造と価値獲得の両方の能力を高めることができる。

その典型例がグーグル検索だ。グーグルが、仮にトランザクション単位でユーザーに直接課金していたとすれば、検索の利用ははるかに少なかっただろう。グーグルが実行したのは検索ビジネスと広告主ネットワークとの橋渡しだ。検索意図と関連する広告のマッチングにより、広告主は喜んでグーグルユーザーへのアクセスに多額の支払いをしてくれた。決済サービスも典型例といえる。これまで決済システムは大きな収益源ではなかったが、ユーザーや中小企業にアクセスしたり、データを蓄積したりすることで、企業が決済ネットワークに投資する価値が十二分に出てきた。

多数のシナリオや複数のネットワーク・サイド全般で、データに基づく資産がほぼ必ず役立つことをぜひとも強調したい。ユーザーがクリティカルマスに見事に達した企業は、この資産を利用して、新しい多様なネットワークで価値を獲得することができる。アマゾンやアリババのようなハブ企業が多様な市場に進出する基本的理由もここにある。

アリババは決済ネットワークのアリペイを活用して、ECプラットフォームのタオバオと天猫（Tモール）を金融サービスへと橋渡しするのに成功した。アリババはタオバオとTモールの取引データやユーザーデータを活かして、金融サービス部門のアント・フィナンシャル経由で、取引データに基づく商社や消費者向け与信システムなどの新サービスを立ち上げた。アント・フィナンシャルはこのシステムを使って、非常に低いデフォルト（債務不履行）率で、消費者や加盟店に短期融資を行うことが可能になった。アントからお金を借りることにより、消費者はアリババのECプラットフォームでより多くの商品を買えるようになり、販売店は在庫購入用の資金調達ができるようになったのだ。

これらのネットワークは互いの市場ポジションを強化し、互いの規模を維持するのに役立つ。実際に、競合のテンセントが自社の人気ソーシャル・ネットワーキング・アプリのウィーチャット経由で、競合デジタル決済サービスのウィーチャット・ペイを提供するようになったが、アリペイはアリババの他のサービスと緊密に連携していることもあって、魅力的なデジタル決済サービスであり続けている。最も成功しているネットワーク・ハブは市場横断で接続しているので、これまで分断されていた業界間のつながりを促進する際にますます効果的な存在になりうる。

戦略的なネットワーク分析

ここまでのセクションでは、ネットワークにおける価値創造／獲得を強めたり弱めたりする要因を論じてきた。ここからは、その意味合いを整理したうえで、あるビジネスにつながった複数のネットワークにまたがって戦略的なネットワーク分析を行うための一貫したアプローチを導き出していこう。ウーバーの事例を使って考えていく。

ネットワークの洗い出し

戦略ネットワーク分析の最初のステップは、ビジネスとつながっている主要なネットワークを洗い出すことだ。たとえば、ウーバーは主に乗客と運転手とつながっている。マ

図6-5　ウーバーの中核事業につながるネットワーク

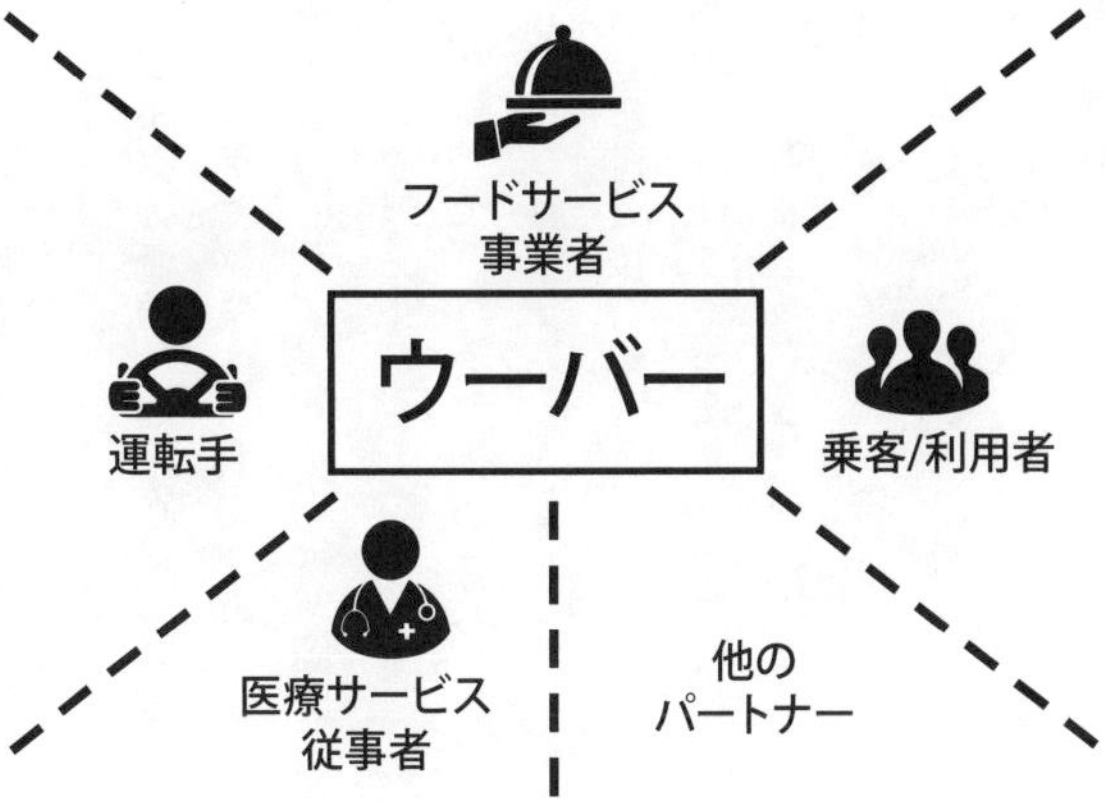

イナーなネットワークとしては、ウーバーイーツのサービスを行うために食料品提供者とつながっている。さらに2018年3月に始まったウーバーヘルスは、医療従事者とつながり、診療所や病院、リハビリセンターなどの医療機関が患者のために配車予約ができるサービスだ。ウーバーヘルスは、ウーバーイーツが様々な組織と提携して、食料品宅配をはじめとする価値創造／獲得の機会を増やすための取り組みの一つである。

図6－5は、ウーバーのオペレーティング・モデルとつながる多数のネットワークを示したものだ。ウーバーはさらなる価値獲得の機会を探しながら、ネットワーク数を増やしていく可能性が高い。たとえば、ウーバーキトゥンズ

（ユーザーがお金を払って子猫と触れ合える）やウーバー・アイスクリームまで試しているのを、私たちは目にしてきた。

ネットワークの価値創造／獲得の要因

第二のステップは、主要ネットワークごとに、規模拡大による価値創造／獲得の可能性を評価することだ。表６－１は、価値創造／獲得を強めたり弱めたりするネットワーク特性のチェックリストを示している。

全体としてウーバーの状況は厳しい。チェックリストを順番に見ていこう。

ウーバーの主力事業には直接的ネットワーク効果が働かない。乗客にとって他の乗客がウーバーを利用しても何の価値もなく、運転手側も他の運転手の存在によって価値がもたらされることはまったくない。それどころか、負の影響さえも考えられる。乗客が近くにいるほど、乗車をめぐる競争が起こり、ウーバーのサービス品質が低下してしまうからだ（例外はウーバープールで、これについては後で詳しく説明する）。

ネットワーク効果をさらに弱めているのが、ウーバーのネットワークの地理的クラスタリングだ。乗客と運転手がクリティカルマスに達することは重要だが、場所ごとにそうなる必要がある。サンフランシスコに運転手が集中していても、デトロイトのユーザーには役立たない。これはつまり、ローカルな規模を持つサービスであれば、ウーバーと競争できるということだ。ウーバーの中核サービスの収益性は、必然的に低コストの競合他社から常に挑戦を受けることを意味している。

ウーバーには重要な学習効果が見られ、収集した膨大なデータを蓄積し分析することで、事業上の恩恵が得られる。学習効果は交通状況に応じた価格調整、サービス品質の適正化につながる需給予測などに役立ち、サービスの創出価値の最適化に有益な分析が多数行われている。しかし、このような学習効果が、持続的な収益性の確保に十分な規模であるかどうかは定かではない。

とはいえ、ウーバーのライドシェア・アプリは、乗客と運転手の両方のネットワークで甚大なマルチホーミングの問題に悩まされている。乗客と運転手の大多数が複数のライドシェア・アプリを持ち、自分が利用しているサービスが

表6-1　ウーバーの戦略的ネットワークの評価

価値創造／獲得を強める	価値創造／獲得を弱める
・ネットワーク効果が強い	・ネットワーク効果が弱い
・学習効果が強い	・学習効果が弱い
・他のネットワークとの相乗効果がある	・他のネットワークとの相乗効果がない
・主要なネットワーク・クラスターはない	・重要なネットワーク・クラスターがある
・マルチホーミングは行われていない（またはワンサイド）	・マルチホーミングが広範に見られる
・中抜きは行われていない	・中抜きが大々的に行われている
・ネットワーク・ブリッジングの機会が豊富にある。	・ネットワーク・ブリッジングの機会はない

最も経済性に優れているかどうかを定期的にチェックしている。

ウーバーの中抜きはよく見られる問題ではない。一つには、乗客と運転手にとってサービスの粘着性と利便性を高めるために、同社が様々な施策を講じているからだ。また、同サービスでは規則を守らない運転手に重い罰則を科すことも挙げられる。

結論として、クラスタリングと中抜きはウーバーの中核地域全体で激しい競争の扉を開き、こうしたサービスの収益性は決して保証されていない。大規模な学習効果を欠くため、ウーバーの中核事業は当面、採算が取れないままだろう。

しかし、ウーバーの中核事業に課題があるとしても、運転手と乗客の中核ネットワークに接続できる追加ネットワークの多くは有望だ。ウーバーの将来の収益性は、積極的に関わってくれる乗客と運転手をさらに多様なネットワークに橋渡しできるかどうかに左右されるだろう。こうしたネットワークでは、同社の長期的な収益性と生き残りを可能にしうる様々な価値獲得の選択肢を示し始めている。

ウーバーの機会の洗い出し

ウーバーには、図6－6に示すように、中核サービスの本質的価値によって可能になる様々なブリッジングの機会がある。一般論として、本質的価値がある限り、ウーバーはビジネスを橋渡しすることで、収益を上げる方法を見出せるはずだ。ウーバーの中核サービ

図6-6　ウーバーの価値創造／獲得の機会

スによって付加的な価値創造、特にさらなるネットワークへの入り口になるという価値獲得が可能になる。

運転手ネットワークと他事業のネットワークとのブリッジングもその一つだ。食料品配達、ウーバーイーツ、ウーバーヘルスはすべて、この種のネットワーク・ブリッジングの機会の事例だ。このように、ウーバーの運転手ネットワークは様々なサービス事業者につながり、その一部はそれほどローカルではない（ウォルマートやカイザーヘルスなど）。そこで、より長続きするグローバルなつながりを醸成して、ネットワークのクラスタリングとマルチホーミングのためにローカルレベルで激しい競争を繰り広げている他のサービス事業者とウーバーを差別化しようという考えである。このような機会は利益を生むだろうか。それは明らかに、ウーバーがサービス事業者と契約する取引の性質によりけりだ。食料品の取引は代替サービスが存在するのでかなり競争が激しく、ウーバーがウォルマートと共同で行ったトライアルは数字がよくなかったので保留となった。ウーバーヘルスの展望はそれよりも明るいようだ。

ウーバーイーツも興味深い選択肢だ。ここでは、ローカルとグローバルの飲食企業とつながる新しいネットワークを構築することが考えられる。確かに、目標に向けた別の一手となるが、この戦略にも、大規模な競争とローカルなクラスタリングの課題がつきまとうので、持続的な利益は確保されない。見たところ、ウーバーイーツは利益の出ている地域もあるが、ほとんどの場合は採算割れのようだ。

それ以外の興味深いウーバーの機会として、ウーバープールとカーゴシステムズが挙げられる。ウーバープールは、複数のユーザーが相乗りして、経済性をさらに高めようとするサービスだ。面白いのは、ネットワーク効果がウーバーの通常のライドシェア・サービスよりもはるかに強いことだ。実際に、ウーバープールは従来の間接的ネットワーク効果を持つビジネスに、直接的ネットワーク効果を加えている。突然、ウーバーの乗客が増えるほど、乗客にとっての価値も高まるようになったのだ。ウーバープールの規模が大きければ、競合他社が同様のサービスを提供する可能性はかなり低下する。小規模なサービス事業者の場合、出発地と目的地がそれぞれ近い二人の乗客がたまたま見つかる確率は極めて低い。残念ながら、現在のウーバーの規模でもその確率は低く、同サービスは収益性や満足度の低さという問題に悩まされている。とはいえ、ウーバープールが一定規模に達すれば、従来のウーバーのライドシェア・サービスと同様のブリッジングの可能性を秘めつつ、大きな利益を刈り取れるので、主力事業の座を実際に争うようになるかもしれない。

ジンガやサポート・ドット・コムで有名なシリアル・アントレプレナーのマーク・ピンカスが立ち上げたカルゴも興味深いアイデアだ。これは、車内で「囚われの聴衆（無理に話を聴かされる）」状態のライドシェア利用客に、商品を売り込む便利な方法を提供することで、乗客ネットワークと様々な小売販売の機会をつなげるサービスだ。カルゴの宣伝によれば、運転手は月に数百ドル以上稼げるという。これは運転手にとって（ウーバーにとっても）純利益であり、ウーバーの利益に重大な違いを生む可能性がある。

最終的に、ウーバーに埋め込まれている本質的価値は本物であり、無数のブリッジングの機会があるが、上場企業として安定的な時価総額にするためには努力が必要だ。おそらく、あまり期待しすぎないほうがよいだろう。

戦略的な検討項目

ここで、論点を一連の質問項目にまとめた。これらは、起業家や経営層が自社のビジネスについて戦略を策定し、接続するネットワークにおける潜在的な価値創造／獲得の機会を構想するときに、考えるべき項目だ。具体例として、冒頭で取り上げたパーキンソン病のアプリを再び用いることにしよう。

中核サービスは何か。

ほとんどの伝統的な戦略分析と同様に、最もよい始め方は、そのビジネスの最も本質的な価値創出のやり方に立ち返ることだ。たとえば、クールなAIスタートアップの場合、デジタル化してAIで実現しようとする具体的なプロセスは何か。先進的なビジネスの場合、最も基本的な顧客提供価値は何か。パーキンソン病のアプリの場合、基本的価値は日々の疾病進行をデータとして集めて、治療効果を高めることにある。

サービス提供の鍵になるのはどのネットワークで、どのような特徴があるか。強い学習効果やネットワーク効果が働くのか。クラスター化されているか。

このステップでは、その事業がつながりを生み出す中核ネットワークの特性を体系的に評価する。パーキンソン病のアプリにとって最も重要なネットワークは患者ネットワークであり、その最も本質的な原動力は学習効果だ。なぜなら、アプリの患者データはこれまで不可能だった方法で注意深く経過観察するのに非常に役立つからだ。患者が受ける基本的な協調運動の検査から日々の簡単なアンケートまで、有益なデータの集め方は豊富にある。この疾病の複雑さと多くの珍しい症状を考えると、疾病特性はかなりのばらつきがあるロングテール分布を示すので、規模が拡大すればデータが一層役立つ可能性が非常に高い。このため、学習効果が強くなるが、これはアプリにとって良い面と悪い面がある。悪い面は、データが本当に役立つまでには様々な展開が必要になることだ。良い面は、クリティカルマスに達した後、アプリは重要な競争優位性を維持できるだろう。

ネットワーク効果や学習効果が弱い場合、時間をかけてどう強化していくか。提供価値をどのように増大させるか。

ビジネスが成長するにつれて、学習効果やネットワーク効果をさらに促進することで、創出価値を増やす可能性について検討したほうがよい。パーキンソン病アプリでは学習効果がすでに強いが、意味のあるネットワーク効果をさらに推進する機能を追加することで、時間とともに、学習効果がさらに増強される可能性がある。たとえば、参加者間の交流を促す機能をアプリに追加すれば、相互支援、コーチング、難病と闘うためのアドバイスなど、有意義なやりとりが生み出されるかもしれない。このような直接的ネットワーク効果はアプリの競争優位性をさらに維持するうえで役立つだろう。

ネットワーク効果が強い半面、クリティカルマスになるまではほとんど価値を生み出せない場合、どのようにクリティカルマスを実現するか。

これは、昔ながらの鶏と卵の問題といえる。強力なネットワーク効果と学習効果に頼る企業には、こうした効果が発揮される規模になるまで、自力でビジネスを回していく方法が必要となる。パーキンソン病アプリがまさにそうだ。学習効果やネットワーク効果を大いに効かせるには、まだ規模が小さすぎる。

成長を加速させるために、いくつかの戦術を試すことができる。ユーザーを引きつけるために、アプリにコンテンツを搭載してもよい。治療に関するアドバイスやベストプラクティスを示したり、ライブで治療の質問に答えたりする支援サービスに投資することもできそうだ。また、アプリ体験にゲーム要素を加えて、より楽しく魅力的にするのもよい。たとえば、ペロトンのアプリは、フェイスブックのネットワークを活用して、ペロトンでの体験に熱中する愛好家を集めてコミュニティをつくっている。

最も重要な二次的ネットワークは何か。それによってネットワーク効果や学習効果をさら

に高められるか。

中核ネットワークの基本を理解したら、そのビジネスを詳しく調べて、様々な二次的ネットワークの特性を分析し始めたほうがよい。パーキンソン病のアプリでは、興味深いネットワークがいくつか存在する。最も興味深いのは、おそらく医師のネットワークだろう。患者の病気の進行に関するデータが得られ、また患者との交流チャネルが増えることは、医師に大いに役立つからだ。医師や他の医療スタッフがさらにコーチングやアドバイスをしやすくする機能をアプリに搭載してもよい。こうしたサービスによって、アプリに実質的な間接的ネットワーク効果が加わり、競争上のポジションや事業の持続可能性がさらに向上するだろう。患者データが役立つ研究者や保険会社、薬の処方や補充にデータを活用できる薬局など、興味深いネットワークはほかにも多数ある。

ネットワークのクラスター化、マルチホーミング、中抜きに課題があるか。

ここで、その事業が注力するネットワークの特性をもう少し深く掘り下げる。パーキンソン病アプリ事業は、もともとパーキンソン病患者のクラスターなので、その規模は知れている。しかし、アプリが関連ネットワークにつながると、本当に患者に毎日価値を届けられるようになる。エンゲージメントが高まり、関連ネットワークとの統合によって価値が生まれるので、中抜きやマルチホーミングが起こりにくくなるようだ。アプリに蓄積される患者データが増えて、おそらく患者の主治医も巻き込めば、マルチホーミングや中抜きの可能性はさらに遠のく。

価値獲得の最良の機会はどのようなものか。

価値獲得を真剣に考えるためには、まず稼働中のネットワークの特性を理解しなくてはならない。パーキンソン病アプリにつながる様々なネットワークの特性を調べていくと、目につくのは、患者、医師、研究者、保険会社に対して大きな価値を大規模に創出できることだ。しかし、クリティカルマスに達しなければ、その強力な学習効果とネットワーク効果は生まれず、アプリが生み出す価値は限定的になる。ここから考えられるのは、患者や医師からアプリの利用料を取らない戦略だ。それは、アプリの適用とエンゲージメントを促すためにできる限りのことをするべきだと考えられるからだ。

ただし、アプリを収益化する方法はそれ以外にもたくさんある。患者には無料で提供する代わりに、治療において補完的な役割を果たしていて、売上が数十億ドルに上る医薬品企業に対し、彼らが患者への露出を増やしブランド認知を高める機会を提供する見返りに価値を得るといったやり方だ。そうした売上が顕著に増えていけば、十分に余裕を持って、アプリ費用を容易に賄えるだろう。また、(便利で巧みに設計された)ターゲット広告、医師の紹介、保険補助金、匿名化データの収益化機会も検討することができる。全体として、このアプリはかなりよい事業になり、病気の治療と管理に多大な価値をもたらすだろう。

ネットワーク・ブリッジングの機会があるか。中核ネットワークで蓄積可能なデータを用いる場合、他のネットワークにとって価値があるか。

最後に、この事業でさらなる価値創造や価値獲得の機会を得るために、これまで分断されていたネットワークのうち、どのようなネットワークと橋渡しできるかを考えたほうがよい。パーキンソン病アプリの究極の目標は、疾病分類を超えることだが、これらは疾病別に高度にクラスター化されているので、ほとんど接点がない。保険会社であれば、このアプリがパーキンソン病の治療の定番アプリとして成功した後で、異なる環境で似たようなアプリの採用を推進したり、流通チャネルの役割を担ったりすることもできるだろう。医師や他の医療サービス事業者が他の疾患ネットワークにブリッジングすることも可能だ。

＊＊＊

本章では、データとAI主導でデジタル・ネットワークが席巻する時代に戦略を策定する重要なアプローチをいくつか考察してきた。次章では、こうした考え方の戦略的な意味合いを幅広く解説し、その結果として経済の諸分野で見られる競争ダイナミクスについて考えていこう。

Strategic Collisions

第7章　戦略的な衝突

誰か携帯電話の王様を捕まえてくれないか。
——iPhone発売から半年後の2007年11月12日にフォーブス誌がノキアを紹介した巻頭記事より

前章では、企業のオペレーティング・モデルの主な要素をデジタル化すると、新しい戦略上の選択肢が広がり、価値創造や価値獲得の方法が変わることを見てきた。本章では、より広範な競争上の示唆を考察し、デジタル・オペレーティング・モデルを特徴とする企業が伝統的な企業と出会い衝突するとどうなるかを探っていく。

衝突が起こるのは、既存企業がこれまで提供してきたアプリケーション（あるいは、ユースケース）に、デジタル・オペレーティング・モデルの企業が狙いを定めたときだ（図7－1を参照）。デジタル・オペレーティング・モデルは、既存企業のモデルとは異なる規模、範囲、学習のダイナミクスを特徴とするので、衝突が起こると、その産業が完全に

図 7-1　デジタル企業と伝統的企業の衝突

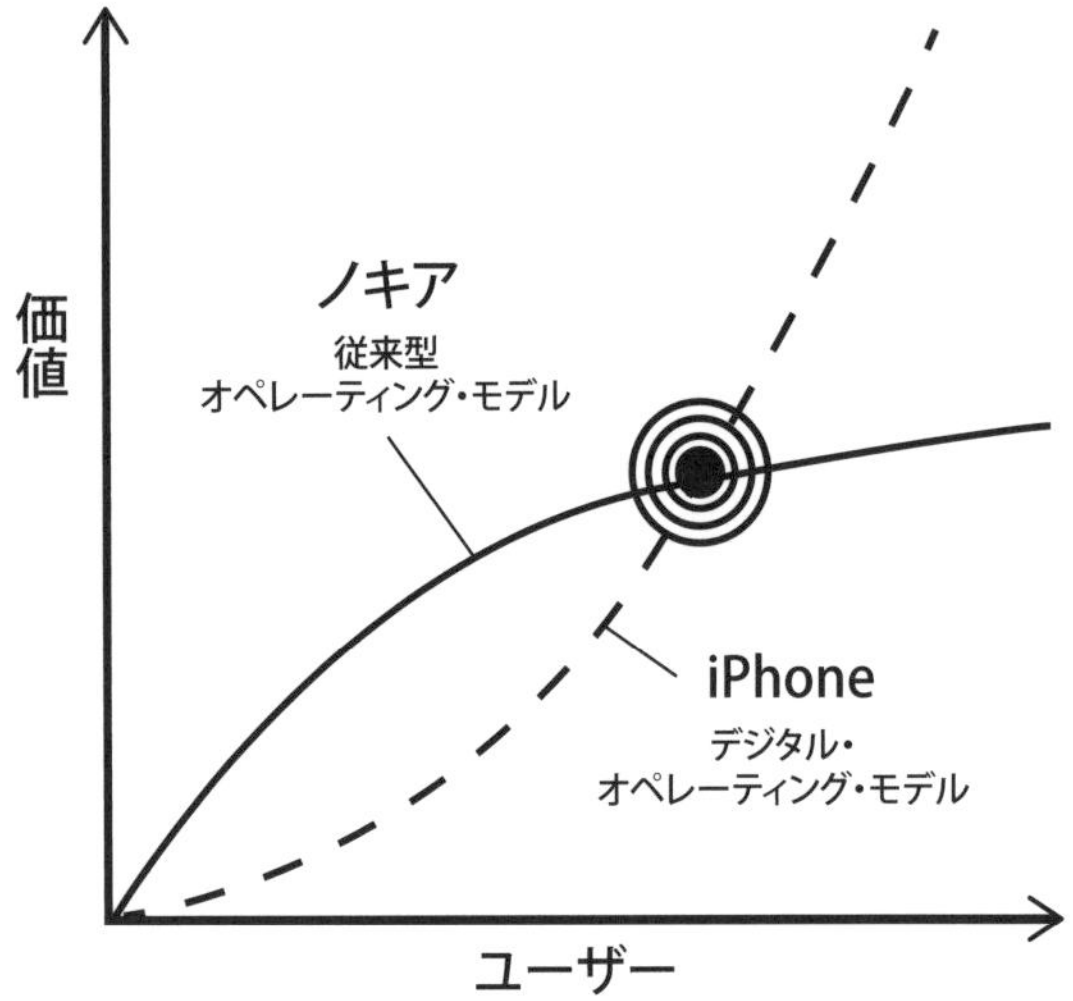

変わってしまい、競争優位性の本質が再形成されることもある。

デジタル・オペレーティング・モデルが従来型オペレーティング・モデルに匹敵する経済的価値を生み出すまでには、かなりの時間がかかる場合もあることに注意しよう。従来型モデルに安住している経営幹部が、デジタル・モデルが追いついてきているのに、最初は信じようとしない理由もこれで説明がつく。しかし、デジタル・オペレーティング・モデルはクリティカルマスを超えて拡大した後、その提供価値は実に素晴らしいものになり、デジタル・モデルを持つ企業は伝統的企業をあっさりと凌駕しうるのだ。その意味するものは経済全体でますます実感されるようになっている。

世界の旅行業界を例にとると、エアビーはマリオットやヒルトンなどのホテル運営会社と衝突している。エアビーは似たようなニーズに対応するが、まったく異なるオペレーティング・モデルで構築されている。マリオットやヒルトンは不動産を所有、管理し、何万人もの従業員が別々の組織で懸命に顧客体験の実現や形成に勤しんでいる。一方、エアビーのリーン組織は仮想AIファクトリー上にあり、データを集約し、入念につくり込んだアルゴリズムを使って、デジタルで状況を把握し管理している不動産オーナー・コミュニティと利用者をマッチングさせる。マリオットとヒルトンのどちらもグループとブランドの集合体であり、縦割りの事業部門や機能で構成され、それぞれ独自のIT、断片的データ、組織構造を持っているのに対し、エアビーのリーンでアジャイルな組織は統合データ・プラットフォーム上にあり、顧客とプロセスの情報を蓄積し、分析してインサイトを導出し、速やかに実験し、予測モデルを作成して重要な意思決定の参考にしている。

エアビーはネットワーク効果と学習効果を積み重ね、規模、範囲、学習を急速に推進している。片や、マリオットの成長や対応力は従来の業務上の制約を受ける。エアビーはわずか10年で450万室以上の貸し出し可能な部屋を持つまでに拡大した。これはマリオットが100年かけて蓄積してきた宿泊施設の3倍の収容能力に相当する。

アマゾンのサプライチェーンやアント・フィナンシャルの信用スコアリング・プロセス

のように、エアビーは人が働く部分をオペレーティング・モデルの中核から端へ、この場合はさらに企業の境界線の外側（ホスト）へと移行させている。新規顧客の獲得、新しい旅行者ニーズの特定、体験の最適化、リスク影響度の分析のために、エアビーは絶えずデータマイニングを行っている。それに伴い、ホストや旅行者のデータがさらに蓄積され、ＡＩや機械学習を活用して新たな知見が抽出され、頻繁な実験を通じて検証されていく。また、同社は急速に範囲を拡大し、コンサートから飛行訓練まで、多様な体験を幅広く提供している。これによって、新たなネットワーク効果や学習効果が促され、価値創造と価値獲得の両方の機会が倍増しているのだ。

世界の旅行市場に揺さぶりをかけるデジタル企業はエアビーだけではない。ブッキング・ホールディングスも強力な勢力であり、ブッキング・ドット・コム、カヤック・ドット・コム、プライスライン・ドット・コムといった傘下のブランドは、エアビーよりも少し前に立ち上がり、目的地15万カ所以上で登録情報は３０００万件にのぼる。エアビーと同じく、ブッキングはソフトウェア重視かつデータ重視のオペレーティング・モデルを可能にするように設計され、従来の業務上の制約を受けることなく、規模、範囲、学習を増大させてきた。また、エアビーと同様、宿泊施設や旅行体験の提供できる在庫を確実に増やす際に、ブッキングの真の成長のボトルネックは社外にしかない。ブッキングの時価総額はすでにマリオットの2倍になっている。

旅行業界は私たちの目の前で様変わりしている。ほんの数年で、エアビーとブッキングは売り上げた宿泊日数を大幅に伸ばし、消費者向けサービスとの抱き合わせ販売を増やしながら、リーダーの座に躍り出てきた。市場集中度は高まり、Ｍ＆Ａも非常に活発に行われている。

マリオットは対応策として、ロイヤリティ・プログラムや関連データ資産における相乗効果を狙って、スターウッドと合併した。時間との戦いの中で、マリオットは合併を進め、エアビーやブッキングのデータ重視の成長マシンに対して競争力を維持するために、オペレーティング・モデルの再構築に懸命に取り組んでいる。ホテル業界は衝突の真っ只中にあるのだ。

衝突の競争ダイナミクス

デジタル旅行会社と伝統的な旅行会社の衝突から明らかになるのは、価値提供における最重要業務の一部をデジタル化した、異なるタイプのオペレーティング・モデルによって既存のユーザーニーズが新しい形で満たされたときに何が起きるか、である。市場ニーズはごく単純で、旅行者が求めているのは宿泊と体験だ。しかし、伝統的なホテルチェーンと違って、エアビーやブッキングは、大規模な従来型組織、ホテルの支配人や営業部隊、煩雑な業務プロセスに頼ることなく、こうしたニーズを満たすシステムを構築してきた。

エアビーとブッキングは旅行業界にソフトウェアのレイヤーを効果的に追加した。それを旅行用OSとして考えてみよう。マリオットは旅行業界のIBM、メインフレーム企業だとすれば、エアビーとブッキングはマイクロソフトのウィンドウズになろうとしのぎを削っている。それによって、既存の業務上のボトルネックを組織の外に押し出し、自社の規模の拡大、範囲の拡張、学習能力に対する制約を取り除いているのだ。

ブッキングやエアビーのようなデジタル・オペレーション企業は、コンピュータのOS企業と同じように、ネットワーク効果と学習効果を活用しながら、自社が生み出す価値を増幅させる。そのモデルの中心にあるのはネットワーク効果だ。旅行者の宿泊需要が増えれば、貸し出す物件をオンラインに登録するホテルや住宅保有者が増え、より多くの物件が掲載されていれば、より多くの旅行者が訪れる可能性が高まる。

データを使って機械学習のアルゴリズムを訓練し、パターン認識や業務上の意思決定を改善すると、学習効果によって提供価値はさらに増幅する。エアビーとブッキングはいずれも、特定ユーザーが容易にクリックし、長く滞留し、マウスポインターを合わせやすいコンテンツの種類など、ユーザー行動に関するあらゆるデータを蓄積している。アルゴリズムはこのデータを使って、コンテンツを選定し、優先順位をつけて、ユーザーのアプリに誘導する。アプリに様々なデータが蓄積されると、ラーニング・アナリティクスはますますユーザーを巻き込むように訓練され、ネットワーク効果を増幅させることができる。[*1] データが多いほど、最適化の精度が上がり、一般ユーザーはそのコンテンツにさらに惹きつけられるだろう。

今一度、旅行業界を例にとると、AIと学習効果とネットワーク効果が連動して、一連の自己強化ループの中で、デジタル・オペレーティング・モデルの価値提案を急成長させている。オペレーティング・モデルの接続数が増えれば、データを生成し蓄積する機会も増える。生成データが多いほど、組織はより優れたサービスを提供できるようになり、サードパーティーはつながりたいと思う。サービスが向上すれば、魅力を感じるユーザーが増え、ユーザーが多くなれば、データも増えて、結果的に学習効果とネットワーク効果は増大する。一般的に、ネットワークが拡大し、生成データが増えるほど、アルゴリズムは賢くなる。そして、アルゴリズムが賢くなればなるほど、規模と範囲に起因する提供価値の増大がより鮮明になっていくのだ。

このようなネットワーク効果や学習効果の自己強化ループによって、競争の性質に大きな違いが生まれる。従来型オペレーティング・モデルで提供される価値は、組織が大きくなると飽和状態に達する。これはつまり、従来型オペレーティング・モデルは競争を許容する傾向があり、新規参入企業が既存企業を脅かせるようになる、ということだ。なぜなら、規模の経済は重要だが、乗り越えられないものではないからだ。新参組の企業は、たとえ小規模でも、興味深く革新的なソリューションを提供すれば、競争力を持つことができた。マリオット・リゾートから宿泊客を奪う田舎の旅館を想像してみてほしい。しかし、ネットワーク効果と学習効果が働いて提供価値が向上するようになると、既存の制約はなくなり、提供価値は増え続け、場合によっては、増加のペースが上がるだろう。ネットワーク効果と学習効果が強く、マルチホーミングと中抜きがめったに起こらない場合であれば、競争上の代替手段の実行可能性は減少し、市場は集中化の方向へと進んでいく。

デジタル・オペレーティング・モデルの提供価値が増大すると、規模、範囲、学習に劣る競合相手に残されているスペースは縮小し続け、伝統的企業が収益性の高いサービスを維持しにくくなる。新しいAI重視の「旅行体験OS」モデルが極めて高い規模拡大の能力を持つ中で、既存のホテル運営会社が消滅することはないにせよ、その利益は「OS」レイヤーに移っていくだろう。このように競争ダイナミクスが変わり、マリオット、ヒルトン、ハイアットなどの伝統的な企業は存亡をかけた戦いを強いられている。

今後の10年間は、数兆ドル規模のグローバル旅行市場の主導権をめぐって壮絶な戦いが繰り広げられるだろう。こうした戦いや多くの似たような衝突がどう展開していくかを把握するために、伝統的な電話機メーカーとデジタル系企業との衝突を振り返ってみよう。旧聞に属する話だが、新しいレンズで分析すると、興味深い洞察が得られる。

なぜノキアは転落したのか

ノキアは1865年に製紙工場として創設され、やがて移動体通信の世界的リーダーへと成長した。フォーブス誌が2007年11月号の巻頭で、業界リーダーのノキアの特集記事を組んでからわずか5年後、同社は完全に崩壊していた。ノキアの携帯電話事業は70億ドルでマイクロソフトに売却された。それは2007年時点の評価額の10分の1以下だったが、その数年後には、わずか数億ドルで転売された。業界を独占する立場にあったノキアは無用の長物に成り下がっていたのだ。[*2]

すべてのことを適切に行っていたように見えた企業に、なぜこんなことが起こりうるのだろうか。出色の製品イノベーション、デザイン、ユーザビリティを誇るノキアは、タッチスクリーン・インターフェースから最初のモバイル・インターネット・ブラウザまで新機能の大部分を発明し、それらはいまだによく使われている。同社のデザインはスタイルと使いやすさで数々の賞を受賞してきた。マーケティング組織は、絶えずユーザーを重視することにかけて他の追随を許さなかった。その製造プロセスは高品質、低コスト、高い営業利益率で知られていた。ノキアは多くの点で、典型的な製品メーカーだったのである。

ノキアは、他の伝統的な大手製品メーカーと似たつくりをしていた。つまり、縦割りで、地理的に分散した、複数の事業部制組織を持ち、特化型の製品チームをつくり、世界中に複数の研究開発センターがあった。ノキアは何百もの研究開発プロジェクトを同時に走らせ、十数カ国の主要地域で何千もの製品を発売していた。製品開発チームは具体的な顧客ニーズに合わせて、統合されたハードウェアとソフトウェアの機能を最適化し、優れたデザインを生み出していた。その製品戦略を支えていたのは、垂直統合の製造プロセスと、対応の早い専用のサプライチェーンだ。地域や市場セグメントごとに調整され、差別化されたモデルやデザインの多様性によって、ノキアの競争優位性は高まっていった。これはすべて、技術力、特許、ブランディング、マーケティングへの投資によって補完されていた。

ところが、製品会社によく見られるように、各製品を最適化し、市場や組織ごとの独自ニーズや状況に合わせるために、ノキアはデジタルの一貫性を犠牲にした。ノキアはSymbian（シンビアン）OSに重点投資したが、それは同社が用いる複数のOSの一つにすぎなかった。また、シンビアン搭載製品の中でも、各携帯電話のソフトウェアは様々なUI（ユーザー・インターフェース）デザイン、フォームファクター（内部構造の規格）、顧客の特徴に合わせて微調整されていた。さらに、開発者用インターフェースは不安定で、一貫性がなく、決してユーザーフレンドリーとは言えなかった。これらが相まって、ノキアの多種多様なモデルやOSバージョン用のアプリをつくる開発者の頭痛の種となっていた。というのも、どのアプリもほぼすべてのノキア製品向けに（手作業で）再設計しなければならないのだ。2008年にノキアがアプリストアOvi（オヴィ）を開設しても、マーケットプレイスに開発者が集まらず、アプリがクリティカルマスに達しなかったことは驚くまでもなかった。

ノキアの事業運営は他の優れた製品企業と同じく、ピンポイントに絞り込んで差別化した製品を製造するために最適化されていたのだ。このため、標準的なデジタル基盤から得られる規模のメリットも、成功しているプラットフォームのエコシステムから得られる範囲のメリットも、一貫したデータアーキテクチャや実験プラットフォームから得られる学習のメリットも一切受けられなかった。

その後、アップルのiOSが2007年に発売され、グーグルのアンドロイドがすぐに続いた。iOSとアンドロイドの携帯電話は、従来のようにバラバラな製品単位を特徴とする縦割りの製品事業ではない。単一バージョンのソフトウェア、つまり一貫性のある単一のデジタル基盤上に構築されていた。iPhoneとiOSが組み合わさったプロダクトは電話のように機能し、ノキアと同等の性能だったが、単一のデジタル・プラットフォームを具現化していた。アップルはすぐに、1980年代以降のPCと同じような考え方で、エレガントで一貫性のあるAPIを提供するようになる。アンドロイドは素早くその後に続き、アーキテクチャもオープン化したので、多彩なスマートフォンのOEM（相手先ブランドによる生産）が可能になった。

ノキアの携帯電話とは対照的に、ｉＯＳとアンドロイドの携帯電話では、サードパーティーのアプリ開発者とサービス事業者が殺到してエコシステムが拡大し続け、携帯電話に組み込まれた中核機能を超えた新たな機能を追加していく。ノキアの断片的な製品ラインと違って、ｉＯＳとアンドロイドの一貫したプラットフォームは、アプリ開発者の大規模なネットワークを生み出し、熱心な開発者を刺激した。その正の強化ループは目覚ましかった。ｉＰｈｏｎｅやアンドロイドのアプリが増えるほど、ユーザーのエンゲージメントが一層高まる。ユーザーのエンゲージメントが高まるほど、トランザクション数が増え、開発者や広告主にもたらされるデータや価値の量が増えていく。

開発者と広告主のネットワークがクリティカルマスに達すると、ｉＯＳとアンドロイドの価値は急上昇した。同じ顧客を相手にする従来のスマートフォンをはるかに凌駕する価値が提供され、価値曲線は急勾配で上昇した。何百万ものアプリが展開され、ｉＰｈｏｎｅとアンドロイドは急に売れ出し、ノキア伝統の製品ベースのビジネスモデルを置き去りにした（図７－２を参照）。ノキアとともに、ブラックベリー、ソニー・エリクソン、モトローラなどの競合他社も業界地図から姿を消した。

スマートフォンにおける衝突は、伝統的な業界リーダーを立ち退かせただけではなく、業界構造を劇的に変えた。事実上、すべての利益は競争の激しいハードウェアのレイヤーから、市場集中度の高いソフトウェアのレイヤーに移行し、ハードウェアとの抱き合わせ

図 7-2　ノキアとアップルの価値曲線

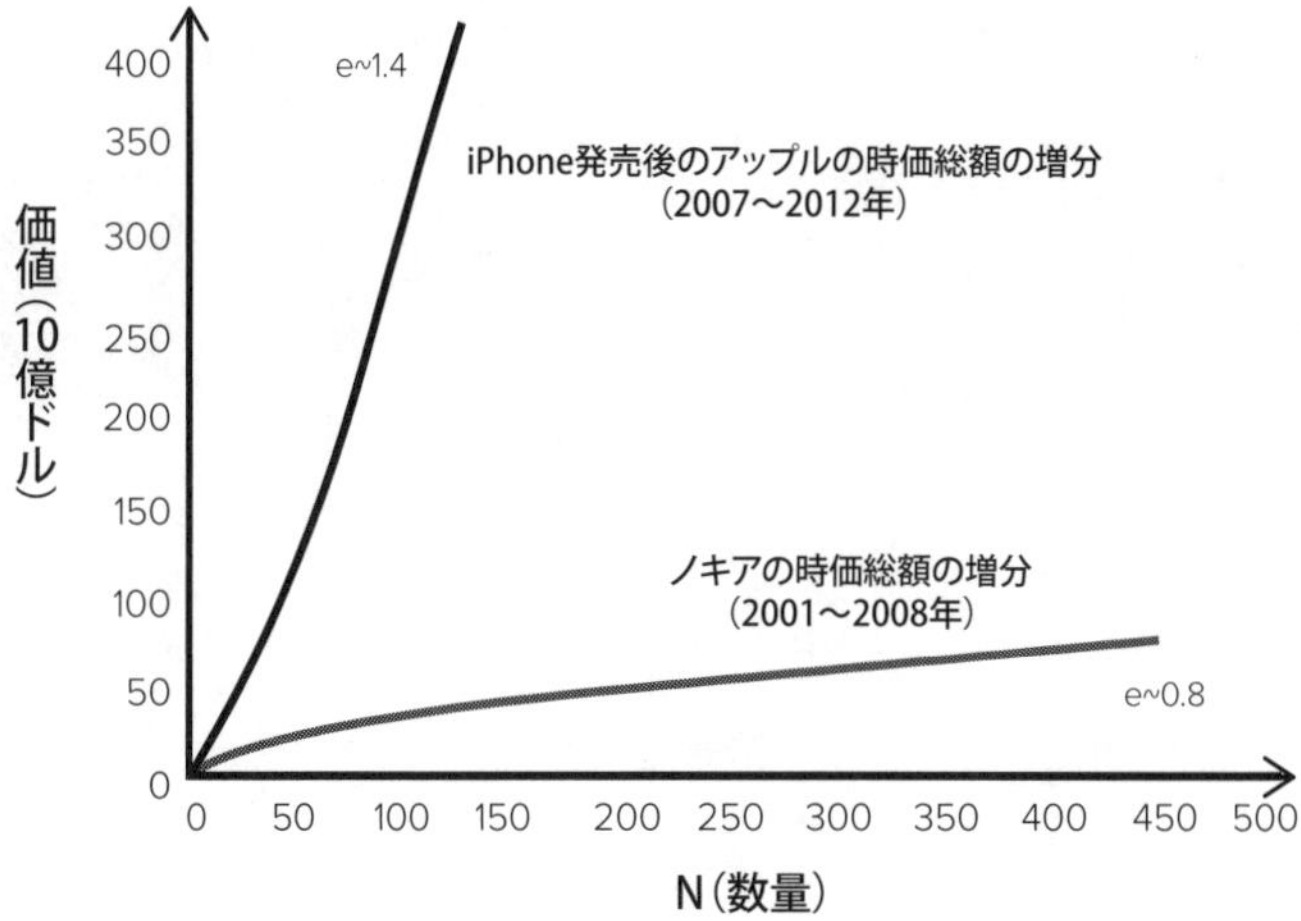

販売、広告、アプリのダウンロード課金といった補完的な収益源を通じて価値を獲得するようになっている。この戦いはまだ終わっていないが、最終的に勝利を手にするのは、すでに世界のスマートフォンの85％以上に搭載されているアンドロイドになりそうだ。

皮肉にも、タッチスクリーン機能、内蔵カメラ、埋め込み検索インターフェース、さらにはアプリやアプリストアなど、私たちが現在スマートフォンと聞いて連想する機能の多くはノキアの発明品であり、２００７年にｉＰｈｏｎｅが発売されるかなり前から導入されていた。実際に、ｉＯＳやアンドロイドに押され気味だった時期においても、ノキアは売上高のなんと

8〜15％も研究開発に資金を投じていた。ところが、iＯＳとアンドロイドはまったく異なる方法で価値を構築するように設計されていた。旅行体験のプロバイダーにとって、エアビーやブッキングがデータ重視で顧客やホストを惹きつける磁石となったように、アプリ開発者や広告主にとって、iＯＳとアンドロイドが磁石となったのだ。市場がひっくり返り、ノキアと競争の性質は変わった。その期間は全体で5年もかかっていない。デジタル・ネットワーク・ビジネスは、ひとたびクリティカルマスに達すると、急成長して市場を席巻し、経済を一変させることができると、ノキアは思い知らされたのである。

新たな脅威に対応するために、ノキアには二つの選択肢があった。一つめが、独自のデジタル・オペレーティング・モデルを構築し、アンドロイドやiＯＳと真っ向勝負をすることだ。ただし、そのためには、縦割りの製品ベースのオペレーティング・アーキテクチャから、ソフトウェアに最適化させたオペレーティング・アーキテクチャへと移行、つまり、単一の一貫したデジタルフレームワーク上で標準化し、ソフトウェア・コンポーネントの設計、エコシステムの発展、データの統合を行うための手法も標準化しなければならない。シンビアンのテクノロジーを構築するだけでは足りなかった。第4章と第5章で取り上げたような根幹に関わる変革が求められていたのだ。

ノキアの第二の選択肢は、スマートフォンＯＳ企業が新たに獲得した優位性を認め、ソフトウェアベースの新規参入者にとって最高の補完業者になることに専念するというものだ。これは基本的にサムスンが行ったことであり、ソフトウェアの戦いを諦め、ハードウェアの機能と部品に特化した。ｉＯＳやアンドロイドが獲得したような価値や収益性には及ばないものの、サムスンは生き残り、ある程度の成功を収めてきた。同社の戦略のユニークさは、業界内で高品質のスクリーンディスプレイを手掛けるごく少数の戦略的サプライヤーになったことだ。これは現在でも収益性の高い（そして重要な）ニッチな分野である。残りのスマートフォンのハードウェアのＯＥＭにとっては、厳しい競争の中で利益が減少しているため、話は違ってくる。とはいえ、そうした逆境にもかかわらず、いまだに生き残っている企業は多い。

興味深いことに、ノキアはどちらの選択肢も実行しなかった。それが急速に衰退した理由なのかもしれない。ノキアは当初、とにかく変化を拒み、既存のオペレーティング・アーキテクチャの中で製品を増やして脅威に対応しようとした。しかし、このアプローチではうまくいかないことが目に見えて明らかになってきても、同社のＣＥＯのスティーブン・エロップはアンドロイドの明確な優位性を認めず、すでに市場シェアで大きく後れをとっていたウィンドウズ・モバイルＯＳに全力を注いだ。ノキアはデジタルの規模、範囲、学習の利得を刈り取ることなく、忘却の彼方へと急降下していった。

多様な業界で繰り返されるパターン

スマートフォンのストーリーは至るところで繰り返される恐れがある。エアビーやブッキングがマリオットやヒルトンに同様の課題を突きつけていることはすでに論じてきた。アマゾンやマイクロソフトのクラウド・コンピューティング・サービスが従来のソフトウェアやハードウェアのプロバイダーに置き換わっているように、アリババやアマゾンなどのマーケットプレイスのプラットフォームが従来の小売業者に置き換わりつつある。デジタルのオーバー・ザ・トップ（OTT）サービス（ネット上でコンテンツを配信するサービスの総称）の動画コンテンツ配信サービス（ネットフリックス、フールー、アマゾン・プライムビデオなど）は従来の有料テレビを脅かしている。新しいフィンテック企業はインターネット上でデータ重視の金融サービスを手掛けることで、伝統的な銀行や保険会社と競争している。経済全体において、急速な規模拡大が可能で、データ重視かつソフトウェア重視のオペレーティング・モデルと、伝統的な企業が衝突している様子が見られる。こうしたモデルは、ネットワーク、データ、AIを活用してパーソナライズを推進し、デジタル・ネットワークを用いてサービス事業者をつなげることでサービスの範囲を広げていく。各業界でその後起こる変革は計り知れない。価値の創造、獲得、提供の全般で競争ダイナミクスと市場構造を塗り替えてしまうのだ。

過去と現在の事例をもう少し見てみよう。

コンピュータ業界

コンピューティング分野では、すでにオペレーティング・アーキテクチャ間の様々な衝突が見られ、そのたびに業界のバリューチェーンの新たな側面がデジタル化されてきた。最も衝撃的な変化は、おそらくメインフレームやミニコンピュータのプロバイダーとＰＣメーカーが衝突した１９８０年代にまで遡るだろう。ＣＰＭ、ＤＯＳ、その後のWindows（ウィンドウズ）やＭａｃＯＳなど、独立したモジュール型ＯＳを持つデジタル・プラットフォーム構造を私たちは初めて目にした。ＣＰＭは廃れていったが、ＭａｃＯＳはその歴史のほとんどで統合的構造を維持し（アップルは独自のアプリケーションを提供）、マイクロソフトは数百個、後に数千個ものＡＰＩとVisual Studio（ビジュアル スタジオ）という使いやすいプログラミングツールを提供することで、ウィンドウズを業界で最も選ばれるＯＳの地位にのしあげた。

ウィンドウズはその結果、デジタル・インターフェースを用いてソフトウェア・アプリケーション制作をモジュール化された活動（標準に準拠すれば、誰もが自由に開発活動に関われる）にすることで、大規模で強力なエコシステムを構築した。ピーク時には６００万人以上の開発者が、様々なアプリ・プロバイダーに所属しながら、ウィンドウズ用ソフトウェア構築を日常業務としていた。この開発者エコシステムは強力なネットワーク効果を生み出し、ウィンドウズの独占は10年以上続き、マイクロソフトのPC用OSの市場シェアはピーク時に90%以上に達した。データ、AI、カスタマイズ広告サービスからの巨額の売上が加わっているものの、グーグルがスマートフォンで支配力を増したのは、多くの点で、昔のウィンドウズのプレイブックを単純に再現したからなのだ。

近年、クラウド・コンピューティングは、ソフトウェア配布プロセスのデジタル化という新たな衝突を引き起こした。クラウドは様々なコンピューティング・サービスを顧客に届けるための新しいビジネスモデルやオペレーティング・モデルとなった。ネットワークベースで柔軟なコンピューティング能力を簡単に利用することができ、コンピューティング、ストレージ、他のアプリケーションやサービスを従量課金で利用することが可能だ。クラウドサービス事業者のビジネスモデルは、従来のソフトウェアOSプロバイダーとはまったく異なっている。というのも、店頭でソフトウェアを販売したり、企業内でオンプレミスのソフトウェアを展開したりする代わりに、効率的にサービスを提供するインフラとして大規模なデータセンターを確立させることが決め手になるからだ。

マイクロソフトはリナックスや他の（主にオープンソースの）代替品に敗れた後に、再びクラウド市場に参戦している。AWSを追いかけながら、ビジネスモデルとオペレーティング・モデルの変革へと大きく乗り出し、ビジネス・アプリケーションに最適化させたクラウドサービスをいち早く手掛けるようになった。ベストバイやコンピュータシティで手に入る箱売りソフトウェアはなくなり、間もなくWindows Server（ウィンドウズ・サーバー）やSQL Server（エスキューエル・サーバー）のように大規模なオンプレミスのプロダクト展開もなくなるだろう。どのソフトウェアも今や、クラウドからオンデマンドで簡単にダウンロードできるようになった。当然ながら、業界リーダーは再び入れ替わり、現在はアマゾン（主にＡＷＳを通じて）とマイクロソフト（変革後）が交互に世界の時価総額トップ企業となっている。

この業界では長い間、衝突に対処してきたので、企業は変革がうまくなった。その背景には、経験もさることながら、他の業界に比べて企業のオペレーティング・アーキテクチャが縦割りや断片的ではないという事実もある。ソフトウェアとデータのプラットフォーム企業として設計されていれば、新世代のテクノロジーを採用するための変革は比較的容易なのだ。

小売業界

いち早くオンライン小売を手掛けたのが、ワールド・ワイド・ウェブの出現とともに１９９４年に設立されたアマゾンだ。アマゾン、ドラッグストア・ドット・コム、ＪＤドット・コム、ペッツ・ドット・コムなど初期の「ｅテイラー（ネット小売業者）」のオペレーティング・モデルは商品購買の取引をデジタル化し、それをオンラインに移行させた。時の経過とともに、オンライン小売業者は事実上のデジタル小売プラットフォームへと成長した。アマゾンはマーケットプレイスを立ち上げて拡大を図り、何千ものサードパーティー販売業者とつながることにより、何千もの商品カテゴリーで前例のない規模と範囲がもたらされた。第4章で説明したように、アマゾンはデータを集約し、ソフトウェア・コンポーネントを共有するために自社のオペレーティング・モデルを再設計している。つまり、強力なデータ重視のオペレーティング・プラットフォームを設計し、小売体験において一筋縄にはいかない変革を推し進めてきたのだ。

伝統的な小売業者は、第一世代のオンライン小売業者に対して比較的うまく対抗した。というのも、変革がかなり限定的だったからだ。オンライン小売業者は広範なデータや分析機能をまだ持っておらず、従来のサプライチェーンがボトルネックになったこともあって、実質的なネットワーク効果や学習効果を生み出せなかった。ペッツ・ドット・コムやドラックストア・ドット・コムなどは結局、従来型店舗ほどには顧客の独自ニーズにうまく対応しきれなかった。オンラインで取り扱われている商品は多岐にわたり、パーソナライズされていない状態では見て回るのが難しかったのに対し、実店舗のスタッフはしっかりと訓練すれば、かなりの戦力になる。それよりも大きな脅威となったのは、アマゾンが再構築したデータ重視でソフトウェアベースのオペレーティング・モデルだ。ＪＤドット・コムやウェイフェアなどの企業はそれを見習った。

この変革は購買取引を単にオンラインに移行するだけではない。データとＡＩ重視で統一的な顧客理解に基づき、オンラインだけでなくオフラインでも小売体験をパーソナライズするという、根本的に異なるオペレーティング手法が求められた（たとえば、アマゾンがホールフーズ・マーケットを買収したことからもわかる）。小売業のサプライチェーンはソフトウェア重視になり、労働者をプロセスの中心ではなく周辺部（たとえば、棚から定形外商品をピッキングする業務）に配置するなどの取り組みで、伝統的なボトルネックや規模の制約を取り払った。２０１０年代後半になると、既存小売業態の崩壊への動きは本格化し、トイザらス、スポーツオーソリティ、ナインウエスト、ブルックストーンなど、あらゆる種類の従来型企業が倒産に追い込まれた。

小売業から導き出される洞察は、事業をオンライン化しても、必ずしも伝統的な業界大手を倒せるわけではないことだ。ソフトウェアとデータ重視のオペレーティング・アーキテクチャこそが違いを生む。一部のオンライン小売業者がこの点を理解した後で初めて、小売業界は真の意味で変貌を遂げた。[*3]

エンタテインメント業界

データ重視かつソフトウェア重視のオペレーティング・モデルを用いて競争し、エンタテインメント産業と衝突して成功した最初の組織は、ナップスターかもしれない。1990年代後半に登場した同社は人々がデジタル化した音楽をオンラインで無料公開――音楽業界の様々なプレイヤーに通常の支払いをすることなく、共有できるようにした。ナップスターは「サービスとしての音楽」を導入したのだ。同社は人気を博したが、法的問題に悩まされ、2001年に撤退している。ナップスター以降、アップルミュージック、スポティファイなどが従来の音楽配信会社と新たな衝突を引き起こし、アメリカ内外で音楽配信のビジネスモデルとオペレーティング・モデルを一変させた。

衝突は音楽から映像の世界へと広がった。1997年に設立されたリアルネットワークスは、インターネットを介した動画ストリーミングを手掛けた最初の企業だ。[*4] 2000年までに、ネット配信動画のほぼすべてで、リアルネットワークスのフォーマットが使われていた。ところが、同社のビジネスモデルはサーバー・ソフトウェア販売に依存し、マイクロソフトやアップルなど既存のソフトウェア事業者との競争で苦戦を強いられた。

ストリーミングサービスが本格的に普及したのは、2005年設立のユーチューブが登場し、2007年頃にネットフリックスがDVD事業からストリーミングサービスへと移行して以降である。ユーチューブとネットフリックスは、消費者にとってより訴求力のある価値提案とともに、専ら音楽ストリーミング事業を手本にして、広告とサブスクリプションを通じた規模拡大に適した価値獲得モデルを採用した。

しかし、ネットフリックスとユーチューブのオペレーティング・モデルには重大な違いがあり、それは競争において重要な意味を持っていた。ユーチューブは小規模なコンテンツ・プロバイダーを集めた巨大コミュニティを持つことで、重要なネットワーク効果を蓄積し、基本的に市場を制覇したのに対し、ネットフリックスのような動画ストリーミングサービスではるかに寡占化されたコンテンツ制作スタジオが映像を制作・提供している。こうしたスタジオにとって、マルチホーミングは日常茶飯事であり、様々な配信プラットフォームでそれぞれのコンテンツを提供している。ネットフリックスのデータや学習の優位性は重要だが、ユーチューブが享受しているような規模の優位性には及ばない。このため、フールーやアマゾンなど多くの企業が同じように競争力を持つことができた。強力なネットワーク効果が働かないので、これらのプロバイダーはそれぞれ制作スタジオとの特別な関係や垂直統合を通じて独自コンテンツを活用することで差別化を図ろうとしている。デジタル企業は現在、膨大なコンテンツ制作予算を持ち、ほとんどのグローバル市場で従来のプロバイダーに戦いを挑んでいる。

グーグル、ネットフリックス、アップル、アマゾンは束になって、従来のケーブルテレビ会社や衛星放送会社と衝突しつつある。インターネットを介した動画コンテンツ・ストリーミング・プラットフォームでＯＴＴサービスを提供し、全世界のユーザー数は数億人に急成長している。これらの企業は蓄積されたネットワーク効果に違いはあるが、それぞれデータ重視のオペレーティング・モデルで競争し、個々のユーザーのニーズに応じて視聴体験の幅広いカスタマイズやパーソナライズを進めてきた。音楽業界と小売業界が壊滅的な打撃を受けて以降、既存のメディア企業は警戒しつつ対応に追われている。コンテンツ提供会社やインターネット・サービス事業者と合併して変革に拍車をかけ、デジタルを中核とした業務を再設計しているのだ。コムキャストとディズニーは、X1プラットフォームの開発からESPNストリーミングサービスまで、重要な進展を遂げた。

エンタテインメントの変革から、他にも興味深いパターンが明らかになる。まず、最初のイノベーターが必ず勝つわけではない。たとえば、ナップスターが姿を消して久しい。単にデジタル・オペレーティング・モデルを展開するだけでは不十分なのだ。イノベーターが既存プレイヤーを脅かすような衝突を仕掛けるには、有効なビジネスモデルも求められる。さらに、伝統的企業と競合するときには、デジタル企業間でも互いに競い合うことになる。その際には、ネットフリックスのように特化型のライバルとして登場したり、アマゾンやアップルのように業界横断で資産やケイパビリティの相乗効果を発揮したりするかもしれない。結果的に生じる規模の経済性、範囲の経済性、学習の経済性によって、各市場における勝者と集中度が形成されていくだろう。

自動車業界

自動車はますますコネクテッドでデジタルになっている。この増え続ける接続性と機能性は、自動車会社の伝統的なビジネスモデルを脅かしつつある。そこで問われるのは、移動中の消費者とつながることの莫大な価値だ。たとえば、アメリカの人々は毎日の通勤に平均1時間を費やしている。この1時間の消費者アクセスの価値は高く、アメリカだけでも数千億ドルにのぼる。

移動中のコネクテッドカーから経済価値を引き出す機会を探るためには、データ重視のデジタル・オペレーティング・モデルが必要となるだろう。運転手や乗客向けに多様なスクリーンやオーディオを通じて、オンデマンド・サービスのマーケットプレイスや、車体に内蔵された機能を使って高度なターゲット広告を提供するモデルだ。ウーバー、リフト、ディディなどのライドシェア企業がその道筋を示し始めているが、最大の機会は自律走行システムにある。運転に注意を向ける必要がなくなれば、消費者はエンタテインメントやソーシャルな交流を求めるようになり、車は車輪つき大型スマートフォンに変わる。そうなれば、創出価値や獲得価値の増分をめぐって新旧企業が争奪戦を繰り広げたとしても不思議ではない。

その最先鋒を行くのがアルファベットだ。モバイル事業ですでに規模を誇るアンドロイドは、自動車ユーザーの行動を形成し、親会社のために価値を獲得する準備が整っている。グーグルマップと広告ネットワークもすでに規模が大きく、車の位置にピンポイントで関連するローカル広告をいつでも作成できる。次のステップは、文字通り、ユーザーを商業的機会へと促すことだ。自動車メーカーは消費者の要求に押される形で、多数の車種でハブ企業にダッシュボード画面へのアクセス権を与え、各社のサービスを運転体験に直接統合してきた。こうした既存の巨大な機会に加えて、アルファベットの子会社であるウェイモは「サービスとしての無人自動車」を開発中だ。この事業だけでも、いずれ数千億円の売上を生み出すだろう。

このような変化は業界を一変させるだろう。このトレンドが続けば、交通機関は車両の所有や体験よりも、乗客を乗せて移動する際に車が提供する利便性やサービスへと比重が移っていく。もちろん、一部の人は依然として実際に運転できる自動車を求めるが、差別化は薄れ、ほとんどの自動車のハードウェアは、アンドロイドのOEMと同様に、ますますコモディティ化するだろう。

他の例で見られたように、自動車業界の変革の影響は自動車メーカーに限定されない。デジタル・ドミノは倒れ続け、保険会社、保守修理事業者、道路建設会社、法執行機関、インフラ企業など、幅広い関連分野を根底から覆していく。多くの地方自治体、州当局、連邦政府は様々な形で自動車税に頼っているので、政府にも影響が及ぶだろう。

ノキアの事例が示唆するように、より寡占型のソフトウェアのレイヤーが出現しているので、自動車メーカーの中核事業はますますコモディティ化していくだろう。需要が飽和し、1車両あたりの稼働率が上がる〔その結果、新たな車の購買が減る〕ので、売上や利益率は浸食される。ハードウェアからソフトウェアやネットワークへと差別化ポイントが移行し、今や自動車メーカーにはほとんどコントロールできないため、価格プレミアムは急落するだろう。

従来の自動車メーカーには何ができるのだろうか。ノキアと同様、二つの選択肢がありそうだ。つまり、アルファベットやアップルのようなハブ企業に挑戦するか、ハブ企業と協力して選ばれる最良サプライヤーになるかだ。どちらの戦略にも難題がつきまとう。前者を選んだ場合、すでに規模が大きく、地図や広告プラットフォームといった重要サービスを擁するアンドロイドやiOSのようなものと必然的に競合することになる。後者では、機能性と市場の力がソフトウェアのレイヤーに移行する中で、自動車のハードウェアとその部品がコモディティ化することに抗わなくてはならない。

既存の自動車事業がおそらくコモディティ化に向かっていく中で、一部の自動車メーカーは、新たに出現してきた自動車におけるソフトウェアやサービスのレイヤーに加わろうとしている。実際に、自動車の利用に応じた従量課金でのサービス提供を準備している企業もある。また数社はすでに主要な自動車サービス事業者を買収したり提携したりしてきた。たとえば、GMはリフトに出資し、ダイムラーはカーツーゴーを買収している。ほかにも、独自の無人走行研究に投資したり、外部事業者と提携したりする企業もある。

重要な問題は、〔新たなモデルでの戦いの〕プロと競うだけの規模、範囲、学習上の恩恵を積み重ねていけるかどうかだ。

自動車メーカーはデジタル変革への投資や、サービスベースの新しいビジネスモデルやオペレーティング・モデルの実験を超えて、デジタル・ハブが行っているやり方で勝負する必要があるかもしれない。競争力を発揮するために必要な規模に達するためには、かつて熾烈な競争をしてきた自動車メーカーがオペレーティング・モデルを再設計し、力を合わせて全体で十分な規模にしていく必要すらあるだろう。

精密な地図と位置情報サービスを手掛けるヒアは興味深い例だ。ヒアの起源は初期のオンライン地図会社のナブテックにある。最初にノキアがナブテックを買収し、最近ではフォルクスワーゲン、BMW、ダイムラーのコンソーシアムが買収した。ヒアは既存自動車メーカーが協力して「連合」プラットフォームを構築しようとする試みの中で、一連の高度なツールやAPIを提供し、サードパーティー開発者が位置情報に基づく広告などのサービスを開発できるようにしている。そうすることで、潜在的な競争上のボトルネックを解消し、グーグルやアップルという明白な脅威を打ち消そうとしているのだ。自動車の価値獲得を既存のデジタル企業に完全に持っていかれないためには、このコンソーシアムは重要な役割を果たすかもしれない。

今後10年は、自動車産業にとって大きな変化と変革を必然的に伴うだろう。従来のメーカーは、この分野に参入してくるデジタル企業が示す競争上のスキル、規模、範囲、学習における優位性を見くびってはいけない。以前からこうしたゲームを戦ってきたデジタル企業は、明らかに新しい競争のあり方をよく理解している。

私たちはどこへ向かっているのか

私たちが目撃しているのは、サービス提供の経済性と性質を変革する新世代のデジタル・オペレーティング・モデルだ。ソフトウェアはデータとＡＩ重視のアーキテクチャとともに、伝統的な業務上の制約を取り払い、業界横断で新世代のビジネスモデルを可能にしつつある。これによって競争が様変わりし、一部の既存市場では、より寡占型で勝者総取りの世界が出現している痕跡がすでに見られる。経済全体で衝突が多発しているので、多様な産業が社会のあらゆることに浸透している新しいデジタルの仕組みを通じて、以前にも増して相互接続するようになってきた。経済全体が、少数のデジタル巨大勢力を中心に形成され、広大で高度に接続されたネットワークのようなものになり始めているのだ。

アップル、アルファベット（グーグル）、アマゾン、バイドゥ、フェイスブック、マイクロソフト、テンセント、アリババなど、本書で取り上げてきた多くの企業のようなハブ企業の世代が台頭してきた。ハブ企業は、既存の競合他社に挑戦状を突きつけるだけに飽き足らず、それぞれのオペレーティング・モデルで異業種を結びつけ、様々な要素をまとめ上げながら、経済の中でますます中心的な地位を占めるようになっている。こうした企業はユーザーのために真の価値を創造すると同時に、創出された価値の大きな比率を獲得し、その比率を拡大させながら、私たちの全員の未来を形成しつつあるのだ。

ハブ企業は個々の市場に影響を及ぼすだけでなく、重要なネットワークに欠かせないつながりを創出し統制する構えだ。アンドロイドOSは携帯電話業界をはるかに超えた競争上のボトルネックを形成し、他の製品やサービスを手掛ける事業者がリーチしたい数十億人の消費者へのアクセスを掌握している。アマゾンやアリババのマーケットプレイスは、膨大な数のユーザーと、膨大な数の小売業者やメーカーを結びつけてきた。テンセントのメッセージング・プラットフォームのウィーチャットは、10億人のグローバルユーザーを集約し、オンラインバンキング、エンタテインメント、交通などのサービス事業者にとって消費者にアクセスする重要ソースとなっている。アリババは未曾有の規模で、ECでの取引を信用調査、投資管理、融資と結びつけてきた。

このようなネットワークに参加するユーザーが増えるほど、企業にとってそうしたネットワークを通じて自社の製品やサービスを提供することの魅力が高まる（使わざるを得なくもなる）。図7－3からわかるように、デジタル巨大勢力は規模、範囲、学習に関する収穫逓増を促進しながら、極めて重要な競争上のボトルネックを制御し、不釣り合いな

図 7-3　現代経済の進化

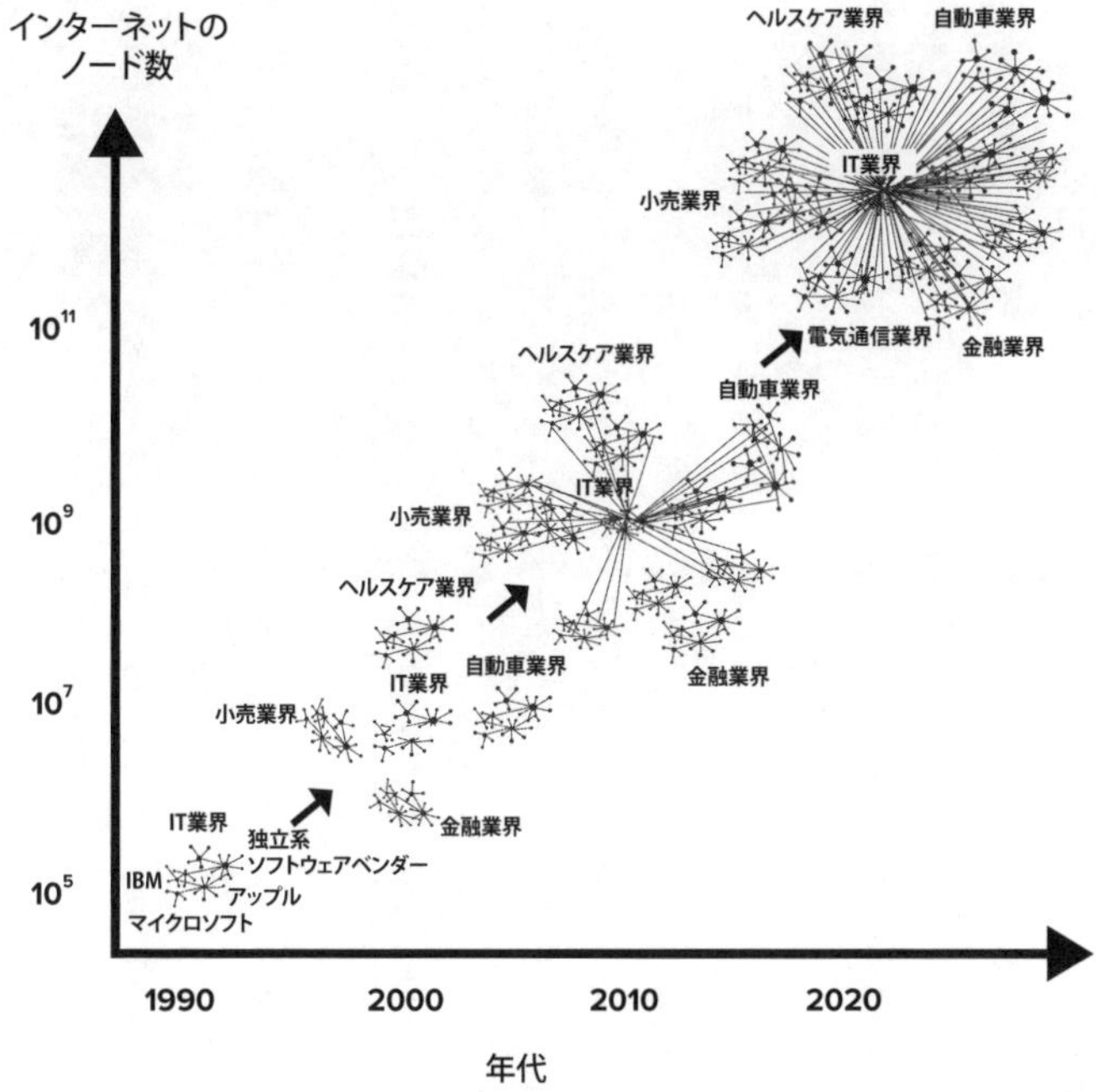
インターネットの
ノード数
10^{11}
10^{9}
10^{7}
10^{5}
1990
2000
2010
2020
年代
IT業界
IBM
マイクロソフト
アップル
独立系
ソフトウェアベンダー
小売業界
ヘルスケア業界
IT業界
自動車業界
金融業界
ヘルスケア業界
小売業界
IT業界
自動車業界
金融業界
ヘルスケア業界
自動車業界
IT業界
小売業界
電気通信業界
金融業界

ほどの価値を引き出し、世界の競争バランスを崩しかねない。みんなが目の当たりにしているように、その影響は経済の範囲を超えた意味を持っているのだ。

従来のプロセスがデジタル・テクノロジーに置き換わる速度は上がっており、指数関数的な変化速度に感じられるほどだ。ソフトウェア・プラットフォームの導入が最初の衝撃となったが、比較的単純なソフトウェア・アプリケーションを急速に凌駕するほど、テクノロジーは高度化している。データ、アナリティクス、AIの影響はいまだ増大中で、道半ばといえる。デジタル・テクノロジーが次第に経済や社会の様々な側面と衝突するようになれば、ノキアがたどったような運命はメディア、銀行、自動車、旅行など多様な業界にとって不吉な兆しとなる。マリオットやヒルトンをはじめとする100年の歴史を持つ企業が、大規模な変革を推進するために投資を行い、異なるデータ資産を統合し、アナリティクスやAIにおけるケイパビリティを開発し、従来型オペレーティング・モデルの再設計に懸命に励んでいる。

このような衝突の影響は、先進企業の運命を形成するだけに留まらず、経済全体や社会・政治システムにも及んでいる。まったく異なる産業が次第に一つの巨大なネットワークに統合されるにつれて、価値と情報の集中によって機会だけでなく、新たな問題も生じている。消費者のプライバシー侵害から、多様なサイバー脅威の出現、偽情報の吹聴、経済格差に至るまで、デジタル・オペレーティング・モデルの広がりは様々な新しい脅威を引き起こしているのだ。

デジタル化が進む経済の中で経営者は進化する役割をよく考えながら、難しい仕事に取り組むことになるだろう。次章では、こうした検討事項をいくつか取り上げよう。

The Ethics of Digital Scale, Scope, and Learning

第8章　デジタルの規模、範囲、学習における倫理

ほかの状況で議論したときにあなたも認めていたように、（あなたの）サービスを推進するアルゴリズムは、高品質の情報を間違った情報や誤解を招く情報と区別するように設計されていません。その結果、特に公衆衛生問題に支障をきたしています……。主な情報源としてあなたのサービスを頼りにするアメリカ人が増えるにつれて、求められている責任をあなたが真摯に果たすことが極めて重要になってきます。何よりも公衆衛生と子どもの健康に関する問題についてはそうです。この重要なテーマに関心を向けていただいたことに感謝します。

――２０１９年２月、下院情報特別委員会議長のアダム・シフ議員（民主党）がサンダー・ピチャイ（グーグル）とマーク・ザッカーバーグ（フェイスブック）に宛てた書簡の抜粋。ジェフ・ベゾス（アマゾン）もシフから同様の書簡を受け取った。

アダム・シフ議員がこのような書簡を送ったきっかけは、アマゾン、ユーチューブ

（グーグルが保有）、フェイスブック、インスタグラム（フェイスブックが保有）で反ワクチン・プロパガンダが拡散したことにある。シフの懸念は根も葉もないものではない。2019年4月までにアメリカにおける麻疹発生率は、この病気が根絶されたと考えられた2000年以降で2番目に高かった[*1]〔アメリカでは予防接種が十分に行われなかったコミュニティで麻疹が流行した。その背景には、ネット上などで麻疹のワクチンに関する誤情報が拡散し、子どものワクチン接種を避ける動きがあった〕。誤った健康情報はアメリカ国内だけの問題ではなく、ヨーロッパ、アジア、南米各地で同様の公衆衛生上の懸念が指摘されている。たとえば、中国の規制当局は、検索エンジンの広告経由で怪しげな医療情報を拡散させているとして、バイドゥを厳しく取り締まった。

ユーチューブやバイドゥのようなプラットフォームの持つ、情報をターゲット層に広く伝える力は明らかに、偽情報を武器にバイアスを煽るエンジンでもある。デジタル企業が規模、範囲、学習に関する収穫逓増を実現させるのと同じ要因によって、重大な負の効果が生じてしまう可能性があるのだ。

その結果、デジタル・オペレーティング・モデルは新タイプの倫理的課題を提起し、経営者が直面する問題を変えつつある。新しいデジタルシステムの心臓部である学習アルゴリズムは、誤解を招く広告のターゲティングや作成から、ユーザーの個人情報を引き出すためにソーシャル・ネットワークで使う超リアルな偽のペルソナ作成に至るまで、不正確で有害な情報の加工、最適化、増幅に悪用されかねない。また、ＡＩを加速させるのに必要な膨大なデータセットはサイバー攻撃に弱く、あらゆる種類の機密情報を危険にさらすことで消費者のプライバシーを脅かしている。

ビジネスリーダーは顧客、従業員、株主、パートナー、関連コミュニティに対する組織としての責任を常に考慮すべきだと一般的に受け止められているが、デジタルを活用したビジネスがステークホルダーに損害を与える可能性は、従来の企業倫理の枠組みやガイドラインで扱える範囲が試されるような問題を提起している。

私たちはこうした課題を主に5つのカテゴリーに分類している。デジタル増幅、バイアス、セキュリティ、コントロール、不平等である。こうした課題が引き起こす問題は、テンセント、ターゲット、フェイスブック、エクイファックスと同じく、あらゆる事業がデータ、アナリティクス、ＡＩによってますます強化され、デジタル・ネットワークと接続している多様な組織にも当てはまる。このような要因が合わさると、新たな倫理的課題が増幅するのだ。新旧を問わず、企業のリーダーは、新たに展開中のデジタル・ケイパビリティが意図しない形で、あるいは、想像すらしていなかった形で利用されるとともに、誤用されかねないことも認識しておく必要がある。

さらに言うと、本章で取り上げる課題は経営者、リーダー、市民である私たち全員に影響を及ぼすものであり、もはや知らなかったでは済まされない。確実に組織や政治・社会システムを健全な状態に保つためには、私たち一人ひとりが、デジタル・オペレーティング・モデルがもたらす問題の本質を理解しなければならないのだ。そうした問題が起きていることがわかったときに、すぐに行動に移せるように、私たち全員が準備しておかなければならない。

デジタルによる増幅現象

アマゾン、フェイスブック、グーグルに宛てたシフ議員の書簡は、閲覧、購入、広告クリック、個人のエンゲージメントを最適化するために用いられるアルゴリズムをやり玉に挙げていた。しかし、クリック数や稼いだ金額に基づいて報酬を得る単純な学習アルゴリズムでさえ、バイアスや問題のある考え方を強化するコンテンツを提供すれば、すぐに危険なものになりかねない。また、自分の見解を強化するコンテンツに影響を受けやすいユーザーを効率的に探し出すことができる。このようなアルゴリズムが埋め込まれたオペレーティング・モデルの規模、範囲、学習能力の大きさが意味するのは、有害なメッセージが文字通り何億人もの人々向けにカスタマイズされ、ターゲティングできるということだ。

草の根の反ワクチン運動は、ある種の予防接種が深刻な病気を引き起こすと考える人々のコミュニティ活動に支えられている。この運動の歴史は18世紀にまで遡るが、近年ではソーシャル・ネットワーク、動画配信ストリーミングサイト、ターゲット広告テクノロジーによって、その影響が大きく増幅されている。260万人のフェイスブック・ユーザーを対象に7年半にわたって分析した2017年の調査では、反ワクチン・コンテンツの消費はエコーチェンバー現象（反響室のように狭くて同質的なコミュニティ内でコミュニケーションを繰り返すことで、偏った考え方が増幅されていく現象）によって後押しされているとがわかった。つまり、ユーザーは自分の信じていることを肯定する投稿だけを見て、反対意見を無視し、自分のバイアスを強化するフェイスブックグループに参加していたのだ。[*2]

その影響の大きさには目を見張ってしまう。テキサス州だけでも、2018年に少なくとも5万7000人の学童が医療以外の理由で予防接種の対象から外され、その人数は2003年から20倍に増えていたのだ。[*3] 欧米の保健当局は、過去10年間に麻疹や百日咳などの危険な疾病が大流行したのは「反ワクチン」運動のせいだと非難している。[*4]

反ワクチン運動は決して特殊なものではない。反ワクチン運動を勢いづけたのと同じ手法や仕組みが、あらゆる種類の（特に政治的、社会的、宗教的な）エコーチェンバーを組織的につくり出すために使われている。これらのエコーチェンバーはある意味で、長年、ケーブルテレビやラジオを特徴づけてきたものと似ている。ただし、伝統的なメディアはデジタル・ネットワークほどの規模にはなかなか到達しない。一方でグーグルの検索結果やフェイスブックのソーシャル広告を生成するアルゴリズムは、ユーザーが目にする情報を自動的にパーソナライズして、ユーザーのエンゲージメントを最大化することができる。さらに、既存メディアでは、同じ好みを持つ個人に、限界費用ゼロでコンテンツの共有を促すような積極的なユーザー・エンゲージメントは実現できない。[*5]

たとえ害を与えたり、見方を変えさせたりしようという組織的な意図がなくても、デジタルの規模、範囲、学習はあらゆるバイアスの影響を増幅させることがある。これを最初に明らかにした研究者が、私たちの同僚であるマイク・ルカ、ベン・エデルマン、ダン・スバースキーだ。彼らのエアビーに関する研究によると、アフリカ系アメリカ人らしき名前の人は、ヨーロッパ系らしき名前の人に比べて、エアビーのホストがゲストとして受け入れる確率が16％低かった。他の研究者が行ったその後の調査でも、エアビーのホストが同じく、イスラム系らしき名前の人、障害者、ＬＧＢＴＱコミュニティのメンバーに対して差別的であることがわかっている。[*6]

金融サービスでも同様のバイアスに悩まされている。貧困コミュニティに金融サービスの機会を提供することを明確に目標に掲げるキバのようなマイクロファイナンスのプラットフォームでさえ、バイアスを悪化させていることがわかってきた。[*7]

エアビーやキバでは、差別を煽るような組織的な取り組みは行われていない。住宅所有者、さらには進歩的な資金の貸し手ですら持っている暗黙の（潜在的な）バイアスの影響を、デジタルシステムが増幅させただけだ。たとえ本当に悪質な行為をする個人の割合が少ない、あるいは、ほとんど存在しなかったとしても、デジタル・オペレーティング・モデルにおける増幅の可能性は多くの人々に悪影響を及ぼしかねないのだ。

残念ながら、人間のバイアス、不和、誤った情報の激化だけが、新たに出てきた倫理的課題ではない。私たちは、デジタル・アルゴリズムに内在するバイアスを検証することで、考察を広げていく必要がある。

注意すべきアルゴリズムのバイアス

一般的に、アルゴリズム構成時に置いた前提と入力データの品質によって、そのアルゴリズムが生成する予測の品質が決まるとされる。よく言われるように、「ガーベージ・イン、ガーベージ・アウト（ゴミを入れれば、ゴミが出てくる）」だ。アルゴリズムでよく起こるバイアスは2タイプある。どちらもAIを使った意思決定に重大な欠陥をもたらしかねないので、じっくりと見ていこう。

選択バイアス

選択バイアスは、入力データが分析対象の母集団や状況を正確に代表していない場合に生じる。たとえばアマゾンは2018年に、社員の業績に基づいて求職者をスクリーニングする社内人事システムでは、女性求職者のポテンシャルの評価が低くなることを発見した。なぜなら、予測を支える基本データが主に男性エンジニアの履歴書に基づいていたからだ。[*8] ロイター通信によると、「『女子チェス部キャプテン』のように『女子』という文言を含む履歴書は不利になっていた。また、二つの女子大学の卒業生は低く評価されていた」という。同様の問題は、金融、保険、法律の執行など、幅広い活動で起こっている。性別（あるいは人種）を明示的（暗黙的）に含むデータで訓練されたアルゴリズムによって、融資を断られる状況を想像してみてほしい。

選択バイアスが引き起こす問題は、日常的なビジネス上の意思決定に留まらない。たとえば、MITメディアラボのジョイ・ブオラムウィーニとマイクロソフトリサーチのティムニット・ゲブルが2017年に実施した共同研究では、マイクロソフト、IBM、中国企業の曠視科技（Face++）が共同開発したAIベースの顔認識ソフトウェアは、白人男性の性別の識別はほぼ常に正しかったが（99％）、黒人女性はわずか65％しか見分けられなかったという（3社は訓練データについて説明していなかったが、これは同業界でありがちな過ちだ）。[*9] ブオラムウィーニがTEDトークで述べていたように、主に白人の顔で構成された訓練データセットがこの不一致を引き起こしたのかもしれない。「訓練セットが十分に多様でなければ、確立された標準と大きく違う顔は検出されにくくなる」[*10]

2016年、AIが審査する国際的な美人コンテストを開催したロシア企業のユースラボラトリーズも同じ罠にはまった。この「ビューティーAI」コンテストの後援企業には、マイクロソフトやエヌビディアなどが名を連ねていた。[*11] アフリカやインドから数千人の応募があったが、44人の受賞者のほとんどが白人で、アジア系が数人、アフリカ系はわずか一人。ユースラボラトリーズのCTOとコンテストの最高科学責任者は、この結果は訓練データセットに多様性がないからだと非難した。デジタルメディアのヴァイスの編集者であるジョーダン・ピアソンが指摘するように、ビューティーAIは、既製のオープンソースのデータセットでアルゴリズムを訓練していた（バイアスを広めかねない一般的な手段だ）。

ラベリング・バイアス

バイアスはデータのラベル付けやタグ付け（よくクラウドソーシングで行われるタスクである）の際にも生じる可能性がある（第3章を参照）。エミエル・ヴァン・ミルテンバーグの2016年の論文によると、クラウドワーカーがラベル付けした3万枚以上の画像で構成されたFlickr30kデータセットを調査したところ、女性と男性が写っている画像に、「女性と上司の会話」とタグ付けされるなど、クラウドソースのラベルの多くにバイアスが見つかったという。「クラウドソーシングを用いた画像説明はバイアスがかかる」と、ミルテンバーグは見ている。[*12]

ラベリング・バイアスの例には枚挙にいとまがない。２０１７年、プリンストン大学とバース大学のコンピュータ・サイエンティストは、良識的だと思われるタグ付けプロセスを経た後で、一般的に使われている機械学習モデルでは、「女性」「女」という言葉は家事や芸術・人文科学系の職業と、「男性」「男」は数学やエンジニアリング分野の仕事と関連付けられていることを発見した。[*13] ガーディアン紙の報道によると、このモデルは「ヨーロッパ系アメリカ人の名前を『贈り物』や『幸せ』など心地よい言葉と関連付ける傾向が見られたのに対し、アフリカ系アメリカ人の名前は『虐待』や『悪』など不快な言葉と関連付けることが多かった」ともいう。[*14]

同じく、バージニア大学のビセンテ・オルドニェスとワシントン大学のマーク・ヤツカーが２０１７年に行った研究では、マイクロソフトとフェイスブックが提供に協力した研究画像にジェンダーバイアスが見られた。料理の画像は女性に、スポーツの画像は男性に関連付けられていたのだ。[*15] 人間のバイアスはタグ付けプロセスによって事実上、増大していることがこれで証明された。ワイアード誌の説明にあったとおり、「データセットで訓練した機械学習のソフトウェアには、こうしたバイアスが反映されていただけでなく、バイアスを増幅させていた。データセットの写真が総じて女性を料理と結びつけていた場合、その写真とラベルを学習して訓練されたソフトウェアは関連付けを強めて示すことさえあった」。

専門家がタグ付けしたデータにもバイアスがかかってしまう。過剰治療バイアスなど、医療診断におけるバイアスが容易にラベリング・バイアスに変換されることは研究で示されてきた。[*16] アルゴリズムで様々な病理を識別するのを支援するために、専門医がデータセットにラベル付けする医療画像では、バイアスが特に問題となっている。ハーバード大学イノベーションサイエンス研究所で私たちが行った研究では、口腔顎顔面外科の医学者や歯科医師はX線を用いた検査の際に約50%の歯科疾患を見逃していた。そうやってラベル付けされたデータセットは、医師の間違いを取り込むだけでなく、増幅もさせてしまう。専門家がラベル付けしたデータを使う場合、客観的な結果の測定値(「**グラウンドトゥルース**」とも呼ばれる)が不可欠だが、入手がひどく困難な場合がある。

何らかのアルゴリズムのバイアスは事実上、避けられないものだ。選択する際、訓練データが無限なことはありえないし、考えうる状況をすべて網羅できるわけでもない。ラベル付けのプロセスはそもそも観察結果の解釈を単純化し、ラベル付けを行う人の知識や見解によって制限を受ける。より一般的に言うと、アルゴリズムは特定の目的のために設計されており、それ自体がある種のバイアスを生んでしまうのだ。

あるソーシャル・ネットワークで表示されるコンテンツを形成する、ニュースフィード型のアルゴリズムを例に取ろう。どのような目的でこのアルゴリズムを設計すればよいか。エンゲージメントを最大化するためか。広告費を最適化するためか。機密データの利用を避け、消費者のプライバシーを保護するためか。表示情報の正確さを保証するためか。機密データへの依存を最小限にするためか。こうした基準は、他の多くの基準とともに重要だ。アルゴリズム設計者は具体的な設計方法において、とても厄介な倫理的課題とトレードオフに向き合い、思慮深い決定を下す必要がある。アルゴリズムがリアルタイムでこの種のトレードオフを処理して、何百万や何十億もの人々にコンテンツを誘導する場合、ミスが広範囲に及ぶ可能性が高い。

アルゴリズムのバイアスに関する研究は、様々な意味でまだ始まったばかりだ。バイアスを完全に取り除くのは不可能だが、大切なのはそれが至るところに広がることを理解し、バイアスを減らすように取り組むことだ。そのため、経営者がこの現象を理解し、重要な対策を支援することが肝になる。第一に、モデルの選択が極めて重要であり、慎重に選んだ目標に合致させなくてはならない。第二に、アルゴリズム訓練用のデータセットは、慎重に選定し、透明性のあるソースを使用し、アルゴリズムで解くべき問題に十分にふさわしく、よく代表するものでなければならない。

こうした考察から、関係者が全員正しいことをしようとする場合でも、アルゴリズムに関するオペレーティング・モデルの倫理的課題は相当複雑なことがわかる。しかも残念ながら、現実はそれほど甘くないのだ。

サイバーセキュリティ

アリババ・クラウドは毎日2億件のブルートフォース（総当たり）攻撃、2000万件のウェブハッキング攻撃、1000件のDDoS攻撃をブロックしている。[*17] これは氷山の一角にすぎない。サイバー攻撃の規模、頻度、影響を考えると、怖じ気づいてしまうほどだ。AIの成長と、必要とする膨大なデータセットの蓄積により、問題は悪化の一途をたどるだろう。さらに、デジタル・オペレーティング・モデルの力が不正目的のために事実上ハイジャックされることで、まったく新しいタイプのサイバー攻撃が出現している。

情報漏洩

これまでにも起こってきた情報漏洩から始めよう。エクイファックスの事例を取り上げたい。2017年9月、エクイファックスはユーザー1億4790万人（アメリカの人口のほぼ半分）の名前、社会保障番号、運転免許証番号、クレジットカード番号、生年月日、住所などが流出したことを公表した。[*18] 機密性の高い個人情報を1カ所に集めたことで、エクイファックスの元マネジャーが言う「悪夢のシナリオ」につながる状況が生まれてしまったのだ。ウォール・ストリート・ジャーナル紙が報じたように、それは回避できたかもしれない事態である。同紙によると、「リチャード・スミスがCEOに就任した2005年当時、エクイファックスは地味で低成長の信用調査会社だった。彼は蓄積してきた消費者に関するデータ量を拡大し、収益化することで、企業変革に乗り出した」という。*[19] スミスは問題が明るみに出た後、退任した。

実は、攻撃を仕掛けたグループは、特にエクイファックスを狙っていたわけではなかった。米国会計検査院によると、エクイファックスの情報漏洩は、特定の脆弱性を含むサイトを広範囲に検索している間に生じたようだ。攻撃者が利用したのは、企業向けアプリケーション制作に用いられるApache Struts（アパッチ・ストラッツ）というオープンソースのフレームワークである。*[20] この脆弱性はリモートコードの実行を可能にし、第三者がプログラムのインストール、データの閲覧、変更、削除、さらには新しいアカウントの作成すらできるようになっていた。

攻撃者がエクイファックスのウェブサイトの脆弱性を見つける2日前に、国家サイバーセキュリティ通信総合センター（NCCIC）はこの問題について指摘していた（スミスは、NCCICの警告を受けてソフトウェアの更新を行わなかったとして、従業員の一人を非難した）。*[21] この穴を見つけた攻撃者グループは、エクイファックスのシステムに素早くアクセスし、暗号化されていない多数のユーザー名やパスワードを含むデータベースを突き止めた。エクイファックスの認証情報を装備した攻撃者は、やがてエクイファックスのファイアウォールの背後にある50以上のデータベースを見つけてクエリを実行。通常のネットワーク活動に見えるように攻撃をうまく隠し、76日間発覚しなかった。[*22]

情報漏洩に続いて、エクイファックスの経営陣がとった言動もお粗末だった。同社は2017年7月下旬にハッキングを発見したが、それから1カ月以上発表を遅らせた。ハッカーが幅広い個人顧客情報を集めたことを知った後でも、である。この間、エクイファックスのCFOと他の二人の経営幹部は、合わせて約200万ドル相当の株式を売却した。[*23] 一方、消費者と投資家は、史上最大規模の個人情報漏洩で、こうしたデータがすべて流出したことを知らされずにいた。

エクイファックスだけではない。過去10年間で、多くの企業がサイバーセキュリティを破られたことを認めてきた。ハッカーの餌食となってきた組織は多数にのぼり、マイクロソフト、マリオット、アンダーアーマー（スポーツ用品会社）、ソニー・ピクチャーズ、国際サッカー連盟（FIFA）、アンセム（医療保険会社）、米国郵政公社などが含まれる。このような情報漏洩により、消費者の個人情報、バグトラッキング・データ、クレジットカード番号、患者のカルテ、従業員の詳細情報、さらにはソニー・ピクチャーズCEOの家族の健康記録までもが流出した。ある有名な言葉を引こう（ジョン・チェンバースの言葉とされることもあるが、もともと2012年にロバート・ミューラーが語ったようだ）。「企業には２タイプある。ハッキングされたことを知っている企業と、ハッキングされたことを知らない企業である」[*24]

組織のリーダーに顧客、従業員、パートナーから得た情報を保護する基本的な法的・倫理的義務があることは、今や十分に明らかになっている。しかし、データ依存度が高まり続けるにつれて（アナリティクスとＡＩの両方でデータが必要なことを考えると、衰える気配のないトレンドである）、この課題はますます厳しくなっている。もちろん、サイバー攻撃から企業を守るためにソリューションを提供してくれるコンサルタントが不足しているわけではない。２ファクタ認証や公式のＩＴセキュリティ・ガバナンスの枠組みなど、ベストプラクティスを採用する企業も増えている。これは間違いなく重要な動向だ。

しかし、セキュリティ・テクノロジー、ガバナンス、研修への一般的な投資以上に、経営者はデータ保護の責任があることを認識しなければならない。エクイファックスはというと、現在は消費者金融保護局と連邦取引委員会からの処分を待っているところだ。[*25]

エクイファックスの情報漏洩は、旧式のシステム、難解なセキュリティ実施手順、組織プロセスの混乱、サイバーセキュリティを重視するリーダーが全体的にいないことが原因で起きた。[*26]しかし、こうした侵害が広く見られるということから、サイバーセキュリティが共通課題である事実が浮き彫りになってくる。旧式のＩＴシステムを更新し、サイバー空間における脅威を防止し検知する多様なテクノロジーやサービスにお金をかけることから、適切なカルチャーやケイパビリティを構築することまで、予防のための投資は欠かせない。さらに、情報漏洩が見つかったときに対応や連絡が遅れれば、企業や消費者の損害を大幅に悪化させる恐れがある。したがって、企業はリアルタイムの業務上の課題として、また法的・倫理的責任として、サイバー対応の仕組みを理解し、シミュレーションし、配備することにも投資したほうがよい。

ハイジャック

セキュリティの課題は従来のサイバー攻撃だけに限らないと認識することも大切だ。私たちが現在目にしているのは、不正目的でデジタル・オペレーティング・モデルを巧みにハイジャックする新手の攻撃だ。たとえば、こんな例がある。2019年3月、ニュージーランドのクライストチャーチにある二つのモスクで50人を殺害した犯人は、その様子をボディカメラで撮影し、フェイスブックでライブ公開した。約200人がオリジナルの動画ストリーミングを視聴したと思われるが、誰一人として警告のフラグを付けなかったようだ。

17分間のライブ配信が終わって約45分後に、警察からフェイスブックに連絡があり、すぐにこのコンテンツは削除された。しかしその時点で、再生回数は約4000回にのぼっていた。続く24時間にわたり削除に奔走したにもかかわらず、この動画はソーシャルメディアで共有され続け、イスラム教徒への暴力をさらに煽る投稿も多く見られた。

フェイスブックによると、この動画のコピーをネットワークにアップロードする試みは150万件以上を数え、そのうち120万件は見つかって削除された。しかし、再編集、音声の変更、ウォーターマーク（透かし）やロゴの追加などの変更を加えて、フェイスブックの規制をくぐり抜けたものも多い。ユーチューブでも同じような難題に何度も遭遇し、多大な努力の甲斐なく、関連動画の配信を止められなかった。ユーチューブの最高製品責任者のニール・モーハンの言葉を借りれば、「これは口コミを広める目的でつくられた悲劇」である。*[27]

最近では、デジタル・ハイジャックの背後にロシアが存在し、英米など各国の政治キャンペーンに影響を及ぼしている証拠も見られる。実際に、2018年2月16日に米司法省は、バイアスを広めて「アメリカの政治制度に不和の種をまき」、2016年にトランプ陣営を支援するために広範な犯罪行為に及んだとして、13人のロシア人とロシア企業3社を提訴した。*[28] ロシアの諜報活動の最前線として疑われるインターネット・リサーチ・エージェンシーという企業を中心に行われ、「選挙と政治プロセスの妨害作戦に関与した」とされる。

起訴状によると、インターネット・リサーチ・エージェンシーはアナリティクスや検索エンジンの最適化などのオンライン業務に数百人を雇用していた。また、ユーチューブ、フェイスブック、インスタグラム、ツイッターでの「作戦」に80人程度を貼り付け、ソーシャルメディア上で広告の生成や購入、偽アカウントやペルソナの作成、インターネット・リサーチ・エージェンシーの計略を進めるためにデータとアナリティクスで最適化しターゲティングされたコンテンツや動画を投稿したことも記載されている。

このような活動の範囲や効果にはまだ議論の余地があるが、重要な州でアフリカ系アメリカ人の投票を抑制したり、民主党候補者バーニー・サンダースの支持者を遠ざけたりするのに、特に効果があったようだ。*29 最も驚いてしまうのは、おそらく作戦の規模だろう。少なくとも1億2600万人のフェイスブックのユーザーにリーチしたようだ。3万6000個のボットで140万回ツイートして2700個以上のツイッターのアカウントにリーチしたことは言うまでもない。

企業に求められるセキュリティ対策

デジタル・オペレーティング・モデルによって組織の規模、範囲、学習のケイパビリティが増幅するにつれて、社会は新たな幅広いサイバーセキュリティ課題に一層さらされるようになっている。こうした脅威は、従来のプライバシー侵害に始まり、アメリカの社会制度や政治制度の基盤を狙った、組織的で巧妙さを増すキャンペーンにまで広がっている。これは断じてグーグルやフェイスブックだけの問題でない。ソニー・ピクチャーズからエクイファックスまで、あらゆる業種の新旧企業に及ぶ課題である。

多くの企業がこの新世代の犯罪者と戦うために大規模な取り組みを展開しているが、エクイファックスの事例が示すように、弱いつながりが一つあるだけで、この問題は始まってしまう。クライストチャーチの最初の動画にフェイスブックが注意を向けたきっかけは、警察からの連絡だったが、もっと早期に問題提起する視聴者が多ければ、大規模な再投稿は減少していたかもしれない。こうした危険から身を守るために、私たち一人ひとりが参加しなければならない。この課題の規模と範囲が拡大を続ける中で、個人も、経営者も、企業や政府のリーダーも協力し合う必要があるのだ。

すべての有害な事件が簡単に特定できるわけではなく、必ずしも違法とは言えない点にも注意しなくてはならない。本格的なサイバー攻撃と、第三者が承認を得て透明性のある形で顧客データを利用することの間には、多くのグレーゾーンが存在する。デジタル・オペレーティング・モデルを互いに接続する多数のインターフェースは、デジタル経済が決定的に依拠するビジネス・ネットワークを可能にしているが、そこから日常的にグレーゾーンが生み出されている。ここで持ち上がってくるのが、プラットフォームのコントロールに関する問題だ。

プラットフォームのコントロール

全体的に、私たちはただツールをつくるだけでなく、
それが確実によいことのために使われるようにする責任がある。
――マーク・ザッカーバーグ（フェイスブックCEO）、2018年の米上院公聴会にて

フェイスブックは、ほとんどのプラットフォーム企業と同じく、そのエコシステムを形成しコントロールし、自社のツールやテクノロジーが害を及ぼさないよう徹底させようとしている。しかし、そうしたコントロールを適切に行う方法はまったく自明ではない。言論の自由を損なわない形でザッカーバーグの言う「よいこと」をどう定義すべきか、フェイスブックのような組織（そうした組織は独自のカルチャーや政治的傾向を持っているものだ）が私たちに代わって意思決定することをどれだけ信用してよいのかが議論されている。しかし、ある程度のコントロールを欠けば、データに溢れるデジタル・プラットフォームがあらゆる種類の問題の元凶になりかねないのだ。

2015年12月、ガーディアン紙は「知名度の低いデータ企業」（ケンブリッジ・アナリティカ）がケンブリッジ大学で心理学を教えるアレクサンドル・コーガンに資金提供し、個々のアメリカ人の心理的属性を評価するためにフェイスブックのユーザーデータを収集

したことを報じた。[*30] 同紙によると、コーガンは２０１４年からケンブリッジ・アナリティカの親会社のＳＣＬグループと協業を始めていたという。

コーガンはＳＣＬから資金提供を受け、クラウドソーシング・プラットフォームのAmazon Mechanical Turk（アマゾン メカニカル ターク）を用いて、有償調査の参加者を募り、あるアプリをダウンロードしてもらった。フェイスブック上の自分のデータとその友だち全員のデータに不正アクセスできるアプリだ。ガーディアン紙が後に指摘したように、「コーガンはＳＣＬが欲しがっているものを持っていた。２０１４年以前のフェイスブックの利用規約のまま更新されていない（古い）アプリだ。当時の規約は、アプリ開発者はアプリをインストールした人だけではなく、その友だちからもデータを取得できるようになっていた」。[*31] ２０１４年以降の利用規約では、このようなデータ収集は禁じられている。

イギリスを拠点とし、アメリカ人ヘッジファンド投資家で大富豪のロバート・マーサーが出資するケンブリッジ・アナリティカは、フェイスブックのデータから構築した心理プロファイルを用いて、マイクロターゲティングで有権者に影響を与える機会を顧客に提供した。[*32] 同社は２０１５年、ブレグジット（イギリスのＥＵ離脱）運動とアメリカ大統領選のテッド・クルーズ共和党候補者に協力した。[*33] ２０１６年５月にクルーズが選挙戦を撤退すると、同社はトランプ陣営に協力し始めた。ネットメディアのジ・インターセプトが報じたように、当時トランプ氏の顧問を務めていたスティーブ・バノンは、ケンブリッジ・

アナリティカの役員だった。[*34]

最初の発覚から2年以上が経過した2018年3月、ニューヨーク・タイムズ紙とロンドン・オブザーバー紙が共同調査の結果を発表した。コーガンはケンブリッジ・アナリティカに5000万人以上のデータを渡し、ケンブリッジ・アナリティカはそのうちの約3000万人のプロファイルを作成してきたという。コーガンの「性格診断」アプリをダウンロードした27万人はうっかりと、悪質な業者が相当数のアメリカ国民の機密情報にアクセスできるようにしてしまったのだ（この件で自分はスケープゴートにされたと、コーガンは主張している）。[*35] ケンブリッジ・アナリティカはブレグジット運動を支援するために、イギリス国民に同様の戦術を使ったことを示す証拠もある。[*36]

何が問題だったのか。また、誰の落ち度なのか。フェイスブックのプラットフォームでは2007年の開始以来、開発者がアプリ（ゲームやニュースなど）を立ち上げて、ソーシャル・ネットワーク機能を使ってやりとりできるようにしてきた。サービス開始後すぐに、何十万人もの開発者が書いたアプリが何万個も登場した。その後、プラットフォームは進化していき、フェイスブック・コネクト（ユーザーは自分のフェイスブック・アカウントで外部サイトにログインできる）やオープングラフ（たとえば、スポティファイで聴いている曲などのユーザー活動を、外部サイトがそれぞれのフェイスブック・アカウントに掲載できるプロトコル）など、様々な追加アプリが登場した。5年も経たないうちに、フェイスブック・プラットフォームは９００万個以上のアプリをサポートし、その巨大なソーシャルネットワーク・コミュニティに巨大な範囲のサービスを提供していた。このいずれも、明らかに問題があるようには見えなかった――少なくとも当初のうちは。

事態がおかしくなり始めたのは、同プラットフォームで、開発者がユーザーの友だちのデータを、本人に知らせたり許可を取ったりしなくても収集できるようになったときだ。この問題については、コーガンのアプリが貴重なデータを集めてケンブリッジ・アナリティカに売った時点で、フェイスブックはすでに対応していたところだった。２０１５年にガーディアン紙の記事が出ると、フェイスブックは即座に対応し、ケンブリッジ・アナリティカがフェイスブックの利用規約に違反していたと説明した。規約では、研究者が学術目的でユーザーデータにアクセスすることを認めていたが、それはユーザーの同意を得た場合だ（ユーザーはアカウント作成時にオプトアウトできる）。フェイスブックは、コーガンが使用したようなデータを「広告ネットワーク、データブローカー、他の広告関連や営利サービス」に販売または譲渡することを禁じていた。[37]

フェイスブックは直ちにケンブリッジ・アナリティカの同プラットフォームの利用を停止し、同社にデータ削除を要求した。ケンブリッジ・アナリティカは実際にデータを削除したと確言したが、どうも削除していなかったようだ。次に起こったこと――また、起こらなかったことを見極めるのは難しい。フェイスブックは同社に関する監査を強く求めなかったが、契約条項に従って要求することもできた。それを怠ったことは過失かもしれないが、徹底的な監査が難しいことはよく知られていたのが一因かもしれない。[*38]

ケンブリッジ・アナリティカの一件は、デジタル・オペレーティング・モデルを採用してきた組織を悩ますコントロール上の課題を示す好例だ。デジタルの規模、範囲、学習の力の大半は、デジタル・プラットフォームのオープン性と接続性からもたらされる。ほぼすべてのデジタル・モデルで、各システムは強力かつ比較的オープンなインターフェースを通じて多様なネットワークにつながっている。こうした接続は、デジタルシステムの機能を大きく増幅させるだけでなく、元の設計者がまったく想像しなかった形で使い放題になったりもする。このような想定外の利用を検知し理解できた場合でも、それを制御するのは不可能ではないにせよ、難しいかもしれない。プラットフォームをコントロールする場合、サイバーセキュリティにおける課題をはるかに超えて、ザッカーバーグが言うように「正しいことのために使われる」システムを設計する義務を負うことになる。しかし、「よいこと」を定義するのは問題含みであるばかりか、それを強制するのはほぼ不可能だ。

イノベーターのエコシステム内で想像もつかない発明を育むデジタル・プラットフォームの力は、同時にプラットフォームの脆弱性でもある。意図しないプラットフォームの弊害に対してどう制御するかは必ずしも直感的に明らかではない。プラットフォームがオープンであるほど、リスクは拡大する。たとえば、アップルはｉＯＳとApp Store（アップストア）のプラットフォームをかなり閉鎖的にしていることを批判する声もある。アップルは厳しいルールを設定しており、一般の人がダウンロードするアプリは正式な承認を経てからアップストアに載せている。一方、よりオープンなグーグルのアンドロイドやPlay Store（プレイストア）ではより多くの有害アプリが配布され、グーグル自身が往々にして気づかないうちに、数百万人のユーザーにマルウェア感染が広がったりしてきた。*39 プラットフォーム企業はコントロール過剰と過少のバランスをどのように保てばよいのだろうか。

第三者の関連資産（最も顕著なのが消費者データ）が含まれ共有されているプラットフォームでは、コントロールの問題は明らかに一層複雑になる。特に厄介なのが、広告プラットフォームを含むオペレーティング・モデルだ。たとえば、グーグル広告（旧アドワーズ）とフェイスブック広告は、データを使って広告主が適切な消費者を見つけやすくする高度なAPIを搭載した本格的なソフトウェア・プラットフォームを形成している。ここで留意したいのは、このターゲティングの大半は広告主だけでなく、消費者にとっても価値がある点だ。消費者は場当たり的な売り込みメッセージの代わりに、関連性の高い広告を受信できることを高く評価するかもしれない。

とはいえ、関連性のあるサービスとプライバシー侵害の間の線引きはどこにあるのか。同じ広告でも、評価する消費者もいれば、立ち入りすぎて不快にさえ感じる消費者もいるかもしれない。さらに、誰がこの問題を判断すべきなのか。広告プラットフォーム自体が編集権限を持って各広告の適切性を判断すればよいのか。たとえば、グーグルの品質スコアは、クリック率、関連性、ランディングページの品質など多様な要素に基づいて、検索結果ページ上の広告の位置を決めやすくしているが、このプロセスは長年にわたっていろいろと議論の対象になってきた。広告品質に関する必要なコントロールだと感じる人もいれば、押し付けがましく、競争を制限していると思う人もいる。

このような問題は、少なくともアメリカでは、憲法上の言論の自由の保護にも突き当たる。誰にでもオープンにしている多くのコンテンツ・プラットフォームにとって、コントロールとキュレーションの問題は忌まわしいことに検閲と紙一重だ。企業の経営幹部やステークホルダーは、民間主体が一般大衆の行動を統制するという問題にますます直面するだろう。こうした問題に対処し、適切な解決策を打ち出す態勢が整っている人はほとんどいない。

あるいは、アント・フィナンシャルの事例を考えてみよう。同社は前例のないレベルで消費者データを収集している。ユーザーが日常的に行う様々なタスクやサービス利用状況が、商取引データ、位置情報、信用情報、さらには金融投資やリスク嗜好などと統合されている。今のところは、一般大衆に害が及んだ形跡はないが、万が一、サイバー事故で情報漏洩が起これば、甚大な被害を招きかねない。こうした課題をさらに増幅させるのが、同社がＡＰＩをよく利用しており、サードパーティー事業者のエコシステムに同社のデータと機能をさらす行為となっていることだ。

増幅、バイアス、セキュリティとともに、プラットフォームのコントロールという課題は、すべての人にとって注目すべき新たな倫理的課題だ。しかし、別の力学がこのような課題をさらに深刻化させている。デジタル・オペレーティング・モデルがネットワーク効果と学習効果を促進させると、組織間の非対称性が拡大しがちになり、市場の集中が進んでいく。この非対称性によって、企業間、コミュニティ間、消費者間の格差が一層顕著になり、公正さに関する様々な懸念が生じる。経済全般における価値や意思決定権の公平な分配とはどのようなものか。この分配は所得や価値の共有にどう影響するのだろうか。

公平性と公正さ

スポティファイは、アップルと同社が手掛ける音楽ストリーミング事業、アップルミュージックとの独占禁止法違反の戦いに備えつつある。スウェーデン企業のスポティファイは2019年3月に、アップルがiPhone上でアプリ内課金に対して30%の手数料を取っているので、スポティファイがアップルミュージックと競争することは不可能だとし、独占禁止法に違反していると苦情を申し立てた。さらに、アップルが自社プラットフォームのエコシステムの効果を制御したり形成したりするために、アップストアからダウンロードしたアプリに制限を加えていることにも抗議した。このように、スポティファイはアップルのプラットフォーム・コントロール戦略に反発しているが、アップルは同戦略によってiＰｈｏｎｅのソフトウェアの品質が高く保たれ、ウイルスやマルウェアの回避につながってきたと主張する。

アプリ・プロバイダーに対するアップルの「税金」に腹を立てているのは、スポティファイだけではない。ネットフリックス、ゲーム開発会社のエピックゲームズやバルブ・コーポレーションは、その費用に不満を持ち、アップストアを完全に回避しようとしてきた。この問題は、デジタル・オペレーティング・モデルから生じる別の基本的な課題に根差している。前述したタイプのネットワーク効果は市場の集中を強める原因になることもある。モバイル・プラットフォームにおけるネットワーク効果は特に強力で、著しい集中を引き起こす。消費者間のマルチホーミングは少ないので、アップルはほとんどの国でiＰｈｏｎｅユーザーへのアクセスを事実上コントロールしている。グーグルがアンドロイド・スマートフォンのユーザーへのアクセスをコントロールしているのと同じだ。スポティファイが重要なiＰｈｏｎｅの消費者コミュニティへのアクセスを望むなら、アップルのルールと価格協定に従う以外に選択肢はない。

アマゾンの小売マーケットプレイスによって、何百万ものパートナーがアマゾンのオンライン顧客に商品を販売できるが、同じような課題が提示されている。アマゾンが多種多様な小規模企業に十分な機会を提供していることは誰もが認めるところだが、最も集客力が高いセグメントの店舗運営者は、アマゾンがそのセグメントに参入して直接競争することに不満を抱いてきた。HBSのフェン・ジュウとオクラホマ大学のチーホン・リュウは、22の製品サブカテゴリの5万製品以上を体系的に研究する中で、こうした主張を裏付ける実質的な証拠を示している。[*40] 私たち自身の調査でも、強力なプラットフォームがそれ自身の補完者と競争する場合、困難なトレードオフが存在することが明らかになった。[*41]

この現象は複雑だ。私たちはこれまで、プラットフォーム企業やハブ企業がいかに過剰な市場パワーを行使し、競争を形成するかを見てきた。ただし第6章では、マルチホーミングやネットワークのクラスタリングなどの現象が支配的行動への実質的な対抗力として作用することも取り上げた。結局のところ、ウォルマートのオンライン・マーケットプレイスは、オンライン販売者にとって重要な代替手段となり、アマゾンの行動を牽制するかもしれない。ライドシェアの事例では、乗客と運転手のネットワークで広範に行われているマルチホーミングは、ウーバー、リフト、ディディなどの企業が価格を上げて利益を積み上げる能力を抑制してきた。ネットワークのクラスタリングによって、競争がさらに効果的にもなる。なぜなら、ローカルな規模を持つライドシェアやタクシーが、大規模なライドシェア企業の有効な代替手段になりうるからだ。

ウーバーやリフトなどの企業は、それぞれの市場でマルチホーミングやクラスタリングを減らそうと、たゆまぬ努力を続けている。たとえば、ユーザーが乗車時に聴きたい音楽を選べるようにするなど、アプリやサービスにグローバルな機能を実装してきた。アプリの機能、料金の割引、ボーナス制度、さらには融資制度も設計して、運転手が一つのサービスに専念し続けるように強力なインセンティブを与えることで、運転手を自社サービスに結びつけようと努めてきた。こうした業務上の戦術がうまくいかないときには、競合他社を買収することさえある。たとえば、ウーバーは2019年に中東のライドシェア大手カリームをIPO直前に買収した。[*42]

世界の経済は結びつけられ、こうした経済的ネットワークを形成し支配する企業は、ますます重要な役割を果たし、前例のない影響力を行使し、利益を刈り取ることは普通のことだとみなされている。それが世の中のトレンドだ。それぞれの事例は繊細で異なる公平性の問題を孕んでいるが、一般的なトレンドに異議を唱えるのは難しい。AIを搭載したデータ重視のオペレーティング・モデルを幅広く展開していくことは、この動向を強化する。すでにスマートフォンやメッセージング・サービスなどの業界で現実のものとなっている市場集中は、自動車や農業など多様な業界でもじきに起きるかもしれない。規制当局や立法府の議員はこれに気づいており、連邦と地方の両レベルで、デジタル企業への監視を強化するよう主張している。

しかし、この問題は現実であると同時に、単純な解決策に傾倒しないことも重要だ。勝者総取りのビジネスを解体しても、ほとんど意味がない。その結果として、また独り勝ちする組織が出現し、旧来の問題が蒸し返されるだけだ。それよりも、デジタル・オペレーティング・モデルの修正と改善に取り組むべきで、破壊してはいけない。フェイスブックのプライバシー問題の例のように、企業行動に問題がある場合は、ザッカーバーグ自身が提唱してきたとおり、効果的で敏感に反応する規制の枠組みが必要になる。[*43] コミュニティが支援や積極的な役割を果たせるようにしたほうがよい。

この問題は微妙で、難しいトレードオフを伴うが、私たち全員が協力して取り組んでいけば、解決策は見つかるだろう。最も重要なのは、新世代のリーダーが新たな責任を認識し、新たな課題解決のために積極的に取り組むことだ。

AI時代におけるリーダーの新たな責任

現代企業のリーダーは、この新世代の倫理的課題を無視するわけにはいかない。実用的かつ実行可能な、技術面や事業上の解決策がいろいろと必要である。このように考えているのは私たちだけではないことは明らかだ。グーグルやマイクロソフトはアルゴリズムのバイアスに関する研究に多額の投資を行い、フェイスブックはフェイクニュースや有害な投稿をめぐる問題に取り組むために膨大なリソースを投入している。[*44] エクイファックスや民主党全国委員会のような従来型組織のリーダー層でさえ、ハッカーに痛い目に遭わされてきたことから、解決策に投資を行っている。*45 デジタルの規模、範囲、学習の倫理をうまく舵取りすることが普遍的な経営課題となってきたのだ。

最大の責任を負うのは、経済や社会の中で最も大きな力を持ち、ネットワークの中心的な位置を占めている組織だ。生物学的な生態系に例えるとわかりやすいかもしれない。現代経済と同様に、生態系は高度に結びついた種のネットワークであり、全体として最も重要なエージェント(動作主)の行動に依存している。生態系の持続可能性にとって特に重要なのが、いわゆる「キーストーン(中枢)種」だ。営巣区域の提供から雨水の排水まで、キーストーン種は特に重要な機能を果たし、特異に進化した行動を通じて生体系の健全性を維持している。その行動は自分たちの種をはるかに超える効果を持ち、生態系全体に影響を及ぼす。キーストーン種を取り除けば、生態系全体の持続可能性は決定的に損なわれてしまうだろう。

同様に、フェイスブックやエクイファックスなどの企業は、自社のビジネス・ネットワークの健全性を効果的に統制している。そうした活動は、動画コンテンツの投稿、融資の申し込み、広告販売、メッセージの共有など何であれ、すべてのネットワーク・ノードやコミュニティのメンバーに伝播する。こうした中心的企業は、濃密につながったネットワーク・ポジションを占め、ネットワーク全体の価値創造基盤となっているので、経済や社会制度に欠かせない存在だ。どの場合も、多くの人々が頼りにするサービスやテクノロジーを提供している。こうした企業が排除されたり不具合があったりするだけでも、大惨事になりかねない。

しかし、多くの企業リーダーがすでに了解しているように、ネットワーク・ハブの役割には責任がつきまとう。本著の執筆者であるイアンシティは、生物学になぞらえて、何年か前に「キーストーン戦略」という概念を打ち出した。[*46] **キーストーン戦略**は、ハブ企業の目標とそのネットワークの目標を合わせる。ネットワーク（あるいは、ビジネス・エコシステム）の健全性を高めることにより、キーストーン戦略は企業の長期的な業績にも恩恵をもたらす。

この戦略の中心的な特徴として、企業が依拠するネットワークの健全性を形成、維持するために、内外のニーズを揃えることに主眼を置いている。グーグルがアルゴリズムからバイアスを取り除くテクノロジーに投資する場合、キーストーン戦略を展開していることになる。フェイスブックが有害な動画を自社ネットワークから排除する場合も同じだ。ここで重要なのは、ビジネス・ネットワークを維持することは、倫理上の責任だけでなく、ネットワーク・ビジネスを長期的に維持する唯一の方法でもあることだ。

キーストーンの概念は、ジャック・バルキンとジョナサン・ジットレインが提唱した**情報受託者**の概念と関連している。[*47]

法律上の受託者とは、他者の利益のために信頼できる方法で行動する義務を負う人間または企業である。たとえば、ファンドマネジャーやファイナンシャル・プランナーは顧客の資金の取り扱いを委託されている。医師、弁護士、会計士は情報受託者の例である。すなわち、資金ではなく、情報を扱う個人または事業である。医師や弁護士は私たちの秘密を守る義務があり、私たちに関して収集した情報を私たちの利益に反して使用してはならない。[*48]

グーグルやフェイスブックなどは、重要な経済的ネットワークでハブを支配しながら、消費者の情報を幅広く獲得している。こうした企業は情報受託者として、情報収集先であるコミュニティに害を為さないという重要な責任を負っている。再び、バルキンとジットレインの言葉を引用する。

受託者責任という概念を中心にまとめられた新しい重要な取引の機会がある。企業は情報受託者としての債務を引き受けることができる。その際には、セキュリティ、プライバシー保障、違反の開示など、一連の公正な情報慣行に同意する。個人情報を利用して、エンドユーザーを不当に差別したり、信頼につけ込んだりしないことを約束する。また、同様の規則に同意している企業以外に、消費者情報を販売したり流通させたりしない。その見返りに、連邦政府の規定が広範な州法や地方法に専占する〔連邦法に矛盾する州法や地方法は無効になるという意味〕だろう。[*49]

バルキンとジットレインはさらに、ハブ企業がこの概念を採用するに当たって、州議会と慣習法、特に集団訴訟の脅威がさらなる誘因になるかもしれないと論じている。マイクロソフトはすでに、州レベルの規制に対して先手を打つ狙いもあって、包括的なプライバシー法の制定に前向きであることを表明してきた。[*50] フェイスブックも同様の意向を示している。[*51]

結局のところ、（デジタル）経済を維持する責任は大方、それを支配する態勢にあるリーダーに委ねられている。ハブ企業は権力と影響を振るう中心的立場を占めることで、事実上、長期的な経済の健全性の管理人となってきた。アップル、アリババ、アルファベット、アマゾンなどの企業リーダーは、一部には世論の圧力に対応して、自分たちが何万もの他社や、何十億もの消費者の経済的な健全性に及ぼす影響を次第に自覚するようになっている。自分たちがコントロールするエコシステムから恩恵を受けているハブ企業には、株主の経済的健全性だけでなく、自分たちが組織化しサービスを提供する広範なコミュニティの経済的健全性もまた維持すべき重要な理由がある。したがって、こうしたデジタル企業は自社（と私たち全員）が依拠するネットワークの長期的な持続可能性の実現に向けて、一貫した行動をとり続けるべきである。多くのリーダーはすでに、少なくとも理屈のうえでは、この点を理解している。あとは、残りの私たちがリーダーたちに行動を起こすように背中を押す必要がある。

私たちはすでに、デジタル・ネットワークとＡＩが、新しい業務上のケイパビリティの開発、戦略原則、倫理的なジレンマを推進していることを見てきた。しかし、こうした直接的な変化だけでなく、より広範でかつ長期的なパターンを通じて考えたり、新たに見つかった課題に対処するために必要な知恵も集めたりしなければならない。次章では、こうしたテーマを取り上げる。

The New Meta

第9章　ニューメタ

かつては誠実で勤勉だった大勢の人々を、これほど自分自身や家族、社会に害をなす狼藉を働くように駆り立てたのは、絶対的な欠乏以外の何物でもないだろう。

――バイロン卿、1812年2月27日に貴族院で行ったラッダイト運動に関する演説より

ゲームにおける「**ニューメタ**」とは、既存ゲームのルール、限界や制約を超越した新しい現実のことだ。チェス盤上で許されているコマの動き、あるいは、トランプゲームのブリッジのルールを途中で変更するようなことを指す。

ＡＩ時代は私たち全員にとってゲームチェンジとなっている。ただし、ここで言うニューメタの特徴はロボットが人間のように行動することではない。新タイプの企業が出現することであり、ごくさりげなくＡＩを用いて、長年の業務上の制約を打破し、新しい価値、成長、イノベーションを推進していく。ソフトウェア主導の企業はデジタル・ネットワーク、オペレーティング・モデル、ＡＩファクトリーに組み込まれており、新しい

価値の創出方法を可能にし、私たちの経済や社会のルールを塗り替えつつある。

経済成長やハイテク株の盛り上がり、一部の伝統的な優良企業の改善からもわかるように、ニューメタは大きなチャンスを生み出している。しかし、私たちは新たな問題に取り組み、ますます複雑化する結果に対処しつつも、まだ新しいルールの意味するものを十分に理解しきれずにもがいている。

歴史に目を向けると、少しヒントが得られる。

ある種のデジャブ（既視感）か？

このような根本的なルール変更は以前にも起きていた。それは18世紀への変わり目に、産業革命の幕開けとともに始まった。生産手段の技術的変化は、価値創造や価値獲得の手段における変革を促進した。実際に、初期の工業化では仕事の専門化が進み、組織の部品化や、注意深く設計された生産プロセスの構築へと、オペレーティング・モデルの大きな転換が目立った。

従来は職人が手づくりしてきたものは、専用の大量生産方式でより効率的につくれるようになった。以前は熟練工が製品に使うすべての部品を一つひとつ丁寧につくって調節していたが、今では、労働者が専門のスキルと設備を使って、各部品を別々につくった後、別の専用工程で組み立てられる。これにより必要なスキルやケイパビリティが変わり、産業の境界線や競争ダイナミクスが再定義され、富の創出と分配に大きな影響を及ぼした。社会がその意味を徐々に認めるようになるにつれ、経済的、社会的、政治的な変化の波が次々と起こり、その余波が世界中で実感されるようになった。

この変化にいち早く反応したのが、1811年にノッティンガム近郊で始まり、イギリス全土に急速に広がったラッダイト運動だ。伝統的な織物生産方法に取って代わりつつあった、石炭を動力源とする最新の自動手織機や大量生産工場への抗議活動である。織物職人、小作人、綿紡績職人は伝統的に自宅で働き、稼ぎはよく、余暇をたっぷりとっていた。大規模でしばしば劣悪な工場で、はるかに少数のスキルのない労働者が動かす特化型機械に取って代わられことを、職人たちは快く思わなかった。私たちがちょうど今経験しているように、産業革命は現状をひっくり返し、伝統的なケイパビリティや製造戦略を陳腐化させ、新たな倫理的ジレンマを生んでいたのだ。

一部の労働者は最初に交渉を試み、工場の増分利益を公正に分配するように求めた。失業した労働者を支援するために、布に新しい税金をかけるように要求する人もいた。さらに、新しい機械の導入や織物工場の建設を遅らせて、労働者が新しい職業に適応するための時間稼ぎをしようとする人もいた。しかし、工場経営者はこうした要求のいずれにも断固として応じなかった。

1811年11月、石炭で顔を黒く塗った6人の男が、織物工の親方であるエドワード・

ホリングスワースの自宅工場に押し入り、6台の織機を破壊。男たちは1週間後に再びやってきて、ホリングスワースの家を焼き払った。この襲撃は他の町にも広がり、毎月200台近い機械が壊された。

攻撃者はある種の屈折したユーモアを持っていた。彼らは製造業者に警告書を送り、謎のラッド将軍(ラッド王)を扇動者としてでっち上げたのだ。この名前はネッド・ラッドの伝説にちなんだものらしい。親方に殴られたラッドは、仕返しに親方の編み機を壊したとされている。

ラッダイト運動の参加者は、産業界の新たな富の集中に特に腹を立てていた。労働者階級がその犠牲になっていると信じていたのだ。運動は次第に暴力的になり、暗殺や未遂事件が数件起こった後、イギリス軍はラッダイト運動が起きている地帯に1万4000人以上の兵士を送り込んだ。[*1] 24人の参加者が絞首刑、51人がオーストラリアへ流刑となった。

ラッダイト運動は、ニューメタが出現したときに見られる不安を象徴している。産業革命の初期の近代企業の特徴は、さらに専門化を進める革命的なオペレーティング・アーキテクチャにある。それを可能にする新しい生産技術は、明確に規定された専門的な作業要素と下部組織へと生産方法を細分化していく。そのすべてが、従来の職人的な生産方法を時代遅れにしてしまった。この標準化と専門化への基本的な変化は、アパレル製造、自動車の製造組み立て、銀行、ファストフードなど、あらゆる産業で確認できる。

1800年代初めから20世紀半ばまで、近代企業の出現がもたらした変革の波は深く、破壊的で、広範囲に及び、最終的に世界経済の大部分に達した。全体的に、ヨーロッパと北米では平均的な生活水準が著しく向上した。しかし産業革命は、生産手段を持つ少数派と持たない多数派との間で、社会全体に富の格差拡大も招いた。さらに、この変革による置き換えは非常に大きな不確実性を生み出し、社会的、政治的な緊張を悪化させた。

新しい時代の5つのルール

ゲームのルールが再び変化している。AI時代を迎えるにあたって、新たに出現している原則に細心の注意を払ったほうがよい。

ルール1：変化はもはや局所的ではない。システム全体に及ぶ。

AI時代を押し進めているのは、絶え間ない**システミック**な変化のドライバーだ。産業革命の時のように、数々の技術革新の波が様々な産業や地域に徐々に広がっていくのではなく、新しい変化のエンジンはどうやら世界中のあらゆる産業をほぼ同時に動かしているように見える。経済全体が今やムーアの法則に実質的に従っているのだ。

ゴードン・ムーアは1975年に、集積回路のトランジスタ密度が毎年2倍になり、それに伴って計算能力も向上すると予測した。トランジスタ密度のトレンドは減速したが、一般的な計算性能は向上し続けてきた。実際に、ムーアの法則から導き出される最も強力な洞察は、デジタル機器が時間とともに継続的に改良され、ケイパビリティが増大していくというシンプルな概念かもしれない。デジタル・テクノロジーは徐々に、絶え間なく、よりよく、より強力に、より広範囲に適用可能になり、その勢いは衰える気配がない。デジタル・テクノロジーの世代交代は、ソフトウェア・テクノロジー、ＡＩや機械学習のアルゴリズム、コンピューティング・アーキテクチャの進歩によって加速され、幅広い応用分野で性能向上を実現し続けていくだろう。デジタル・テクノロジーはシステム全体を変革する、避けて通れないエンジンとなってきた。

　産業革命期の発明は、個別の産業、少なくとも産業クラスターのレベルで関わっていた。おそらく最も広範囲に影響を及ぼした蒸気機関でさえ、たとえば銀行や医療よりも、製造や輸送に対する影響のほうが大きい。対照的に、デジタル変革はあらゆる産業環境に同時に影響を及ぼす。デジタル・テクノロジーとＡＩはますます多様なニーズに応え、驚くほど多様なユースケースを可能にしている。音楽制作、電子メールの返信作成、ターゲット広告、レントゲン解析、価格決定、株式取引、乗客と自動車のマッチング、鉱山機械の予知保全など、私たちはすでに目にしてきた。

　さらに、ＡＩやコンピューティングのテクノロジーに投入される人的、技術的、金銭的なリソースは拡大し続け、現行のシステム全体のトレンドの速度が緩む兆しは見られない。実際に、ほとんどのものが示唆しているのは、まだ始まったばかりということだ。したがって、私たちにとって重要な課題は、まず、変革はあらゆる産業で加速度的に発生し、経済や社会全体に大きな波が押し寄せているという認識を持つことだ。

デジタルという変革のエンジンはチャンスと課題の両方を推進する。ＡＩが人間の思考に完全に追いつくことはないにせよ、現在人間が行っている業務タスクが次々とデジタルシステムで強化されたり自動化されたりしているのは明らかだ。これは、新たな事業を始める絶好の機会となるが、多くの既存業務がデジタル化されれば、必然的に混乱も生じる。いくつかの研究は、現在の作業活動の半分がＡＩやソフトウェア対応システムで代替可能となり、非常に大きな影響を及ぼすことを指摘している。[*2] ＭＩＴのエリック・ブリニョルフソンと、ダニエル・ロック、カーネギーメロン大学のトム・ミッチェルの見解はもっと挑発的だ。機械学習の影響はほぼすべての職業に及び、所得水準や専門性にかかわらず、あらゆる仕事の性質を変えるという。[*3]

これは特筆すべき予測だが、私たちはそこまで驚かないはずだ。結局のところ、オペレーティング・モデルは少なくとも1世紀の間、多くの人間の作業を標準化し、予測や反復を可能にしてきたのだ。レジで商品をスキャンする、完璧なカフェラテをつくる、心臓移植を行う、住宅を設計するなど、多くの業務タスクは一般に認められた手法や標準化された手続きの賜物だが、人間の知性が本当に際立つような創造性の恩恵は必ずしも受けていない。ＡＩの向上は間違いなく、多くの仕事を豊かにし、様々な興味深い機会を生み出すだろう。しかしそれと同時に、ＡＩが多くの職業で広範な離職を促すことも避けられないように見える。

産業革命と同じように、ＡＩ時代は経済を様変わりさせているが、そのスピードと影響の広がりは何倍にものぼるようだ。デジタル変革が世界経済のあらゆる分野に広がるまでに、１００年もかからないだろう。これは、医学上のブレークスルーから即時配送に至るまで、前例のない新たな事業開拓の機会とあらゆる種類の消費者余剰を新たに生み出している。しかし、すべての人が勝者になるわけではない。新たなタイプの仕事の増加とともに労働力の置き換えは増加し始めている。[*4] デジタル・オートメーションの脅威にさらされる仕事がすべて他の仕事に置き換わったとしても、社会的な混乱はますます厳しくなり、早ければ今後10年でそうなる可能性が高い。

ルール2：ケイパビリティの水平化と普遍化が進む。

産業革命で目にしたように、技術変化はケイパビリティの性質を変容させる。ただし、ＡＩの適用では根本的に異なる形をとる。ほぼすべての状況で、ＡＩを搭載したネットワーク重視の組織は、高度に専門化したケイパビリティやスキルを持つ企業と対抗している。しかし、AI主導の世界で競争するために求められるのは、伝統的な業界の専門知識よりも、一連の普遍的なケイパビリティだ。産業革命で始まった軌道を大きく逸れて、AI時代は多くの縦割り組織や専門化したケイパビリティの持つ関連性や競争力を徐々に弱体化させている。

アルゴリズムのモデルはますます多様なタスクを対象とし、競争優位性は垂直型（縦割り）のケイパビリティから、データのソーシング、処理、分析、アルゴリズム開発など普遍的なケイパビリティへと移行しつつある。AIファクトリーを構築し、様々な意思決定を自動化できるオペレーティング・モデルを実装しているのだ。この移行が続く中で、従来の差別化戦略が著しく衰退し、新タイプの普遍的な競争相手が出現する様子が見られる。この衰退は経済力の均衡を変えるだけでなく、従来の専門化が徐々に消えていく一因にもなっている。

この新しいケイパビリティの普遍性は様々な業務タスクを再形成し、戦略、ビジネスデザイン、リーダーシップにまで及ぶ。業績のドライバーがそうであるように、様々なネットワーク化されたデジタル環境における戦略は似通って見える。同じく、各市場の特性は、これまでの業界固有の知識や専門性よりも、ネットワーク効果や学習効果のような新しいドライバーによく反応する。ウーバーの取締役会は、新しいCEOを探していたときに、交通サービス系の大手企業ではなく、デジタル企業（エクスペディア）の経営経験者を雇い入れた。
私たちは、各組織の奥深くに埋め込まれたその企業独自のコアコンピタンスで競う時代から、データとアナリティクスで形成され、アルゴリズムが動かし、誰もが使えるクラウド・コンピューティングでホスティングする（サーバーを借りる）時代へと移行している。アマゾンとテンセントが、メッセージング、金融、ビデオゲーム、家電製品、ヘルスケア、信用スコアなど異業界でも競争できる理由はここにある。今や、こうした分野のそれぞれで同じような技術基盤、共通の手法やツールが必要とされており、オンデマンドで利用可能な巨大なコンピューティング・キャパシティがすべての動力源になる。コスト、品質、ブランド・エクイティに基づく主な差別化の重点は、垂直的に特化した専門知識から、ネットワーク内の自社のポジション、差別化されたデータの蓄積、新世代のアナリティクスの展開へと移行しつつあるのだ。

ルール3：伝統的な産業の境界線がなくなる。組み替えが原則となる。

産業はもともと、産業革命で求められた垂直型の専門化を支えるために、伝統的な貿易から発達した。デジタル化により、これまで分かれていた産業を横断して、いつでもどこでもつながるようになっていくにつれ、こうした明確な境界線はなくなりつつある。
グーグルが自動車産業に参入したときや、アリババが銀行を立ち上げたときがそうだ。

デジタル・インターフェースがあれば、古い縦割り構造に横串を通すオペレーティング・モデルにしたり、高度に接続した新しいビジネスモデルで新しい産業に参入したりすることが容易にできる。このように、ケイパビリティがより普遍的になり、ある環境で磨き上げたデータやアナリティクスが他の状況でも役立ち、デジタル機器は巨大なネットワークに簡単につながるので、産業は互いに融合していく。デジタル・ネットワークでは、人間中心の組織と同じ方法で制約を受けることは皆無だ。

従来型組織が規模や範囲に関する収穫逓減に悩む一方で、多くのデジタル・ネットワークは、サイズが大きくなるだけでなく、他のネットワークとつながるにつれて、収穫逓増を享受している。[*5] アント・フィナンシャルがネットワークとAIを活用して、様々な市場に事業を一気に拡大させる状況を、私たちは目の当たりにしてきた。同じようなプレイブックはほかでも有効であり、アマゾン・プライムは会員モデルを通じて拡大し、テンセントはメッセージングとゲームのプラットフォームを金融サービスやヘルスケアへと広げている。このような進化は、多くの既存企業にとって目を見張るような挑戦となる。

エクセレンス（卓越性）を求める経営幹部に対するかつてのアドバイスは「余計なことはしないで、既知の事業に留まれ」というものだった。ところがAI時代にあっては、市場を超えて顧客やデータを活用できない組織は劣勢に立たされる可能性が高い。通信から自動車まで様々な業界の企業が知らぬ間に異業種企業と競争し、これまでと異なるビジネスモデルを用い、製品やサービスを統合し、抱き合わせ販売を行い、内部で相互補助するようになっている。範囲拡大のダイナミクスを理解しなければ、自社のビジネスモデルやオペレーティング・モデルが危険にさらされることをリーダーはわかってきているのだ。

とはいえ、組み替えによる新たな価値創造はコスト負担抜きにはいかないし、既存企業への影響は必ずしもプラスばかりではない。排他的なコミュニティに新しい参加者を広く招き入れれば、一部の既存メンバーは面白くないだろう。ウーバーのネットワークをより多くの運転手に、アマゾンのマーケットプレイスをより多くの販売業者に広げていくと、古くからの参加者の経済的機会が減少しかねない。既存のネットワークに新しいノードを追加すれば、サイバー脅威を招くこともある。より多くの仕事がデジタル化され、ネットワーク化されるにつれて、確かに価値は創出される。しかし、すべての参加者に同じように影響が及ぶわけではない。恩恵を受ける人もいれば、そうでない人もいるのだ。

マネジャーはますます組み換えのダイナミクスを理解する必要がある。一部の企業は独自のネットワーク・ブリッジング戦略を考え出し、従来は別々だった業界にも自社のデータや関係性を活かせる機会を新たに見つけて、恩恵を得ているかもしれない。他の企業はそれに対して、自社の製品やサービスに対する潜在的な脅威を予測し、ロイヤルティ向上と差別化に集中しながら、自社を守るために素早く動く必要がある。

ルール４：制約のあるオペレーションから、フリクションレスなインパクトへ。

デジタル・オペレーティング・モデルが従来の産業プロセスを置き換えていくにつれて、従来のオペレーション上の制約も取り払っている。新世代の企業が前例のないスピードで未曾有の規模に成長してきた理由はここにある。アント・フィナンシャルの顧客数は最大手の既存銀行よりも一桁多い。フェイスブックは、アメリカの郵便制度よりも桁違いに大勢の人々にニュースや情報サービスを届けている。

さらに、ますます多種多様な重要プロセスでデジタルの規模拡大が進み、業務効率や経済的利益だけでなく、社会的・政治的な活動にも影響を及ぼしつつある。アマゾンからウィーチャットに至るまで、デジタル・オペレーティング・モデルは驚くほど多様な人間同士のやりとりを生み出している。関連情報はネットワークを介してほぼ限界費用ゼロで瞬時に膨大な数の受信者の手に渡り、無限大のクラウドベースのコンピューティング・キャパシティで高速処理されていく。ピンポイントの商品レコメンデーションからパーソナライズ広告まで、経済的、社会的、政治的な活動を可能にする多くの要素が実質的にフリクションレス（摩擦のない）な方法で実行されている。

しかし、多くのエンジニアが気づいているように、摩擦を取り除けば常によくなるとは限らないのだ。フリクションレスなシステムは不安定になりがちで、均衡を図るのは難しい。ブレーキのない車や、減速できないスキーヤーを思い浮かべてほしい。一度動き出したら、フリクションレスなシステムは止めにくいのだ。同じ感覚はバイラル・ミーム〔口コミで、遺伝子のように文化や情報を複製し伝播される現象〕にも当てはまる。デジタルシグナルはいったん動き出すと、ほぼ無限の規模と範囲で数々のネットワークに到達し、しかもそのスピードは速い。最初にシグナルを発信した組織や、ネットワーク内で重要なハブを握っている組織であっても、流れた後でシグナルを止めることはほぼ不可能だ。クライストチャーチの銃乱射事件の後、フェイスブックやグーグルが必死に努力したにもかかわらず、何百万本もの動画が投稿されたことを考えてみてほしい。

フリクションレスなプロセスが大きな問題を引き起こしかねないことは明らかだ。偽りの見出しは様々なプラットフォームで何十億人もの人々に無限のスピードで広がり、インパクトとクリックスルー率を最適化するために改変できる。クライストチャーチの動画のように、ソーシャル・ネットワーク側がフラグを付けたコンテンツでも、インターネット上で複数のアレンジ版が伝達され、「いいね！」が押され、再伝達される可能性がある。この膨大なリーチとインパクトは、摩擦だらけの古きよき新聞時代には考えられなかったことだ。このように、フリクションレスなＡＩ主導のプロセスは、情報、意見、そして言うまでもなくバイアスや攻撃の強力な増幅器となりうる。仮にメッセージを送るとして、これ以上望むべくもないのは、調整やカスタマイズ可能なコンテンツを、十億もの人々に届けつつ、目標を達成できることが検証されている状況だろう。しかし、マーケターの楽園は市民の悪夢になりかねないのだ。

フリクションレスなオペレーティング・モデルによって、企業は新たなビジネスを前例のないペースで拡大することができる。製品と市場の適合性を確かめた後、組織が規模を拡大するうえでの従来の境界線を無視して、ユーザー、エンゲージメント、売上をかつてない速度で成長させることができる。しかし、前例のないマルチプル（倍率）で企業価値が算定されるのと同時に、デジタルの規模、範囲、学習から、リーダーシップとガバナンスをめぐる多くの新たな課題も噴出する。こうした課題は多くの場合、急速に変化する知識ベースだけでなく、高い対応力が必要とされるので、その部分で苦労している既存機関にはうまく対応しきれない。

ルール5：集中と不平等が悪化する可能性が高い。

産業革命と同じように、変革は富の再分配と集中を促進する。しかし今回は、この現象はデジタル・ネットワークのダイナミクスによって悪化している。こうしたネットワークの進化は、トランザクションとデータフローの集中を招き、そこから権力と価値がますます集中していく。

デジタル・ネットワークで行われる取引が増えるにつれて、ネットワーク・ハブの重要性が拡大していく様子を私たちは目の当たりにしている。グーグルやフェイスブック、ウィーチャット、バイドゥのように、消費者、企業、産業全体をつなぐハブ企業の話はすでに取り上げてきた。すでに経済の特定分野で高度につながったハブがある場合（たとえば、住宅を貸し出すエアビーや、ピアツーピアの小売を手掛けるアリババなど）、新しい分野を結びつければ、重要な優位性を獲得できる（たとえば、エアビーに観光体験、アリババに金融サービスをつなげる）。このようなトレンドは今に始まったことではないが、近年では、高度なデジタル接続性によって変革スピードが大幅に加速し、私たちの想像を超えてデジタル・ハブの重要性が増している。次々と生まれる産業がどれほど少数のハブを中心に集約され、徹底的に改変されているかを考えてみてほしい。

ネットワーク・ハブに蓄積された権力と富を増大させるこの圧力は、デジタルによる労働力の置き換え、ケイパビリティの低下、スキルの陳腐化という課題にさらに追い打ちをかけている。集中へと向かうパターンは労働者間だけでなく、企業間の不平等を拡大し、市場、産業、地理的地域における富、権力、関連性をより一層分断してしまう。ここから当然ながら、とりわけ特定のセグメントや地域で、全般的な不公平感、欲求不満、怒りの感情が募っていく。このような反応の多くは産業革命時代にも見られたが、現在のトレンドの規模、スピード、インパクトはまさに前例がないものだ。潜在的なインパクトはさらに拡大するのではないかという疑問が拭いきれない。

古くて新しい企業の脆弱性

工業化された企業の台頭時に起きたことは、現在の変革パターンと興味深い対をなしている。私たちの新時代が、少なくとも産業革命時代と同程度の経済的、社会的な変化を引き起こすかもしれないことは想像に難くない。また、超高速通信とグローバル経済が緊密に連携している結果、そうした変化はより速く、より包括的に起こっている。

経済のデジタル化はどうやら変曲点を通過したようだ。デジタル企業がその影響を増幅し続ける中で、国民の信頼や結束力の著しい低下が見え始めている。破壊の重大な兆候はもう何年も前から明らかになってきた。ウォール街占拠運動やフランスの黄色いベスト運動〔フランス政府への抗議活動〕などがそうだ。こうした兆候から示唆されるのは、私たちがデジタル・イノベーションとその莫大な価値に夢中になりすぎているきらいがあることだ。私たちは活況を呈する株式市場、音声で操作できる家、無人運転車などに魅了され、新時代の驚くべき可能性を享受するかもしれない。しかし、経済格差の増大、極端な政治的見解の強化、誰もが不正行為者の攻撃にさらされやすい状況など、比較的制約の少ないデジタル・オペレーティング・モデルから生じる課題も明らかになりつつある。政治家や規制当局が、一部のハイテク企業のリーダーも含めてだが、時折、不用意な対応をすることで、さらに緊張が高まる。

これらのトレンドは一つにまとまり、社会で最も重要な組織の一部を脅かしている根深い脆弱性が露呈されつつある。ソフトウェアやアルゴリズムによって仕事の性質が再定義され、産業や市場の戦略的なダイナミクスが再形成されるのに伴い、その影響が広範囲に及ぶことが見え始めている。経済格差の拡大に、偏向報道の蔓延やあからさまな政治的操作が組み合わさり、そこに雇用喪失、変革の課題、サイバー戦争の不安が重なってくれば、私たちが扱っているのは爆発寸前の状況であることは明白だ。

こうした脆弱性には新たな配慮が求められる。幸いなことに、優れたリーダーの多くはすでに株主価値の増大一辺倒ではなく、従業員、顧客、パートナー、コミュニティ全体に配慮するようになっている。デジタル変革の加速とともに、こうした検討を広げていく必要がある。労働者の再教育だけでは、より賢いステークホルダー・マネジメントの例として十分ではない。私たちが今一度直面しているのは、価値の創造、獲得、提供の手段の変革に伴う社会的混乱だ。こうした変化に対処するためには、結果としてもたらされる収入、影響力、権力の再分配とともに、不況にあえぐ専門分野や地域で雇用機会を創出するために対象を絞った創造的な投資から、ユニバーサル・ベーシック・インカム〔全員に一定金額を支給して最低所得を保障する制度〕の検討まで、より幅広い経営上、政策上の目配りが必要だ。リーダーの意思決定が共同体の進化をますます方向づけるようになっているので、ウォールストリート〔投資家〕よりもメインストリート〔一般社会〕によってリーダーはジャッジされるようになるかもしれない。

ここで役立つ指針となるのが、バイロン卿の演説だ。

「それでも、この暴動の初期段階に適切な会議が開かれ、労使の不満（雇用主側も不満を抱いていた）が公平に評価され、正当に調べられていたならば、労働者は職場に戻り、国家を安定させる手段が考案されていたかもしれないと思うのだ[*6]」

ラッダイト運動が起きたのは、ちょうど近代企業の雛形が確立されつつあった時期だ。先進国に住む私たちの多くは今、近代企業の文脈の中で生活し働いている。ＡＩ時代は再び新しいルールを生み出しており、今一度、知恵の時代になっている。

第10章では、こうした新しい課題に対応するために、リーダーに提言を行いたい。

第10章　リーダーの使命

A Leadership Mandate

それが知恵につながらないとすれば、どれほど勉強し習得し知識を得たところで、何の価値があるのか。

——イアン・バンクス著『Use of Weapons（武器の使用）』に登場するベイチェの言葉

現在の豊富なデータ、アナリティクス、ＡＩとは対照的に、私たちはいまだに経営の知恵が足りずに苦労しているようだ。その理由は、ＡＩ時代の新しいルールが企業が社会にもたらす影響を再定義し、私たちはまだその意味をつかみあぐねているからなのかもしれない。古い前提はもはや通用しないようだ。組織が扱う資産やテクノロジー、それらの管理に必要なツールやケイパビリティが大幅に変化し、範囲や領域が拡がっている。プロセスがソフトウェアに組み込まれ、データ、アナリティクス、ＡＩを営業活動や経営判断に使う割合が増えるにつれて、企業の概念そのものが進化している。これは、マネジメント課題を一変させ、様々な機会を生み出した。しかし、多くの素晴らしい成功にもかかわらず、私たちにはまだ学ぶべきことがあるのは明らかだ。

ＡＩ時代に果たすべき使命は明確だ。簡単に言うと、デジタル化の度合いを深める企業をより賢くリードする方法を見つけなければならない。エンジニアリングの功績だけでは不十分だ。私たちはすでに事業経済性を再構築し、変革スピードをムーアの法則に従わせてきた。しかし、多くの機会に乗り出す一方で、あらゆる組織で日々生まれ展開されている新しい資産やケイパビリティをよりよくマネジメントする方法を見つけなければならない。

この使命は、新旧の企業を問わず、特定分野の企業にも限定されない。私たちが既存企業、小さなスタートアップ、デジタル・ハブやプラットフォーム、規制当局、あるいは、これらの組織を取り巻くコミュニティのどこで働いていようとも、ますますデジタル化する組織を引っ張っていくとなれば、やるべきことがある。

リーダーが果たすべき使命は、以下に取り上げる4つだ。

変革

これまで変革に関して多くのことに言及してきた。変革はトップから始まり、その困難な仕事を担うリーダー世代のやる気を促し、育成していく。経済のあらゆる主要分野を圧倒する新しいオペレーティング・モデルの出現を無視して、古い強みやケイパビリティを温存し強化する理由など、どこにもない。全体としてよりよい結果が出せるかどうかは、各企業とその経営陣がそれぞれの役割を果たすかどうかにかかっている。どの組織も立ち止まってはいけない。

企業変革を進めていくための賢いマネジメントの道筋は明確であるべきだ。テクノロジーはクラウドからサービスとして誰でも利用できるし、その実装を手伝ってくれる専門家も大勢いる。テクノロジーの使い方を説明した記事、書籍、オンライン・コースは山ほどある。最も厄介な仕事は、組織を変革し、オペレーティング・アーキテクチャを変更し、ますますデジタル化するオペレーティング・モデルを推進するのに適切なスキル、ケイパビリティ、カルチャーを構築することだ。私たちは、最も重要な変革ステップをいくつか取り上げてきた。理論が必ずしも実践と一致しないことはわかっているが、それでも、あらゆる業界でデジタル変革が急速に進む中で、有効な次善の策は存在しない。明らかに困難だとしても、経営者の行動あっての知恵である。

ただし、関連する経営課題を理解したうえで、実際に行動するための知恵を身につけることこそが本格的なリーダーシップ課題といえる。変革を語るのは容易い。しかし、伝統的な縦割り構造が壊されれば、力関係が変わり、一部の機能やスキルは重要性を失うだろう。変革の先頭に立ち、全員を参加させることが極めて重要である。

伝統的な企業では、変革に少し手を出し、パイロットやデモ用プロジェクトを立ち上げてみても、それを企業が本当に変わる端緒にしきれないことが非常に多い。特に現状に対する脅威が明らかになった場合はそうだ。仮にきっかけをつくれたとしても、直ちに恩恵を受けない人々がいるため、変革が遅々として進まないこともある。経営層が業界で起きているアーキテクチャの転換を見極められない場合や、現状に挑戦したがらない場合には失敗に終わってしまう。既存の携帯電話メーカー（ノキア、モトローラ、ブラックベリー）、ビデオ流通制作会社（ブロックバスター、バイアコム）、小売業者（ショッピングモール、大型小売店）で、私たちはそのような状況を見てきた。

経営者がアーキテクチャの転換の必要性を認識し、持続的にコミットし、必要なリソースを割く準備ができていたとしても、やはり大きな逆風に遭遇するかもしれない。ゼネラルエレクトリック（GE）における試練はそうした厳しい現実を示す事例だ。同社は数十億ドルを投じてGEデジタル部門を立ち上げた。同部門は当初は成功し（本著の執筆者二人を含めて）多くの人に感銘を与えたが、持続可能で広範にわたる変革には発展しなかった。

GEデジタル部門は雑多な問題によって身動きがとれなくなってしまったのだ。一例を挙げると、同部門のテクノロジーは、広く実装するには信頼性、安定性、オープンさが足りないと、顧客と社内の他部門から受け止められていた。GEデジタルが独立したプロフィット・センター（最上位の戦略事業ユニット）に成長しても、状況は好転しなかった。社内の複数の事業部から次第にライバル視されるようになったのだ。とりわけ営業部門はGEデジタルのテクノロジーを採用せず、必要な支援をしてくれなかった。さらに、フランスの重電大手アルストムの買収とともに、GE電力部門が直面した重大な資金調達問題に大きな注意が集まり、そちらにリソースを奪われてしまった。

企業変革が始まった後で成功を実現するには、リーダーが継続的かつ全面的なコミットメントを引き出す必要がある。何十億ドルもかけたとしても、バラバラの組織はまとまらない。ここで違いを生むのが、賢明で一意専心のリーダーシップである。亀裂が生じるのは避けられないので、そこに橋をかける方法を見つけ、厳しい決断を下して調整がうまくいかない箇所を見極め、必要な変更のために行動を起こすことで、差がついていく。ボーダフォンの元CEOのヴィットリオ・コラオは同社のデジタル変革の取り組みについて、次のように語っている。

「データ分析、自動化、AIなど、大きな新風が吹いているが、組織全体にまったく同じ吹き方をするわけではない。自社を船団だとすると、スピードを上げる船もあれば、帆が小さくて同じ勢いに乗れない船もある。問題は、各船をそれぞれの巡航速度で走らせるか（私たちが最初に行ったことだ）、それとも私たちが現在試みているように、船団を整列させて大きなプログラムに包み込むかだ。船団を並べることは組織にとって役立つが、船を線形速度で走らせることになるので、最終的に破壊者に吹き飛ばされる危険もある」[*1]

変革におけるリーダーシップ課題は伝統的な企業だけに当てはまるわけではないことを強調したい。本書で何度も見てきたように、どのハブ企業も生き残るためには変革が必要であり、しかも何度も行わなくてはならない。フェイスブックのソーシャル・コミュニティやアント・フィナンシャルのネットワークにおける資産のプライバシーなど、それぞれのビジネスモデルに内在する著しく高いリスクを考えると、デジタル組織のリーダーは変革によって、ビジネスモデルならびにオペレーティング・モデルの中で、安心安全でかつ持続可能な深い基盤を構築する必要がある。

また、リーダーシップの概念が組織のトップだけのものではないことも強調したい。機会と課題は非常に大きいので、誰もが、特に、企業の中核をなすシステムを構築し形成している人々は、貢献しようとする気持ちになるはずだ。みんなが頼りにしているフェイスブックのアルゴリズムを改善したり、エクイファックスでデータを安全に使えるようにするソフトウェアのパッチをインストールしたりするには、優秀な人材がほんの数人いればよい。明らかに、組織の最上層部の人々の影響力は無視できないが、誰でも昇進して重要なリーダーの役割を果たせるのだと理解することが大切だ。

このように考えていくと、新旧企業の変革を担うリーダー世代を育成、メンタリング、選抜をするモチベーションになる。優れた経営者の多くは、AIの背後の基礎知識と、自社組織のビジネスモデルやオペレーティング・モデルに効果的にテクノロジーを展開する方法を両方とも刷新し学習しなくてはならないだろう。データサイエンティスト、統計の専門家、プログラマー、AIエンジニアになる必要はない。むしろ、MBAの学生がプロの会計士を目指していなくても会計知識や事業運営に対する会計上の要点を学ぶように、経営者はAI、関連テクノロジーなど、様々な知識を蓄積していく必要がある。

リーダーたる資格を持つためには、自社がつくって主導するデジタルシステムの理解から始めたほうがよい。これらのシステムがうまくいかなかったら、組織的、倫理的、経済的、政治的にどのような結果を招くかについて十分に認識することだ。デジタル企業の優れたリーダーはソフトイシューも理解しなければならないことを強調したい。依然として人間的な側面に精通し、ますますデジタル化が進むオペレーティング・モデルで働く人々が必然的に直面する重要な問題を理解する必要がある。経営者は継続中の進化を促すのに必要な発想、ケイパビリティ、カルチャーに対する感覚を持つ必要がある。統合的な視点が鍵となり、歴史の知識も多少あるとよい。テクノロジーに詳しく、強い起業家精神に突き動かされているリーダーでも、リーダー層の人間的性質とそれが人々、組織、機関に与える影響に疎ければ、デジタル・オペレーティング・モデル、アジャイル手法、ＡＩをまったく理解していない優秀な既存の経営者と同じく、あまり適任ではないかもしれない。

アントレプレナーシップ

ＡＩ時代の到来は、おそらく文明史上で最大の新事業創造の機会をもたらしてきた。デジタル変革の程度は広大だ。従来のプロセス、シナリオ、ユースケースを見ながら、デジタル対応でＡＩベースのソリューションによって、それぞれのパフォーマンスがどれだけ向上するかという感触さえつかめればよい。コンテンツの作成や配信、健康管理の改善、機器の開発、製造、配備、保守、ニュース報道の作成など、どのやり方を見ても、世の中は新事業創造の機会に文字通り満ち溢れている。

本書で明らかにしてきた課題の多くは、イノベーションと起業家精神のさらなる機会となる。サイバーセキュリティの確保、アルゴリズムのバイアスの回避、フェイクニュースとの戦い、良質な雇用創出など、求められる多くのソリューションは主に、真の技術的ブレークスルーとイノベーションから生み出されるだろう。幸いにも、これまで論じてきたように、イノベーションのコストは大幅に低下してきた。デジタル・テクノロジーが至るところに浸透していること、実質的に誰でもどこでもオンデマンドでコンピューティング・

パワーを使えること、オープンソースのソフトウェアやハードウェア・ツールが広く利用できることは、発明の力を民主化してきた。

しかし、機会を検討し評価する際に重要なのは、必要なイノベーションの技術的な実現可能性と新規事業のオペレーティング・モデルの規模拡大の可能性を調べるだけではない。捉えにくい競争上の意味合いも含めて、新規事業のビジネスモデルを完全に理解し評価するためには、より深い分析が必要になることが多い。その典型例が、何年も赤字に悩まされてきたウーバーだろう。同社のＩＰＯの目論見書は、決して黒字化しないかもしれないと投資家に警告すらしている。しかも、約２５０億ドルの投資資本を呼び込んだ後で、である。[*2]

ウーバーの競争力の前途について、広範なマルチホーミングとネットワークのクラスタリングが可能なビジネスモデルである以上、常に広範な競争にさらされる恐れがあることに言及した（第6章を参照）。ウーバーなどのライドシェア企業はパラドックスを抱えている。そのサービスにより、消費者余剰が高まり（オンデマンドで5分以内に乗車できるサービスを望まない人はいない）、１００万人以上の運転手を柔軟に雇用できるようになった。しかし、大規模コミュニティに対してわずかな雇用でしかなく、潜在的には都市中心部の渋滞が増えて環境面や交通面で外部性が生じることさえある。その中で儲からない可能性の高いビジネスモデルにお金を投じることが賢明だとは考えにくい。

当初の金銭的利益を超えて機会を拡大させ、その成功を維持して、接点を持つ大勢の人々の暮らしを実際に向上させるために、賢いリーダーは、ますますデジタル化する自社が周囲のコミュニティに及ぼす影響について理解を深め、より難しい社会的、倫理的な意味を考慮するだろう。とはいえ、研究やエンジニアリングに投資することは多いが、自社のビジネスやオペレーティング・モデルの機微を理解するために、同じように注意とリソースを注ぐ人は少数派にすぎない。特に難しい課題は、新たに立ち上げたデジタル企業がその周囲の現実に及ぼす長期的影響を完全に自分事として理解することだ。

その好例となるのがブロックチェーンの新規事業だ。ブロックチェーン・ベースやそれに着想を得たアーキテクチャは、この技術が持つ根本的な影響力から、おそらくデジタル化とＡＩの波が引き起こす問題の多くを解決する重要部分になるだろう。[*3] ブロックチェーン空間は、分散型台帳、スマートコントラクト、暗号通貨、ピアツーピア・ネットワークなど、幅広い有益なメソッドやテクノロジーを具現化する。しかし、複雑な業界や制度がもたらす背景の中で、ブロックチェーン・ベースのビジネスモデルを成り立たせるには、新しい考え方を反映させる必要がある。ブロックチェーンの影響は非常に有望視されているが、これまでのところ、投機以外では断片的な成果に留まっている。

持続的な影響力を発揮できるのは、複雑な規範や制度に合うようにテクノロジーを形成する、あるいは、少なくともそれらが変わっていくのを手助けする場合に限られるだろう。

ブロックチェーンの成熟に伴って、多様なテクノロジーはますますアンバンドリング〔ひとまとまりだったものが分解され、各要素を活用できるようにすること〕されていき、改竄されないスマートコントラクトから、ニュースの追跡やサプライチェーンの監視まで、様々な領域におけるニーズを満たすためにカスタマイズされるかもしれない。このように、非常に重要なビジネスモデルのイノベーションがますます各ブロックチェーン技術の成功を後押しするだろう。ブロックチェーン技術が伝統的な官僚制の非効率性を大幅に軽減するのに本当に役立つとすれば、それがいつであろうと早すぎるということはない。

競争優位性が独自の静的な資産やケイパビリティに基づき、多くの場合、破壊的変化なしに何十年も送れた時代は過ぎ去った。今日のリーダーは、絶え間ない変化と、自ら率いる組織の性質や競争している市場の性質を脅かす頻繁な衝突に対処する必要がある。イノベーションと起業家精神は変革とともに、重要な突破口になる。起業家的な知恵が大きいほど、私たち全員にとってよりよい成果になるだろう。

規制

規制当局はテクノロジーの進化に急いで追いつこうとしている。独占禁止法やプライバシー保護など様々な分野における目下の取り組みは、デジタル企業の監視や説明責任の強化に大いに貢献してきた。さらに、ウーバーやエアビーの場合は、地方自治体が関与するようになっている。AIの影響が拡大を続けるうちに、交通安全や人種差別など様々な領域で、あらゆるレベルの政府による規制が広まるだろう。

規制当局はプライバシー規制のニーズの高まりに多大な関心を向けている。ヨーロッパは2018年に先行して一般データ保護規則（GDPR）制度を導入し、個人が組織による個人情報の利用法をコントロールしやすくした。最も重要なのは、GDPRが仮名化、アクセス権、消去権といったデータ保護の基本原則を導入し、個人に自分のデータに対する所有権を与えていることだ。

この規制は初期設定で厳しいコントロールが行われ、それを緩和するためには、消費者がオプトアウト〔許諾しない意思表示〕しなければならない。当然ながら、これで誰もが少なくとも一定の保護を受けられる。しかし、GDPR制度に最もうまく対応できるのは大手テック企業であり、スタートアップにとってはコストが上昇するため、大企業の優位性が強化されるのではないかという懸念も大きい。

さらに、特にデジタル・ハブ企業の文脈で、独占禁止法をめぐる議論が過熱しつつある。主にヨーロッパでは、数社が様々な反トラスト法違反の対象になっている。1990年代後半から2000年代前半にかけてはマイクロソフト、最近ではグーグルがそうだ。グーグルはヨーロッパで過去数年、検索サービスやアンドロイドOSにおける非競争的行為に対して罰金を科されてきた。ヨーロッパの競争当局はそれでほぼ狙った効果を出せたかもしれないが、以前にも増して新タイプの根深い問題を抱えている経済にとって、厳しい制裁金が最も効果的な是正措置であるかどうかは定かでない。プライバシーと独占禁止法の両分野における違反行為に対して、適切でかつ効力のある是正措置を策定するのは非常に困難であり、広範な議論に値する重要かつ未解決の問題と言える。

こうした活動は個別に進めるべきではない。ハブ企業は規制や政策づくりのために政府と協力しなければならないことを認識している。マイクロソフトは1990年代に反トラスト法執行機関と明らかに敵対的関係にあったが、そのようなことは今後ないだろう。アップル、マイクロソフト、アルファベット（グーグル）、フェイスブック、アリババなどのテック企業は、政治的なロビー活動やポジショニングに重点が置かれてはいるものの、成果を出しやすくするために開発してきた高度なケイパビリティを活かして、規制当局との真の協力を重視する傾向が見られる。企業が間違いを犯すことがあるように、政府の規制当局は完全に理解していないシステムや組織を修正するために、未来を完璧に占うことはできないのだ。

もっとも、協力は最初の一歩にすぎない。現実はというと、新しいデジタル経済を定義する問題の多くは実に解決しにくい。不平等、プライバシー、バイアスなどは、解決はおろか、定義すらままならない。しかも、こうした問題解決で扱うのは動く標的であり、短期と長期の時間軸で変化していく。したがって、最も重要な解決策は、個別の規制を超えて協力的な構造やアプローチを確立することかもしれない。規制の力を示しながら、専門家が持続的に参画して状況を監視し、必要な変更を促し、考えられる解決策を編み出し、規制における重要なイノベーションを促進することでメリットも引き出すのだ。

コミュニティ

デジタル企業に対するチェック&バランス（抑制と均衡）において、コミュニティは規制を補完するうえでますます重要になっている。

ソフトウェア産業に及ぼすコミュニティの影響には長い歴史がある。テクノロジーの歴史における真のブレークスルーとなったのが、リナックスOSの継続的な開発と進化だ。広く利用されている他の主要ソフトウェアとは異なり、リナックスの設計、開発、実装、サポートはすべてエンジニアのグローバル・コミュニティが手掛けてきた。その組織は（現在もそうだが）高度に構造化され、明確な役割と責任の下で明確なガバナンスが機能し、貢献だけでなく過失の説明責任も明確にされている。

これらはすべて徹底的な分散型テストプロセスに組み込まれ、何万人ものコミュニティ・メンバーに支えられている。同ソフトウェアは無料で利用することができ、その派生プロダクトもすべて無料で使えることを保証するGNU一般公衆利用許諾書の下でライセンス供与されている。オープンソースのソフトウェアは、何百万もの人々の熱意と想像力を惹きつけている。みんなで力を合わせて世界的にソフトウェアを改善していくのだが、そのインセンティブとなるものはスキル開発、明白な企業の業務、純粋な楽しみ、評判の構築、基本的なコミュニティと共通目的など多岐にわたる。

リナックスは今日、最も人気のあるクラウド・オペレーティング・システムであり、AWS（アマゾン）、アジュール（マイクロソフト）、グーグル・クラウドなど主要プロバイダー企業によって幅広くサポートされており、必要なキャパシティをオンデマンドで利用することができる。さらに、オープンソース・ソフトウェアの多種多様なアプローチは、アパッチのようなウェブサーバーから、Firefox（ファイアーフォックス）のようなブラウザに至るまで、様々なプロジェクトの動力源として利用されている。ファイアーフォックスは、もともとネットスケープがナビゲーターとして構築したものであり、後にオープンソース化され、今はモジラが運営している。MySQL のようなデータベース、REACT（当初はフェイスブックが構築）のようなユーザー・インターフェース・ライブラリ、今やほぼユビキタスな機械学習のフレームワークとなっているTensorFlow（テンソルフロー、当初はグーグルが構築し、現在はオープンソースになっている）など、オープンソースのソフトウェアは非常に幅広い領域で活用されている。

オープンソースのアプローチは、ソフトウェアのインフラ開発以外でも広く効果を発揮してきた。オープン型オンラインリストのクレイグリストは長年、幅広いカテゴリーで優位に立ってきた。その後、ウーバーやエアビーなど、無数の特化型ウェブサイトが同社のアプローチを模倣した。しかし、おそらく最も重要な例はウィキペディアだろう。2001年にジミー・ウェールズとラリー・サンガーが創設した世界共通のオンライン百科事典であり、300言語で数百万件の記事を掲載し、毎日約10億人が利用している。

ウィキペディアのガバナンスは明確な組織、明確な役割と責任、明確な説明責任のプロセスなど、多くのオープンソースのプロジェクトと似ている。ウィキペディアは世界で最もよく使われる百科事典となっているが、不正確さやバイアスを一貫して回避してきた。その仕組みの素晴らしいところは、ある項目が正しくないと思ったら自ら修正し、その改善内容をオープンで透明性のある編集プロセスにかけることが奨励されていることだ。

調査研究で繰り返し立証されてきたとおり、このプロセスはうまく機能している。たとえば、ハーバード大学の同僚であるシェーン・グリースタイン、フェン・ジュウ、グレース・グーは、政治的に慎重に扱うべきテーマを取り上げている数千件の記事についてウィキペディアの政治的バイアスの進展状況を測定した。すると、複数の投稿者が訂正するうちに、時間とともにバイアスが減少傾向に向かった。また、コミュニティからのフィードバックを吸収することで、時間とともに編集者自身のバイアスが減っていく傾向が見られたという。[*4] ほかにも、ハーバード大学イノベーション科学研究所のミーシャ・テプリッキーらの共同研究では、ウィキペディアの記事で政治的見解が多様であるほど、質の高いコンテンツが作成されていることが示された。[*5] 分極化と多様性が、誰でも参加できる分散型プロセスと組み合わさって、より質の高いコンテンツを可能にしていたのだ。

コミュニティが新世代の問題解決を主導する可能性は非常に高い。デジタル・オペレーティング・モデルが生み出す課題を克服する推進力として、コミュニティは素晴らしい資産となりうる。リナックスはその歴史の中で、不正操作やサイバー攻撃に比較的強いことが証明されてきた。テンソルフローは数百カ国で機械学習の取り組みを動かしている。ウィキペディアのバイアスは通常、数時間とは言わないまでも、数日で是正される。このような堅牢性、グローバルリーチ、透明性、応答性は今や極めて重要であり、伝統的な官僚的組織を通じて規制当局がそれを提供するのは難しい。新タイプの組織はオープンソース・コミュニティに倣いつつも、おそらくより強力で幅広い権限を持っており、アルゴリズムのバイアスからフェイクニュースまで、デジタル経済やデジタル社会が直面する多数の問題の解決において重要な役割を果たせるだろう。オープンソースの擁護者であるエリック・レイモンドが書いたように、「目玉の数さえ十分にあれば、どんなバグも深刻ではない」のだ。

コミュニティの精神（エトス）は活発な個人に限られたものではない。アパッチ、リナックス、モジラといった財団法人による共同の取り組みが示すように、大小様々な企業が、業界内あるいは業界を超えて、他企業、NPO（非営利団体）、個人と協力しながら、様々な重要なソフトウェア・プロダクトやテクノロジーを創出、維持、拡張、保存することができる。コンテンツやAI研究など多くの場面で、これに倣ったモデルがつくられてきた。コミュニティの知恵は無視できない資産である。

経済の健全性と活力のためには、コミュニティが果たす重要なリーダーの役割を保護し改善することが不可欠だと、私たちは考えている。コミュニティへの配慮は、ハブ企業に対する規制のチェック・アンド・バランスに関する今後の考え方に重大な影響を及ぼし、すべての新しい政策や規制に密接に関係するはずだ。オープンソース・プロジェクトで可能となっているような公正で動的なガバナンス制度を活用し、長年にわたって実証されてきたモニタリング、即時対応、長期的改善を促進しながら、クラウドとイノベーションのコミュニティ形成に向けて投資を増やすことは非常に理に適っている。最終的に、クラウドとコミュニティは規制や政策決定機関の影響力を大幅に改善・拡大でき、執行と対応の仕組みを新たなレベルに押し上げ、イノベーションを起こしていくはずだ。

集合知のリーダーシップ

デジタル変革の影響力を理解することは、企業業績の維持だけでなく、どのような形で制度を存続すべきかを考えるうえでも重要である。AI時代の企業の特徴である新タイプのオペレーティング・モデルは、産業、国、市場、政党を超えて私たちを結びつけている。その結果として生じる多くの相互依存関係は無視できないほど重要になり、新タイプの集合知が必要な理由となっているのだ。

デジタル企業が、人が関与することで起きる様々な摩擦を減らし、これまでの社内のボトルネックを解消していくにつれて、コミュニティや組織間の複雑な相互関係が極めて重要になった。残された唯一の制約は、たいていの場合、新タイプの突発的な集団的失敗のようだ。フェイスブックやツイッターのフェイクニュースやプライバシー問題、エキファックスやヤフーなどの大規模なデータ流出によって、突然、価値の破壊が生じて、それぞれ数十億人とは言わないまでも、数億人の消費者に影響を及ぼす状況を私たちは目にしてきた。アント・フィナンシャルの投資口座は、中国の人口の多数派の貯蓄を取り込んでいる。これにより、比較的小さな組織のリーダーの肩に巨大な責任がのしかかってくる。

AIが可能にする社会的、経済的ネットワークのグループ・ダイナミクス（集団力学）によって、経営やリーダーシップの捉え方が変わる。集団的な効果がますます重要になるのに伴い、デジタル企業の業績は従来の経営効率性のドライバーをはるかに超えて、私たち全員に及ぼす自社の影響力にますます左右されるようになるだろう。これは、伝統的なマネジメントの概念を見直す必要があるということを意味する。一企業を超えて、自社が依拠し貢献する広大な経済的、社会的ネットワークに及ぼす影響に私たちはもっと注意を払うべきなのだろう。これまで広範なコミュニティに及ぼす結果は二次効果として扱われることが非常に多く、議論されるのはたいてい事後になってからだった。

デジタル企業がますますグローバル経済を形成するようになれば、経営陣はこれまでとは異なる基準で説明責任を問われるだろう。個々の企業として競争していたとしても、プライバシーの向上、ニュースのバイアスや操作の除去、さらには失業者を激励し再教育する効果的な仕組みの構築といった集団的な成果によって、成否が判断されるようになる。

経営者は重要な経営判断に直面したとき、公的な観点をよく放棄してしまう。経営幹部はAI主導のデジタルでつながった経済という概念を表面上は受け入れたとしても、個々の企業業績の最適化を超えた意思決定には至らないことが多い。「自社の」システムのほうが競合他社のシステムよりも優れていると往々にして主張し、どちらのシステムにもつながって、全体的な改善へと共同で推進していける事実を無視してしまうのだ。たとえば、フェイスブック、グーグル、ツイッターなど各社のリーダーが、真実やバイアスなどの領域における懸念を監視し対処するために一貫性のある共通アプローチを確立する術を見つけたとすれば、（みんなひっくるめて）よりよい状態になるだろう。コミュニティや規制当局は、共通原則を確立させるだけでなく、オープンなデジタル・テクノロジーやプラットフォームを開発することでも支援できる。様々な立場の人が協力してＡＩの可能性を実現する支援団体であるパートナーシップ・オン・ＡＩなどの組織は、研究や協働を進めるうえで有望なモデルを提供している。[*6]

　経済ネットワークの概念を真摯に受け止めるならば、この類推をもとに従来の競争の概念を超えて進み、企業間の力関係をもっと進歩的に理解できるようになるはずだ。ここまで、ネットワーク化された競争環境をよりよく活用し、形成するために、個々の組織がどのように移行すべきかを概説してきた。主要な資産やケイパビリティ、それらを展開するオペレーティング・モデルを取り上げた。

　しかし、こうした考え方のポテンシャルを最大限に引き出すためには、より深い哲学的な転換が必要だと私たちは感じている。個々の企業の存亡は各社のエコシステム全体の健全性によって決まり、ビジネス上の意思決定では、こうした基本的な検討事項を深く考慮に入れることを共通目的としたほうがよい。ＣＥＯのマーク・ザッカーバーグが重々心得ているように、フェイスブックが依拠するネットワークのメンバーがますます不満を募らせ、疎外されていけば、同社の成功は長続きしないだろう。競争における新しいリーダーシップの知恵を効果的に定義するのが、企業のネットワークの健全性という概念と、そこから浮き彫りになる責任である。

この増大する責任の多くを、ネットワークのハブとなる少数の企業が引き受けることになるだろう。アルファベット、マイクロソフト、フェイスブック、アリババ、アマゾン、テンセントは、私たちの経済や社会システムに不釣り合いなほどの影響力を持ち、社会で非常に重要な役割を担っている。アマゾンやアリババで買い物をして、アリペイやペイパルで決済し、ウィーチャットやフェイスブックでコミュニケーションをする数十億人の運命を、数千の人々が形作ってきたことを考えると、驚いてしまう。多少の挫折はあったにせよ、こうした組織は自社ネットワークを強固で回復力のあるエコシステムにすることで成功してきた。彼らがこれまで成し遂げてきたことは、大いに称賛に値する。しかし極めて重要なのは、機会として始まり、巧妙かつ効果的な戦略として継続してきたことが今では根本的かつ重大なリーダーとしての責任になっていることだ。

＊＊＊

私たちは経済と社会の歴史上で重要な瞬間に居合わせている。デジタル・ネットワークとＡＩがますます世の中を動かすようになり、企業の本質の根本的な転換を目の当たりにしている。これは、規模、範囲、学習に対する過去の制約を取り払い、巨大な機会と異例の大混乱をもたらす。しかし、これだけデジタルで新たに自動化されているにもかかわらず、まだ経営はお役御免にはならないようだ。テクノロジー（あるいは技術者）だけで解決するには、課題があまりにも大きく、複雑で、形が定まっていないのだ。しかし、このような時代の変化を主導していくには、大企業から新しいベンチャーへ、規制機関からコミュニティへと組織を舵取りしていく新タイプの経営の知恵が必要になるだろう。

本書で紹介したフレームワークがこれらの極めて重要なダイナミクスを議論するうえで参考になり、新たな考え方が生まれてくれれば幸いである。その意味するものは幅広い領域、とりわけ次世代リーダーの思考形成において重要だ。期待を込めて言うと、最良の時はこれから、なのだ。

ディスクロージャー

本書は観察と行動に基づいている。知見や事例は、幅広い分野の多数企業における私たちの実体験から導き出したものだ。私たちは個人として、あるいはキーストーン・ストラテジーとともに、マイクロソフト、フェイスブック、アマゾン、アルファベット、フィデリティ、マリオット、ゼネラル・エレクトリック、ウーバー、ロシュ、コムキャストなど、本書に登場する多くの企業のコンサルティングや事業形成に積極的に従事してきた。イアンシティは法的問題の専門家として、マイクロソフト、フェイスブック、アマゾン、米司法省、欧州競争法関連当局などに関わってきた。ラカーニとハーバード大学イノベーション・サイエンス研究所（ＬＩＳＨ）はＮＡＳＡ、マッカーサー財団、ローラ・アンド・ジョン・アーノルド財団、シュミット・フューチャーズ財団、クック財団、リナックス財団から研究資金を得て活動し、グーグル・ファカルティ・リサーチ・アワードも受賞している。私たちはＨＢＳのエグゼクティブ・エデュケーション・プログラムや民間のエグゼクティブ教育の場で幅広く教育活動を行い、本書で取り上げた多くの企業経営者と会って話をしてきた。ＨＢＳ教員として、同校のリサーチ・アンド・ファカルティ・ディベロップメント部門から研究助成金も受けている。最後に、私たちは複数社の取締役も兼務している。ラカーニはモジラ・コーポレーション、ローカル・モーターズ、カーボン・リレー、ヴィディアヘルスの取締役である。イアンシティはPDFソリューションズ、モジュールQ、キーストーン・ストラテジーの取締役を務めており、キーストーン・ストラテジーの共同創業者兼会長でもある。

謝辞

自分の無知を知ることが、悟りへの第一歩である。
——パトリック・ロスファス著『賢者の怖れ』（早川書房）

本書は何十年も議論してきた内容をまとめたものである。私たち二人は、製造が企業競争力に与える影響や、企業戦略がケイパビリティに制約されるのか、企業の事業部門にとっての技術的破壊の脅威などを議論しながら成長してきた。7年余り前、このような議論がトーンダウンしていることに気づいた。何かを見落としていたのだ。問題は、ある特定の企業が大きな損失を出したり破壊されたりしているのではなく、あらゆる企業が本質的に同じ問題を経験していたことだ。旅行や農業など、異業種も例外ではない。アメリカ経済では、真に根本的なことが変化していた。企業の本質が進化していたのだ。データ、アナリティクス、AIを動力源に、デジタルネットワークの力を活用する「デジタル企業」が誕生した。こうした企業は、規模、範囲、学習における100年来のボトルネックを取り除き、これまでとは異なる方法で業務をこなしていた。

この知見を形成するうえで、多くの指導者や同僚に協力していただいたことに感謝したい。私たちが伝統的なオペレーションの世界を理解するに際して、ウィック・スキナー、ボブ・ヘイズ、スティーブ・ホイールライト、ケント・ボーエンのような偉大な思想家に影響を受けている。彼らはキャリアの大半を、企業のケイパビリティの重要性というテーマに費やしてきた。私たちが現代経済を理解するきっかけとなったのが、カーリス・ボールドウィンとキム・クラークの研究であり、共著書『デザイン・ルール──モジュール化パワー』（東洋経済新報社）にまとめられている。同書は、情報技術によって経済が再編され、別々の一枚岩的な産業から、モジュール化された構成要素が集まったネットワークへと変化していることを初めて示した。また、イノベーション、ネットワーク、コミュニティに関する私たちの考え方は、エリック・フォン・ヒッペルの影響を受けている。同氏は私たち二人を指導し、テクノロジーの「ブラックボックス」の内側を見る方法を教えてくれた。マイケル・タッシュマン、リンダ・ヒル、セダール・ニーリーはデジタル・トランスフォーメーションを実現するために必要な組織的、文化的な課題について素晴らしい洞察を示した。私たちにコーチングをしてくれるジェン・コーヘンは、常に地に足をつけて新しい課題に取り組む準備ができるように、重要な知見を授けてくれた。

特に感謝したいのが、私たちのパートナーとして、数百件のプロジェクトで無数の組織を調査し影響を与えながら、多様な業界で「変革の概念」を推進している、キーストーン・ストラテジーのチームだ。グレッグ・リチャーズはいつも創造的な意見を出し、ジェフ・マロウィッツは多くの洞察に富む提案や重要なコメントをしてくれる。ロス・サリバンは私たちのコーチとなり、多くのプロジェクトで思慮深い意見や事例を授けてくれた。大いに感謝しているのは、ロヒット・チャテジー、ダン・ドナヒュー、サム・プライスが、私たちが本書の題材を構想し実現する過程で重要な意見やフィードバックをくれたことだ。また、トム・クドラル、ショーン・ハートマン、ダイアン・プレスコット（マイクロソフト）、ヘンリー・シルヴァ、セイラ・アゾズには、多くの影響力のあるアイデアや貢献、大きなエネルギーと情熱をいただいた。ジャック・カードウェルとジェシカ・ソロモンが、ネットフリックスやウォルマートなど、素晴らしい知見や事例を紹介してくれたことにも謝意を示したい。キーストーン・チームは本書に活気を与えてくれた。

HBSは私たちのアイデアを発展させるユニークなプラットフォームとなった。私たちの研究が実を結んだのは、ニティン・ノーリア学長の継続的な支援と励ましが非常に大きい。ヨンメ・ムーンは私たちのアイデアの発展を大いに助けてくれた。スリカント・ダタール、ジャン・リブキン、レスリー・ペルロー、マイク・ノートン、シンシア・モントゴメリー、テレサ・アマビールら、HBSの上級副学長や研究部長たちの支援により、私たちはテーマ領域を深く掘り下げることができた。

カリン・クヌープとケリー・ハーマンが率いるHBSケース研究及びライティング・グループは、私たちの研究活動の原動力となった事例の開発において、特別な支援をしてくれた。ジュリア・アルヌスは本書の執筆過程でリサーチ・アシスタントを務め、多大な貢献をしてくれた。そして何よりも、私たちの知的議題や影響力において大きな刺激となったのが、HBSのテクノロジー&オペレーションズ・マネジメント部門の優秀な教授陣であり、非常にお世話になった。特に感謝したいのがフェン・ジュウであり、同氏のネットワークとプラットフォームに関する革新的な研究と知見は、私たちの思考形成の糧となり、本書の多くの章が直接的な影響を受けた。また、シェーン・グリーンスタインの著書は数々の賞を受けてきたが、インターネットの歴史の理解が深まり、様々なAI系スタートアップに関する素晴らしい事例の開発に役立った。私たちは共同ディレクターを務めるHBSデジタル・イニシアチブに参加する教員、スタッフ、来賓もまた、継続的に知的栄養源となり、経済で起きているデジタル変革の重要な側面について多くの手掛かりを与えてくれた。

過去10年間、私たちはハーバード大学定量的社会科学研究所のイノベーション・サイエンス研究所（LISH）を通じて研究への情熱を大いに発揮してきた。LISHとその前身（NASAトーナメント研究所、クラウド・イノベーション研究所）があったから、私たちはイノベーションの課題を解決するためにパートナーと協力しながら、同時に厳格な社会科学研究を行うことができた。NASAの同僚であるジェイソン・クルーサン、ジェフリー・デイヴィス、ウィリアム・H・ゲルステンマイヤー、リン・ブックオ、スティーヴン・レイダーは私たちの研究室に協力してくれた。NASAとの初期の共同研究から、最も困難な宇宙科学の問題をいくつか解決するためにAIを用いたアルゴリズムの力が明らかになった。トップコーダー（ジャック・ヒューズ、ロブ・ヒューズ、マイク・モリス、アンディ・ラモーラ、デイヴ・メッシンガー）との提携にも感謝したい。同社が育成してきた素晴らしいクラウドソーシング・コミュニティを通じて、AIイノベーション課題を解決することができた。LISHにはハーバード大学全体で協力者が得られるユニークな結びつきを持ち、特にエヴァ・ギナン（ハーバード大学医学大学院）とデヴィッド・パークス（ハーバード大学ポールソン工学・応用科学大学院）のおかげで、私たちの研究が技術的な厳密さと実践を重視したものになった。LISHのスタッフ、研究者、博士研究員、博士課程学生、来賓（ジン・パイク、マイケル・メニエッティ、アンドレア・ブラスコ、ニナ・コホーズ、ジェニー・ホフマン、スティーヴン・ランダッツォ、リナト・セルゲーエフ、マイク・エンドレスなど）は常にイノベーションの源泉、研究に関する知見、私たちの研究の強力な事例となっており、それぞれの献身と取り組みに非常に感謝している。私たちの研究生活を整理し、バランスをとり、生産的にしてくれたアシスタントのカレン・ショートとリンジー・スミスにも謝意を伝えたい。

メリンダ・メリノとハーバード・ビジネス・レビュー出版は、素晴らしいプロセスを用意し、急速に変化するAI分野に本書の重点を置くように背中を押してくれた。

ジョン・スヴィオクラ、ウラジミール・ヤチモヴィッチ、ジェフ・マロウィッツ（再掲）からの非常に有益な批評コメントにより、本書を大幅に改善できたことを感謝している。ヤチモヴィッチは、私たちがＡＩファクトリーの概念を理解し、それが現代的なオペレーション・モデルに多大な影響を及ぼすことに心躍らせるきっかけをくれた。

何よりも、本書の構想や執筆に多大な影響を及ぼしたエイミー・バーンスタインに謝意を伝えたい。知的発見と統合のプロセスの中で、彼女は良いときも悪いときも、優しくも毅然とした態度で私たちを導き、私たちが熱量を持って打ち込み続けるように支援してくれたからこそ、本書を世に出すことができた。彼女は過去8年間、私たちの知的思考パートナーとなり、私たちのアイデアをよりよく、より鋭く、より鮮明に、より適切なものにするために、常に助力してくれた。私たちは彼女なしでは成し遂げられなかっただろう。

最後に、私たちの知的課題と本書の執筆において、私たちの家族が中心的な役割を果たしたことにも感謝したい。私たちが何日も家を空け、何時間も一人でコンピュータに向かうことを我慢してくれた。

ラカーニはまた新しい「クールな」プロジェクトを始めたときに、妻であり親友でもあるシャヒーンの忍耐力と知恵に感謝している。彼女は実りある探求になるよう、安定と居場所と励ましを提供してくれた。娘のシタラは、彼が未来に畏敬の念を持ち続け、世界をよりよい場所にするように鼓舞してくれる存在だ。母親のドウラットは、息子が信じられない機会を得られるように多大な犠牲を払い、常に彼の人生行路の支柱となってきた。

イアンシティは妻のマレーナの溢れんばかりの情熱と熱意に感謝している。無数のアイデア、記事、投稿で彼を啓発し、常に質問を投げかけて、真に重要な問題を取り上げた適切な本になるように助力してくれた。また、質問したり疑問を呈して、すべての議論の「別の側面」を巧みに取り上げるジュリアにも、感謝している。また、本書の「最高技術責任者」であるアレキサンダーは、本書を現実のエンジニアリングに根差したものにし、実際のＡＩの影響について多くの知見を授けてくれた。最後に、その過程で活力、情熱、多くの笑顔を与えてくれたヴァネッサ、スア、小さなＳＪ（「マルコはどこ？」とよく聞いていた）にも感謝している。

マルコ・イアンシティ
マサチューセッツ州ドーバー

カリム・Ｒ・ラカーニ
マサチューセッツ州ケンブリッジ

監訳者による解説

本書は、*Competing in the age of AI : strategy and leadership when algorithms and networks run the world*（Marco Iansiti, Karim Lakhani）の全訳である。

ＡＩ（人工知能）が我々の社会に広く浸透してきている現在、そしてさらなる発展・拡大が予想される未来において、社会や顧客が求める価値を生みだし、競争力を持って発展できる企業・組織はどのようなものか。本書は産業革命以降の企業組織の歴史やその経済性の基本原理を踏まえて、何が根底的に変化しているのか、そして企業・組織のリーダーはその変化に対してどのように対応、変革を進めていくべきかを詳述している。

◆デジタル変革が進まない日本の現状

この本が今、日本の多くのビジネスパーソンや各界のリーダーに届けられることは、とても時宜を得たものだ。デジタル・トランスフォーメーション（ＤＸ）が人口に膾炙するようになって久しく、またＷｅｂ3、ＮＦＴ、メタバース、そして大規模言語モデル（ＬＬＭ）など、新たなデジタル技術やコンセプトが次々と現れ、多くの人々がこうした技術が自分たちのビジネス・仕事・生活にどのように影響するのかを理解しようとし、またいち早く取り入れようと動いている。結果、多くの企業・組織でＤＸ専門部署をつくる、ＡＩを用いた新事業開発プロジェクトを開始する、デジタル人材育成プログラムを開始するなどの活動が進んでいる。こうした動きは、組織、そして個人が変化に適応し成長しようという努力の顕われであり、それ自体はとてもよいことだ。

しかしながら、デジタル技術が注目され、新しい方法論を取り入れようとする意欲も高い割に、多くの企業・組織における「デジタル変革」の進捗は残念ながら捗々《はかばか》しくない。戦略やビジネスモデルの面では、既存のモデルによる売上・利益が相変わらず大半を占めており、新しいモデルはなかなか規模拡大できないでいる。結果、組織のほとんどの人が既存の事業に関わる活動を、これまでと同じようなやり方で行っている。デジタル変革が大きな話題になっている割に、日々の仕事の進め方、組織での意思決定の仕方はこれまでのそれと基本的に変わらない。監訳者がグロービス経営大学院でテクノベート・ストラテジーのクラスを担当し、多くのビジネスパーソンの学びを支援する中で、また様々なテクノロジー企業と協働して多くの企業・組織のＤＸの支援を行う中で目にしている実態が、これだ。

デジタル変革の必要性を理解し、新しい技術や考え方を取り入れようと相応の努力しているのにもかかわらず、なぜ変われないのか？　様々な理由があるだろうが、新しい技術を取り入れ、方法論を学び、仕組みを導入していても、実は基本的な「オペレーティング・モデル（組織が、どのように価値を生みだし、顧客に届けるか、の基本的なやり方・あり方）」が既存のもののままである（私はこうしたDXを「ふりかけ」と呼んでいる）ことが大きな要因だろう。デジタル革命によって起きている社会・経済・ビジネスの根底的な変化に適応するためには、これまでの企業・組織の基本的あり方、特にオペレーティング・モデルを更新する必要がある。それは我々が慣れ親しみ、当たり前のものとして疑わない「企業・組織とはこのようなものだ」「優れた企業・組織はこのような特徴と備えている」という基本的認識、産業革命以降に長年にわたって発展してきた価値創造の基本構造・基本原理を、再構築する（私はこれを「炊き込みご飯」と呼んでいる）レベルの大きな変化だ。

多くの方々とデジタル変革について対話する中で感じるのは、新しい技術や方法論自体についてはいろいろと知っているものの、デジタル革命で求められる変革がこれまでのオペレーティング・モデルとは根底的に異なるものへの移行であり、それだけ大きな変化であるという認識・理解が希薄であることだ。このため、様々な取り組みを行っているものの、古いイメージを基本にして、そこに新しい技術を追加しようとし、肝心な部分が変わっていないために効果が限定的になり、組織変革の取り組みが中途半端になってしまうケースがとても多い（たとえば、多くの製造業がDXを謳っているものの、「製品の販売」をビジネスのゴールとする考え方から変わっておらず、顧客が製品を利用することで生まれる情報を活用して継続的な価値を改善、提供し続けるといった、情報を価値の源泉とするビジネスモデルに移行できていない。「製品の販売時の利益の最大化」を目的としている既存の管理会計などの仕組みが変化を妨げる原因の一つになっている)。

実は「オペレーティング・モデル」という概念は日本のビジネス界ではあまり用いられておらず、そのせいもあって、こうしたものの見方・捉え方自体がなされていないことが多い。このため、こうした変化を適切に認識・理解、そして課題としてうまく扱うことができないのだ(「オペレーション」という概念はよく使われているが、それはオペレーティング・モデルよりは狭い範囲、たとえば生産や物流等活動における具体的方法論などを指すケースが多い)。

オペレーティング・モデルは、本書の説明にもあるように、企業の「戦略(どのような領域で何を武器に戦うか)」や「ビジネスモデル(どのような価値を生みだし、またその一部を獲得するか)」といった階層と、「人や組織、そして経営資源等をどのようにマネジメントするか」という階層の間にあり、それらをつなぐ「価値を生みだすために、様々な活動をどのように実行するか」を扱う重要な領域なのだが、その部分が抜け落ちた議論と実行が多いのだ(たとえば、デジタル変革に関する議論において、「デジタルによる新事業をどう生み出すか」「デジタル人材をどう育成するか」「既存のＩＴ基盤をどのように近代化するか」等がばらばらと議論されている一方で、それらを繋ぐ「自社の価値創造活動の仕方は、デジタル革命時代にどのようなものに変わるべきか」という重要なオペレーティング・モデルに関する議論がほとんどなされていない)。

◆本書の重要なポイント

本書は、デジタル技術の進化が引き起こす社会、産業、ビジネス、我々の仕事や生活における根底的で不可逆的な変化の本質は何かを明確に示すとともに、この変化をリードしているAIファーストの企業とはどのようなもので、それが既存の企業・組織と本質的に何が違うのかを具体的に示している。その説明の核になっているのがAIファーストの企業・組織のオペレーティング・モデルだ。ここを正しく理解し、目指すべき姿を具体化、そして現状とのギャップを正しく認識することが真のデジタル変革を進めるための重要な出発点になる。

詳細の議論は本文(特に序章~第4章)に譲るが、その重要なポイントを、様々な要素の繋がりを意識してまとめてみよう。

AIファクトリーによるオペレーティング・モデルでは、企業・組織の価値を生みだす活動の多くが、AIにより自動化(ここでは、人による作業を単純に機械に置き換える自動化〔Automation〕ではなく、機械に人間が行うような判断力を加える自働化〔Autonomation〕が適切だろう）され、人を介さずに実行される。それによって活動のスピード、コスト、正確さの成果面でもより効率的な実行が可能になる。ＡＩはその活動の結果をデータとして収集し、データを用いて継続的に学習するため、価値と活動のあり方の改善・最適化が高速かつ自動的に進む。その結果、価値の適切さと価値創造活動の生産性・効率が高まり続ける。また情報が価値の源泉であるために、追加の資源投入やコストが相対的に小さくても価値が高まり、顧客にとってより魅力的なものになるので、顧客増や販売量増といった結果に繋がり、事業の「規模」が拡大する。規模が拡大することで「ネットワーク外部性」が働きやすくなり、結果としてプラットフォームの価値がさらに高まり、より多くの顧客と価値提供者がそこに惹きつけられる。このサイクルが相乗効果で廻り続けることで、価値と効率の向上は、指数関数的に高まる。

このようにＡＩファーストの企業では、生産量増加に伴うモノや人の追加資源の投入が最小で、また規模拡大に伴う組織的な複雑性増大による効率の低下がないために、急速な規模拡大が可能になるのだ。同時に、様々な顧客の状況や嗜好に関わる情報を継続的に入手、分析することで、より広い範囲で顧客のニーズを発見する機会が増え、より広い「範囲」で様々な価値を提供することができるようになる。価値提供の「範囲」が拡大することは、より「多様な」情報の獲得に繋がり、このサイクルが廻り続けることで、より一層、顧客のニーズを実現できるようになる。

このサイクル（価値の提供→顧客からの情報のフィードバック→組織としての「学習」の深化→さらなる価値の改善・拡張）を廻し続けることで、顧客に提供される価値はより最適化・個別化され、また新たな顧客のニーズや市場機会が発見され、より総合的な顧客体験を向上させることが可能になる。ここで重要なのは、このサイクルが廻り、提供価値の規模・範囲が拡大するペースは、その価値の実現に必要な資源・コストの増加ペースよりも大きく、その差は指数関数的に大きくなっていくことだ。結果、このメカニズムを実現する新しいオペレーティング・モデルは「収穫逓増」になり、一定のクリティカルマス（臨界点）を超えると急速に、指数関数的に拡大し価値が高まっていく。そうなると、既存の「収穫逓減」のオペレーティング・モデルで運営されている企業は、もはや対抗することができない。

- AIファクトリーでは、実際の価値生産活動は、主にアルゴリズムによって行われる（自働化）
- 人間は直接的な生産活動に関わるのではなく、主にアルゴリズムを企画・モニター・改善する役割を果たす
- こうした継続的なアルゴリズムの企画・モニター・改善の活動は、専門機能別の階層

的組織を基本として行われるのではなく、領域横断的で自律的な多数のチームが、顧客に近いところで活動し、顧客に価値を提供する。また顧客の反応やフィードバックをデータとして得て、主にそのデータに基づき（組織上位への承認取得ではなく）判断を行い、価値とアルゴリズムを改善・最適化し続ける

・こうした活動を可能にするには、適切な情報インフラ・環境が整備されていることが必要だ。たとえば、データが組織内で統一かつ共有され、自由に利用可能になっていること。価値（製品やサービス）のアーキテクチャが、出来る限り小さなモジュールの標準規格によって組み立て可能な形で疎結合化されており、それぞれが独立して改変可能であること。アルゴリズムの開発・テスト・実装活動を、各チームが他のチームに依頼することなく自律的に行えるように、情報技術基盤が誰でも利用可能になっていること

・AIファクトリーで必要とされる能力やマインドセットは、これまでの多くの組織のメンバーが保有しているものとはかなり異なっている。このため、情報技術に対する理解と新しいオペレーティング・モデルでの動き方に習熟した人材やリーダーの獲得・育成・組織文化の変革浸透が必須である

ここで重要なのは、これらの「戦略」「提供価値」「オペレーティング・モデル」「情報技術基盤」「人材・組織」の変革は、相互補完的に結びついているということだ。このため、ある部分だけを取り出して新しいやり方を導入しようとしても十分な効果が出ない。またこのシステム全体を変革するには、長期にわたる強く継続的な努力が求められる（第4章にあるように、かつてアマゾンが行った変革においても、強烈なリーダーシップがあったにもかかわらず、その完成には数年を要した）。これこそが、多くの既存企業が直面しているデジタル変革における最大の難所と言ってよいだろう。

本書の主に前半ではこのように、デジタル革命、その中でもAＩの発展と普及が、産業革命以来我々が慣れ親しんだ企業・組織のあり方、そのビジネスモデルとオペレーティング・モデルをどのように根底的に変えるのかを詳述している。

序章から第4章までの議論を踏まえ、第5章では、既存の組織がAＩファーストに変わるためにはどうすべきなのか、第6・7章では、既存の戦略論では適切に扱うことができないAＩファーストの企業における戦略の考え方と、それが既存の業界に与える劇的な影響について論じている。こうした変化は、甚大な影響を社会・産業・ビジネスにもたらす。それはプラス面も多いが当然にマイナス面も存在する。第8〜10章では、こうした点を踏まえて、これからのリーダーはどのような課題を認識・理解し、どのように取り組んでいく必要があるのかを示している。このように、本書はデジタル革命時代の変化の本質を理解するうえで、また特に変革を志向しているものの足踏みをしている多くの組織のリーダーにとって、何が足りないのか、どうすべきなのかを明確、具体的に理解するための多くの示唆を与えてくれるだろう。

なお本書では、大規模言語モデルのような「強い（汎用の）ＡＩ」ではなく、「弱いＡＩ（特定のタスクに特化したＡＩ）」を中心に論じている。それはすでに「弱いＡＩ」は社会の中に深く浸透しており、その活用により新しい価値、ビジネスモデル、オペレーティング・モデルを実現している企業・組織がその影響力を拡大し続けているからだ。ここまでのＡＩの進化やその影響の本質を理解することは、「汎用ＡＩ」の可能性を理解するうえでも役立つだろう。少なくとも言えることは、ＡＩがビジネス、経済、そして社会全体に対して与える影響は根底的かつ不可逆なものということだ。そしてＧＡＦＡＭのようなデジタルネイティブな企業だけでなく、歴史ある企業においても変革が進んでいる。こうした意味で、本書は、すべてのビジネスパーソン、各界のリーダーにとって、「すでに進行しており、今後さらに強まり拡大する根底的な変化の本質」を理解するとともに、その変化がすべての産業・企業・組織、そして我々一人ひとりに及ぶことを具体的に理解するのを助け、変革を進めるうえでの重要なヒントを与えてくれるだろう。

◆理解を深めるために知っておくべき背景

本書はこうした変化を理論的に、また豊富な具体事例とともに詳述しているので、注意深く読めば、情報技術に詳しくない人でも適切な理解に到達することができる。ただ、本文の中では必ずしも明示的に述べられていないものの、理解を深めるには重要な背景、また日本の文脈を踏まえて特に留意すべき点がいくつかあるため、以下に補足しておきたい。皆さんが本書をよりよく理解する助けになれば幸いである。

価値の源泉の中心が、モノや人の役務から、「情報」になっている

当たり前のようにその恩恵を受けているので、あまり意識していないかもしれないが、情報技術の発展と普及によって、「顧客が享受する価値は、モノ（物理的製品）や人によるサービスの提供から、情報を源泉とするものになってきている」という変化が、この新しいオペレーティング・モデルの有効性が拡大している前提にある。

検索サービスやオンデマンドのエンタテインメントなど完全情報財の増加はもとより、たとえば旅行の場面では、交通手段や宿泊先の利用自体だけでなく、その探索・比較・手配・調整がより簡便かつ合理的にできるようになった。写真撮影など様々な機械の操作・運転も、情報ソフトウェアによって誰でも簡単に高い成果が挙げられるようになってい

る。またサービス業では、顧客の詳細情報が適切にサービス提供者に伝えられることで、対応がより的確かつ各自に合った形に最適化・個別化されるなど、様々な場面で「情報が価値の源泉」となるケースが増えている。この傾向が高まれば高まるほど、情報を活用し、アルゴリズムで自働化し、AIがさらに学習することによる価値提供が有効になる領域はますます増えていく。

加えて、価値の源泉の中心が情報になることは、そもそも情報財が限界コスト（生産量を一単位増やした際に、追加でかかるコスト）がほぼゼロであり、同じ情報であっても、様々な情報との組み合わせで何度でも新たな価値を創出することが可能であるという「情報の経済性」の効果が大きく作用する。本書で主に議論されている、アルゴリズムによる自働化が活動のコストや効率を向上させ、組織的な複雑性増大による規模拡大の制約の打破とも相まって、高い経済性と規模拡大の容易化をもたらす。更に、情報処理にかかるコストや技術的難易度は、半導体の性能の劇的な向上やパブリック・クラウド・サービスの拡大やソフトウェア技術の進化により、「誰もが、低コストで、簡単に、いつでも、高度な情報技術を利用できる」ようになったため、価値の増分とコストの増分の差はますます大きくなっている。これらが変化を加速させているのだ。

一方で、日本においては伝統的に「モノづくり」や「優れた人的なサービス」に高い優位性があったこともあり、有形の製品や直接的な提供サービスを中心にビジネスを考えがちで、情報による価値は、そうした製品・サービスを販売するうえでの副次的なものと捉える傾向が強かった。このため、「情報による価値創出」という考え方そのものがなかなか腹に落ちない。自身のビジネスの文脈で理解するには、相当の学習やかなりの発想の転換が必要だ。

顧客に提供すべき価値が、「個別製品・サービス」から、より広い「顧客体験価値」全体へシフトする

多くの産業・企業は、それぞれが得意とする個別の製品・サービスを顧客に提供しており、それが自分達のビジネスであると認識している。しかし、情報技術を用いて新たな価値を生みだし、大きく拡大している企業が提供しているのは、個別の製品・サービスの範囲に留まらず、「より幅広い顧客の体験価値全体に対して価値を提供する」ものだ。

たとえば旅行であれば、ホテルなどが個別に提供している「宿泊場所の提供」に留まらず、最適な宿の探索・比較・予約・利用を可能にするサービス、交通手段の予約・利用や目的地への最適経路が分かる地図・経路案内サービス、観光スポットの予約を事前にデジタルで行うことで待ち時間を減らせるなど、最終的に実現したいこと（Jobs to be done）と、それを得るための一連の体験（Customer Journey）を最適化・個別化する様々なサービスが生まれ、拡大している。

「顧客体験価値の最適化・個別化」は、顧客の志向や状況に関する多様かつ即時性の高い情報、また様々な製品やサービスに関する情報がデジタルチャネルを使って探索・アクセス・利用できることによって実現可能になる。こうした傾向が、情報を活用して価値を生みだすオペレーティング・モデルの拡大の背景にある。

日本では、製品やサービス自体の高い機能・品質を強みとしている企業も多く、またそこでの差別化を中心にした戦略をとってきた。結果として、「顧客の理解」は「自社・自業界が提供する製品・サービスに対する顧客の要求の理解」に留まっていることが多く、実は「顧客がその製品・サービスを利用することで、何をどのように実現したいのか」を掴むのがあまり得意ではない（私はこれを「プロダクト・レンズをかけて顧客を観てしまっている」と言っている）。この狭い視野から脱却し、広く顧客体験価値全体を理解するには、「顧客視点」を更に徹底し、「あえて自社の製品・サービスを脇に置いて、顧客の立場で考える」訓練を積み重ねる必要がある。また自組織の人だけではどうしても限界があるため、オープンイノベーションなど、第三者の視点・発想を取り入れることが効果的だ。

顧客体験価値全体の最適化は、単独個別の企業ではなく、エコシステムによって行われる

様々な製品・サービスを結びつけ、また情報を利用して顧客体験価値全体を最適化する

といった価値提供を、既存の特定業界の特定企業がすべて担うのは現実的ではない。たとえば旅行であれば、ホテル、交通機関、レストラン、観光スポットなど多様な価値提供者が参加する「エコシステム」によって提供される形が自然だ。

エコシステムによる価値提供であれば、企業・組織は価値創造のための手段・資源をすべて自前で保有する必要はなく、自社の「外部」の資産を活用して価値提供ができるようになる。このため規模を拡大する際の制約を受けにくい（既存のタクシー会社は自社で車両を保有するため、規模を拡大するためには新たな車両やドライバーへの投資が必要だが、ライドシェア・プラットフォームは外部のドライバーと彼らが保有する車両を利用するため、規模拡大時の追加投資が圧倒的に少ない）。

こうした多様な価値提供者と顧客を結びつける際に有効な手段が（デジタル）プラットフォームだ。プラットフォームの価値は、そのプラットフォームに参加している顧客基盤と価値提供者基盤の大きさや質、レコメンデーション・マッチング・キュレーションの質によって決まる。そこに大きな影響を与えるのが「ネットワーク外部性」と「情報の量と幅」だ。参加者が増えるほどプラットフォームも価値が上がり、それがさらに参加者を惹きつける。参加者が増えることで様々な取引が頻繁に行われると、より多様な情報が集まる。その情報を活用し、また学習することで更にレコメンデーション・マッチング・キュレーションのレベルが上がる。こうして、規模・範囲・学習のサイクルが高速回転し始め、拡大再生産が進む。

プラットフォームを通じた顧客との関係においては、特定の製品の販売やサービスの提供がビジネスの「ゴール」ではない。顧客と長期的な関係を構築し、様々な価値を継続的に提供し、さらなる情報を獲得・蓄積・分析・利用することで情報のフィードバックループを回転させ、それによって規模・範囲・学習のサイクルが拡大していくことがゴールになる。言い換えると、たとえば耐久消費財の製造業などが、これまでのように単体の製品・サービスを販売・提供することをビジネスのゴールとしているうちは、顧客との接点・頻度が限られ、情報を活用した新しいオペレーティング・モデルの実現は難しくなる。

新しいオペレーティング・モデルへの移行に躊躇する、手間取っている企業を見ると、その多くは低頻度・単体の特定の製品・サービスの提供をゴールとしたビジネスモデル、またすべてを自組織で（もしくは固定的なバリューチェーンを通じて）行うことを重視して、エコシステムの発想や真のプラットフォームによる価値提供を目指していないケースが多い。そうなると、様々なデジタル技術を導入しても集まる情報の量・範囲・頻度が限定されるとともに、情報を活用した新たな価値提供・改善の機会も限定的になり、新しいオペレーティング・モデルへの変革も進まない。特に日本企業では、長期的な雇用、固定的な企業間関係を通じた、自組織内での知識・能力の蓄積とその活用によって競争力を高めてきた企業が多く、できるだけ自社・自グループですべてを行おうとする「自前主義」

「トータルソリューション志向」が強くなりがちだ。その結果、第三者の資源・能力を活用するという発想になかなか転換できない。この壁を破るべく、エコシステムやプラットフォームの本質を深く理解する必要があるのだ。

価値のアーキテクチャが「疎結合化・モジュール化」し、プログラムや技術は「パーツ化・共有化・オープン化」する

かつてはコンピュータの計算能力や記憶容量、通信速度等の制約が大きく、これらを節約するには極力プログラムを冗長性のないものにする必要があった。このため、大きな単位で様々な機能を緊密にすり合わせて、最も無駄がないプログラムや実行環境を実現することが優先されていた。また、各組織が自前でハード等を保有し、自社の業務内容に合わせたプログラムを開発・構築することが重要であった。

しかし、その後、計算能力やコストは劇的に向上し続け、また通信速度や容量が拡大し、インターネットが普及した。計算能力や記憶容量はクラウドで共有利用され、また自社が実現したい機能を持つプログラムの構築は、すべてを一からカスタマイズしたものを開発せずとも、すでに広く利用可能な、様々な機能モジュールを組み合わせ、ＡＰＩ等を通じて組み上げることが可能になってきた（既存のものの組み合わせなので冗長性が高まるが、その冗長性にかかるコストは、開発・運用にかかるコストよりもはるかに小さい）。

近年のＩＴシステムのパラダイムは、過去の様々なシステムのあり方とは根本的に異なっており、ＡＩファクトリーを実現している企業はこうした新たなモデルを採用している。そして情報技術基盤は、多くの組織がより簡単に活用できる形で提供されるようになっている。新しいオペレーティング・モデルが広く実現可能になっている背景にはこうしたＩＴ・ソフトウェアにおける変化・発展がある。

ただし、技術的に新たなモデルが利用可能になっても、多くの既存企業がそのモデルに即座に転換できる訳ではない。特に既存企業においては、長年にわたり開発・構築・運用してきた既存の（古いモデルの）ＩＴシステムが現在も事業活動の根幹を支えており、ここに手を入れて変えることには多くの困難が伴う。しかし既存システムをいつまでも温存していると、これが「技術的負債」となって、新たな技術や方法論の導入を妨げ、変革の障害になってしまう。

また、多くの組織において、情報技術基盤についての高い専門性を持ち、先端的な技術が何を可能にするのか、それが価値創造活動のあり方にどのような影響を与えるのかを正しく理解、判断し、実際に活用できるリーダーや人材は非常に限られている。このため変革に必要な意思決定がなかなか進まず、それがデジタル変革全体のボトルネックになっているケースも多い。特に日本においては、情報システムの開発・運用を外注化しているケースも多く、それが更に変化を難しくしている面がある。こうした課題を乗り越えるためには、先端的なIT技術自体の理解ももちろん必要であるが、「それがどのような意味で企業・組織のデジタル変革において重要か」をすべてのリーダーが理解する必要がある。そのためにも、本書は大きな助けになるだろう。

汎用的な課題設定、分析、問題解決力を持ったプロダクト・マネジャーの獲得育成が急務となる

こうした変化を促進するためには、組織としてAIをはじめとする情報技術の専門性を高める必要がある。ただ、それ以上に重要なのが、この新しいオペレーティング・モデル上で、企業内外の顧客に提供すべき価値を構想し、仮説に基づいてプロトタイプを構築し、顧客の反応やデータに基づいて仮説の検証・改善・軌道修正を行い続ける、一連の活動をリードできる人材（アジャイルの方法論などにおいて「プロダクト・マネジャー」と呼ばれる）である。

プロダクト・マネジャーは顧客中心主義の価値観、顧客が求める価値に対する洞察力、デジタル技術の可能性と限界に対する一定以上の理解が求められる。さらには、課題を適切に設定し、問題を分析し、解決策を立案し、メンバーに適切にタスクを分解し、実現に向けてサポート・調整が行える、構想力・分析力・システム思考力・リーダーシップ等も求められる。

同時に、様々な価値がソフトウェア・アルゴリズムによって実現・提供される度合いが高まることを考えると、一見すると大きく異なるような価値であっても、その実現に必要とされる能力はデータの獲得、処理、分析、開発といった汎用性の高いものになり、既存の業界や職種に特化した専門性の優先度は下がることが予想される。

こうした状況は、これまで特定の機能をベースに運営されてきた組織の中でキャリアを積んできた人々、そしてそのように人材を育成してきた組織にとって、大きなギャップであると言えるだろう。組織あるいは個人にとって、こうしたプロダクト・マネジャーとしての能力獲得、新たなマインドセットの刷新が急務である。おそらくここが多くの組織にとって、最大の難所になるだろう。

ただ、実は日本企業にも、ソフトウェアのアジャイル開発の経験を持った人材が増えてきており、（いわゆるトヨタ生産方式にルーツを持つ）Lean Management の知識と能力を持った人材の蓄積もある。こうした汎用的な能力を持った人材の知識と経験を活かしながら、必要な技術的もしくはビジネス的な能力を補完することで、新たなオペレーティング・モデルの核となるプロダクト・マネジャーの量産を真剣に考えるべきだろう。

＊＊＊

本書が、企業・組織の真のデジタル変革を加速し、顧客、社員、パートナー、そして社会全体にとってよき変化を生み出したいと願うすべての方々のお役に立てるとすれば幸いである。

吉田素文

Evidence from Wikipedians," NBER working paper no.22744, October 2016 (rev. March 2017), https://www.nber.org/papers/w22744.

5. Feng Shi, Misha Teplitskiy, Eamon Duede, and James A. Evans, "The Wisdom of Polarized Crowds," *Nature Human Behaviour* 3 (2019):329-336.

6. 以下を参照。https://www.partnershiponai.org/.

Atlantic, October 3, 2016, https://www.theatlantic.com/technology/archive/2016/10/information-fiduciary/502346/.

50. 同上。

51. Katie Collins, "Facebook Promises to Back US Privacy Regulation," *CNet*, October 24, 2018, https://www.cnet.com/news/facebook-promises-to-back-us-privacy-regulation/.

第9章

1. Clive Thompson, "When Robots Take All of Our Jobs, Remember the Luddites," *Smithsonian Magazine*, January 2017, https://www.smithsonianmag.com/innovation/when-robots-take-jobs-remember-luddites-180961423/.

2. Daron Acemoglu and Pascual Restrepo, "Robots and Jobs: Evidence from US Labor Markets," NBER working paper no.23285, March 2017, https://www.nber.org/papers/w23285; McKinsey, "A Future That Works:Automation, Employment, and Productivity," January 2017, https://www.mckinsey.com/~/media/mckinsey/featured%20insights/Digital%20Disruption/Harnessing%20automation%20for20a%20future%20that%20works/MGI-A-future-that-works-Executive-summary.ashx.

3. Erik Brynjolfsson, Tom Mitchell, and Daniel Rock, "What Can Machines Learn, and What Does It Mean for Occupations and the Economy?" *AEA Papers and Proceedings* 108 (2018):43-47.

4. David Autor and Anna Salomons, "Is Automation Labor Share-Displacing? Productivity Growth, Employment, and the Labor Share," Brookings Papers on Economic Activity, March 2018, https://www.brookings.edu/wp-content/uploads/2018/03/1_autorsalomons.pdf.

5. ファックスからメディア・プラットフォームまで、多くの場合、ネットワークは、Nのe乗（e>1）もしくはN log Nで価値が高まることが証明されてきた。

6. The Luddites at 200, "Lord Byron's Speech," http://www.luddites200.org.uk/LordByronspeech.html.

第10章

1. W. R. Kerr and E. Moloney, "Vodafone: Managing Advanced Technologies and Artificial Intelligence," case 9-318-109 (Boston: Harvard Business School Publishing, February 2018), 1.

2. 「アメリカを含めて主要国市場では、開始以来、多額の損失を計上してきた。しばらくの間、営業費用が大幅に増加することが予想され、黒字化を達成できないかもしれない」米国証券取引委員会、ウーバー・テクノロジーズに関する登録届出書。https://www.sec.gov/Archives/edgar/data/1543151/000119312519103850/d647752ds1.htm, p.12.

3. Marco Iansiti and Karim R. Lakhani, "The Truth about Blockchain," *Harvard Business Review*, January–February 2017, https://hbr.org/2017/01/the-truth-about-blockchain.

4. Shane Greenstein, Yuan Gu, and Feng Zhu, "Ideological Segregation among Online Collaborators:

Widens," *New York Times*, March 19, 2018, https://www.nytimes.com/2018/03/19/technology/facebook-cambridge-analytica-explained.html.

38. Nicholas Thompson and Fred Vogelstein, "A Hurricane Flattens Facebook," *Wired*, March 20, 2018, https://www.wired.com/story/facebook-cambridge-analytica-response/.

39. Robert Hackett, "Massive Android Malware Outbreak Invades Google Play Store," Fortune, September 14, 2017, http://fortune.com/2017/09/14/google-play-android-malware/.

40. Feng Zhu and Qihong Liu, "Competing with Complementors: An Empirical Look at Amazon.com," *Strategic Management Journal* 39, no. 10 (October 2018): 2618–2642.

41. Marco Iansiti and Roy Levien, *The Keystone Advantage: What the New Dynamics of Business Ecosystems Mean for Strategy, Innovation, and Sustainability* (Boston: Harvard Business School Press, 2004).〔マルコ・イアンシティ、ロイ・レビーン著『キーストーン戦略――イノベーションを持続させるビジネス・エコシステム』杉本幸太郎訳、翔泳社、2007年〕

42. Matthew Martin, Dinesh Nair, and Nour Al Ali, "Uber to Seal $3.1 Billion Deal to Buy Careem This Week," *Bloomburg*, March 24, 2019, https://www.bloomberg.com/news/articles/2019-03-24/uber-is-said-to-seal-3-1-billion-deal-to-buy-careem-this-week.

43. Jackie Wattles and Donie O'Sullivan, "Facebook's Mark Zuckerberg Calls for More Regulation of the Internet," CNN, March 30, 2019, https://www.cnn.com/2019/03/30/tech/facebook-mark-zuckerberg-regulation/index.html.

44. Cade Metz and Mike Isaac, "Facebook's A.I. Whiz Now Faces the Task of Cleaning It Up. Sometimes That Brings Him to Tears," *New York Times*, May 17, 2019, https://www.nytimes.com/2019/05/17/technology/facebook-ai-schroepfer.html?action=click&module=Well&pgtype=Homepage&section=Technology.

45. Tim Starks, "How the DNC Has Overhauled Its Digital Defenses," *Politico*, October 17, 2018, https://www.politico.com/newsletters/morning-cybersecurity/2018/10/17/how-the-dnc-has-overhauled-its-digital-defenses-377117.

46. Iansiti and Levien, *The Keystone Advantage*.〔マルコ・イアンシティ、ロイ・レビーン著『キーストーン戦略――イノベーションを持続させるビジネス・エコシステム』杉本幸太郎訳、翔泳社、2007年〕

47. 以下を参照。*UC Davis Law Review*, "Information Fiduciaries and the First Amendment," https://lawreview.law.ucdavis.edu/issues/49/4/Lecture/49-4_Balkin.pdf; "Jonathan Zittrain and Jack Balkin Propose Information Fiduciaries to Protect Individual Privacy Rights," *Technology Academics Policy*, September 28, 2018, http://www.techpolicy.com/Blog/September-2018/Jonathan-Zittrain-and-Jack-Balkin-Propose-Informat.aspx; Jonathan Zittrain, "How to Exercise the Power You Didn't Ask For," HBR.org, September 19, 2018, https://hbr.org/2018/09/how-to-exercise-the-power-you-didnt-ask-for.

48. "Zittrain and Balkin Propose Information Fiduciaries."

49. Jack M. Balkin and Jonathan Zittrain, "A Grand Bargain to Make Tech Companies Trustworthy,"

equifax-expecting-punishment-from-cfpb-and-ftc-over-massive-data-breach.

26. Suraj Srinivasan, Quinn Pitcher, and Jonah S. Goldberg, "Data Breach at Equifax," case 9-118-031 (Boston: Harvard Business School, October 2017, rev. April 2019).

27. Elizabeth Dwoskin and Craig Timberg, "Inside YouTube's Struggles to Shut Down Video of the New Zealand Shooting—and the Humans Who Outsmarted Its Systems," *Washington Post*, March 18, 2019, https://www.washingtonpost.com/technology/2019/03/18/inside-youtubes-struggles-shut-down-video-new-zealand-shooting-humans-who-outsmarted-its-systems/?utm_term=.b50132329b05.

28. United States Department of Justice, https://assets.documentcloud.org/documents/4380504/The-Special-Counsel-s-Indictment-of-the-Internet.pdf.

29. 同 上。Elaine Kamark, "Malevolent Soft Power, AI, and the Threat to Democracy," Brookings Institute, November 29, 2018, https://www.brookings.edu/research/malevolent-soft-power-ai-and-the-threat-to-democracy/.

30. Harry Davies, "Ted Cruz Using Firm That Harvested Data on Millions of Unwitting Facebook Users," *Guardian*, December 11, 2015, https://www.theguardian.com/us-news/2015/dec/11/senator-ted-cruz-president-campaign-facebook-user-data.

31. Julia Carrie Wong, Paul Lewis, and Harry Davies, "How Academic at Centre of Facebook Scandal Tried-and Failed-to Spin Personal Data into Gold," *Guardian*, April 24, 2018, https://www.theguardian.com/news/2018/apr/24/aleksandr-kogan-cambridge-analytica-facebook-data-business-ventures.

32. Nicholas Confessore and David Gelles, "Facebook Fallout Deals Blow to Mercers' Political Clout," *New York Times*, April 10, 2018, https://www.nytimes.com/2018/04/10/us/politics/mercer-family-cambridge-analytica.html; Davies, "Ted Cruz Using Firm That Harvested Data."

33. Robert Hutton and Svenja O'Donnell, " 'Brexit' Campaigners Put Their Faith in U.S. Data Wranglers," *Bloomberg*, November 18, 2015, https://www.bloomberg.com/news/articles/2015-11-19/brexit-campaigners-put-their-faith-in-u-s-data-wranglers.

34. Mathias Schwartz, "Facebook Failed to Protect 30 Million Users from Having Their Data Harvested by Trump Campaign Affiliate," *Intercept*, March 30, 2017, https://theintercept.com/2017/03/30/facebook-failed-to-protect-30-million-users-from-having-their-data-harvested-by-trump-campaign-affiliate/.

35. Donie O'Sullivan, "Scientist at Center of Data Controversy Says Facebook is Making Him a Scapegoat," CNN, March 20, 2018, https://money.cnn.com/2018/03/20/technology/aleksandr-kogan-interview/index.html.

36. Jane Mayer, "New Evidence Emerges of Steve Bannon and Cambridge Analytica's Role in Brexit," *New Yorker*, November 17, 2018, https://www.newyorker.com/news/news-desk/new-evidence-emerges-of-steve-bannon-and-cambridge-analyticas-role-in-brexit.

37. Kevin Granville, "Facebook and Cambridge Analytica: What You Need to Know as Fallout

21, 2017, https://www.wired.com/story/machines-taught-by-photos-learn-a-sexist-view-of-women/.

16. Tristan Greene, "Human Bias Is a Huge Problem for AI. Here's How We're Going to Fix It," *TNW*, April 10, 2018, https://thenextweb.com/artificial-intelligence/2018/04/10/human-bias-huge-problem-ai-heres-going-fix/.

17. ブルートフォース（総当たり）攻撃はユーザーのパスワードや個人識別番号を探すために試行錯誤する手法。ウェブハッキングはクレジットカード情報などのデータ資産を盗むことを目的としたサイバー脅威。DDoS（分散サービス妨害）攻撃は乗っ取った多数のソースから大量の偽トラフィックを浴びせてアプリを圧倒し利用不能にする組織的試みである。Rosa Wang, "How China Is Different, Part 3—Securityand Compliance," Medium, March 13, 2019, https://medium.com/@Alibaba_Cloud/how-china-is-different-part-3-security-and-compliance-3b996eef124b; "Safeguarding the Double 11 Shopping Festival with Powerful Security Technologies," Alibaba Cloud, November 9, 2018, https://www.alibabacloud.com/blog/safeguarding-the-double-11-shopping-festival-with-powerful-security-technologies_594163.

18. Brian Fung, "Equifax's Massive 2017 Data Breach Keeps Getting Worse," Washington Post, March 1, 2018, https://www.washingtonpost.com/news/the-switch/wp/2018/03/01/equifax-keeps-finding-millions-more-people-who-were-affected-by-its-massive-data-breach/?noredirect=on.

19. AnnaMaria Andriotis and Emily Glazer, "Equifax CEO Richard Smith to Exit Following Massive Data Breach," *Wall Street Journal*, September 26, 2017, https://www.wsj.com/articles/equifax-ceo-richard-smith-to-retire-following-massive-data-breach-1506431571.

20. Tara Siegel Bernard and Stacy Cowley, "Equifax Breach Caused by Lone Employee's Error, Former C.E.O. Says," *New York Times*, October 3, 2017, https://www.nytimes.com/2017/10/03/business/equifax-congress-data-breach.html; United States Government Accountability Office, "Data Protection: Actions Taken by Equifax and Federal Agencies in Response to the 2017 Breach," https://www.warren.senate.gov/imo/media/doc/2018.09.06%20GAO%20Equifax%20report.pdf.

21. Bernard and Cowley, "Equifax Breach Cause by Lone Employee's Error."

22. US Accountability Office, "Data Protection."

23. Chris Isidore, "Equifax's Delayed Hack Disclosure: Did It Break the Law?" CNN, September 8, 2017, https://perma.cc/WB44-7AMS.

24. Tao Security, "The Origin of the Quote 'There Are Two Types of Companies,' " December 18, 2018, https://taosecurity.blogspot.com/2018/12/the-origin-of-quote-there-are-two-types.html.

25. Jen Wieczner, "Equifax CEO Richard Smith Who Oversaw Breach to Collect $90 Million," *Fortune*, September 26, 2017, http://fortune.com/2017/09/26/equifax-ceo-richard-smith-net-worth/; Ben Lane, "Equifax Expecting Punishment from CFPB and FTC over Massive Data Breach," Housingwire, February 25, 2019, https://www.housingwire.com/articles/48267-

4. Lena Sun, "Anti-Vaxxers Face Backlash as Measles Cases Surge," *Washington Post*, February 25, 2019, https://www.washingtonpost.com/national/health-science/anti-vaxxers-face-backlash-as-measles-cases-surge/2019/02/25/e2e986c6-391c-11e9-a06c-3ec8ed509d15_story.html; A. Hussain, S. Ali, and S. Hussain, "The Anti-Vaccination Movement: A Regression in Modern Medicine," *Cureus* 10, no. 7 (2018).

5. Vyacheslav Polonski, "The Biggest Threat to Democracy? Your Social Media Feed," World Economic Forum, August 4, 2016, https://www.weforum.org/agenda/2016/08/the-biggest-threat-to-democracy-your-social-media-feed/.

6. B. Edelman, M. Luca, and D. Svirsky, "Racial Discrimination in the Sharing Economy: Evidence from a Field Experiment," *American Economic Journal: Applied Economics* 9, no.2 (2017):1-22.

7. たとえば、以下を参照。Robert Bartlett, Adair Morse, Richard Stanton, and Nancy Wallace, "Consumer-Lending Discrimination in the FinTech Era," Berkeley research paper, November 2019, http://faculty.haas.berkeley.edu/morse/research/papers/discrim.pdf.

8. Jeffrey Dastin, "Amazon Scraps Secret AI Recruiting Tool That Showed Bias Against Women," Reuters, October 9, 2018, https://www.reuters.com/article/us-amazon-com-jobs-automation-insight/amazon-scraps-secret-ai-recruiting-tool-that-showed-bias-against-women-idUSKCN1MK08G.

9. Joy Buolamwini and Timnit Gebru, "Gender Shades: Intersectional Accuracy Disparities in Commercial Gender Classification," *Proceedings of Machine Learning Research* 81, no. 1 (2018): 1–15.

10. Joy Buolamwini, "How I'm Fighting Bias in Algorithms," TED, https://www.ted.com/talks/joy_buolamwini_how_i_m_fighting_bias_in_algorithms.

11. Sam Levin, "A Beauty Contest Was Judged by AI and the Robots Didn't Like Dark Skin," *Guardian*, September 8, 2016, https://www.theguardian.com /technology/2016/sep/08/artificial-intelligence-beauty-contest-doesnt-like-black-people. 以下も参照。Jordan Pearson, "Why an AI-Judged Beauty Contest Picked Nearly All White Winners," Motherboard, *Vice*, September 5, 2016, https://vice.com/en/article/78k7de/why-an-ai-judged-beauty-contest-picked-nearly-all-white-winners.

12. Emiel van Miltenburg, "Stereotyping and Bias in the Flickr30K Dataset," *Proceedings of the Workshop on Multimodal Corpora*, May 24, 2016, https://arxiv.org/pdf/1605.06083.pdf.

13. Adam Hadhazy, "Biased Bots: Artificial-Intelligence Systems Echo Human Prejudices," Princeton University, April 18, 2017, https://www.princeton.edu/news/2017/04/18/biased-bots-artificial-intelligence-systems-echo-human-prejudices.

14. 以下を参照。Aylin Caliskan, Joanna J. Bryson, and Arvind Narayanan, "Semantics Derived Automatically from Language Corpora Contain Human-Like Biases," *Science* 356, no.6334 (2017):183-186.

15. Tom Simonite, "Machines Taught by Photos Learn a Sexist View of Women," *Wired*, August

とそれらをつなぐリンク（エッジ）である。

5. Hal R. Varian, "Use and Abuse of Network Effects," SSRN paper, September 17, 2017, https://papers.ssrn.com/sol3/papers.cfm?abstractid=3215488.
6. Harold DeMonaco et al., "When Patients Become Innovators," *MIT Sloan Management Review*, Spring 2019, https://sloanreview.mit.edu/article/when-patients-become-innovators/.
7. このセクションは以下をかなり引用している。Zhu and Iansiti, "Why Some Platforms Thrive".
8. 残念ながら、アメリカの医療制度はいまだにオフィス間や組織間のコミュニケーションのほとんどをファックスに頼っている。
9. このセクションも以下をかなり引用している。Zhu and Iansiti, "Why Some Platforms Thrive".
10. 同上。

第7章

1. 第8章で詳しく取り上げるように、こうした学習分析にある種のバイアスがかかることはほぼ避けられない。アルゴリズムがコンテンツをカスタマイズしてユーザーの関与を促そうとすればするほど、バイアスに悩まされることになる。ユーザーは必然的に興味のあるコンテンツをより多くクリック、関与、視聴するだろう。
2. ハーバード大学の同僚であるタルン・カンナ、ファン・アルカセル、クリスティン・スニヴリーが作成した素晴らしいノキアの事例に感謝したい。(Juan Alcacer, Tarun Khanna, and Christine Snively, "The Rise and Fall of Nokia," Case 714-428 [Harvard Business School, 2014, rev. 2017])
3. ミン・ゾンのアリババの道のりをまとめた著書『アリババ——世界最強のスマートビジネス』(土方奈美訳、文藝春秋、2019年)は、デジタル・オペレーティング・モデルを使用する競合他社によって、どのように伝統的な小売事業が解体されてしまうかに関する取扱説明書となっている。
4. リアルネットワークスの前身は1994年にロブ・グレイザーが創業したプログレッシブ・ネットワークスである。

第8章

1. Centers for Disease Control and Prevention, https://www.cdc.gov/measles/cases-outbreaks.html.
2. A. L. Schmidt et al., "Polarization of the Vaccination Debate on Facebook," *Vaccine* 36, no. 25 (2018): 3606–3612; *Infectious Disease Advisor*, "Social Medicine: The Effect of Social Media on the Anti-Vaccine Movement," October 31, 2018, https://www.infectiousdiseaseadvisor.com/home/topics/prevention/social-medicine-the-effect-of-social-media-on-the-anti-vaccine-movement/.
3. Peter Hotez, "Anti-Vaccine Movement Thrives in Parts of the United States," *Spectrum*, November 19, 2018, https://www.spectrumnews.org/news/anti-vaccine-movement-thrives-parts-united-states/.

3. サティア・ナデラに本著の執筆者がインタビューした。

4. マイクロソフトがオープンソース・ソフトウェアの主要な貢献者になったことを指摘するのは、私たちにとって皮肉（だが、刺激的）なことであり、マイクロソフトの大幅な変化をはっきりと示している。本著の執筆者のラカーニはオープンソース現象を解明しようと学術研究者になったが、マイクロソフトは当時、オープンソース・コミュニティの宿敵と見なされていた。1990年代から2000年代にかけて、同社の経営幹部はオープンソースの動きを「非アメリカ的」で知的財産権の破壊者と呼んでいた。まさに変貌を遂げたといえる！　たとえば、以下を参照。Charles Cooper, "Dead and Buried: Microsoft's Holy War on Open-Source Software," CNET, June 1, 2014, https://www.cnet.com/news/dead-and-buried-microsofts-holy-war-on-open-source-software/.

5. 本著の執筆者が2019年1月にインタビューした。

6. Microsoft, "Microsoft AI Principles," https://www.microsoft.com/en-us/ai/our-approach-to-ai.

7. ベンチマーク分析は、マイクロソフトから一部資金を得て、キーストーン・ストラテジーと共同で行った。データとアナリティクスが事業やオペレーティング・モデルに与える影響を主眼としている。以下を参照。Robert Bock, Marco Iansiti, and Karim R. Lakhani, "What the Companies on the Right Side of the Digital Business Divide Have in Common," HBR.org, January31, 2017, https://hbr.org/2017/01/what-the-companies-on-the-right-side-of-the-digital-business-divide-have-in-common.

8. 本著の執筆者が2019年1月にインタビューした。

第6章

1. たとえば、以下を参照。Albert-Laszlo Barabasi, "Network Science: The Barabasi-Albert Model," research paper, http://barabasi.com/f/622.pdf.

2. Marco Iansiti and Roy Levien, *The Keystone Advantage: What the New Dynamics of Business Ecosystems Mean for Strategy, Innovation, and Sustainability* (Boston: Harvard Business School Press, 2004)〔マルコ・イアンシティ、ロイ・レビーン著『キーストーン戦略――イノベーションを持続させるビジネス・エコシステム』杉本幸太郎訳、翔泳社、2007年〕; David Autor et al., "The Fall of the Labor Share and the Rise of Superstar Firms," NBER working paper no.23396, May 2017, https://www.nber.org/papers/w23396; Marco Iansiti and Karim R. Lakhani, "Managing Our Hub Economy," *Harvard Business Review*, October 2017, https://hbr.org/2017/09/managing-our-hub-economy など。

3. Feng Zhu and Marco Iansiti, "Entry into Platform-based Markets," *Strategic Management Journal* 33, no.1 (2012); Feng Zhu and Marco Iansiti, "Why Some Platforms Thrive and Others Don't," *Harvard Business Review*, January-February 2019, https://hbr.org/2019/01/why-some-platforms-thrive-and-others-dont.

4. ネットワーク分析は、人々（社会）、コンピュータ、配電網、ソフトウェア・モジュール、タンパク質などの分析にも使われる一般用語である。本質的な構成要素は、ネットワーク上のノード

2. Melvin E. Conway, "How Do Committees Invent?" *Datamation* 14, no. 5(1968): 28–31.

3. 本著の執筆者のイアンシティは20年ほど前にこのテーマを研究し、これが経験的に正しいことを証明した。Marco Iansiti, "From Technological Potential to Product Performance: An Empirical Analysis," *Research Policy* 26, no. 3 (1997).

4. Lyra Colfer and Carliss Y. Baldwin, "The Mirroring Hypothesis: Theory, Evidence, and Exceptions," HBS working paper no. 10-058, January 2010.

5. Rebecca M. Henderson and Kim B. Clark, "Architectural Innovation: The Reconfiguration of Existing Product Technologies and the Failure of Established Firms," *Administrative Science Quarterly* 35, no 1 (1990): 9–30.

6. HBSでレベッカ・ヘンダーソンとキム・クラークがクリステンセンの論文審査委員を務めたことを考えると、これは特に驚くべきことでもない。

7. Clayton M. Christensen and R. S. Rosenbloom, "Explaining the Attacker's Advantage: Technological Paradigms, Organizational Dynamics, and the Value Network," *Research Policy* 24, no. 2 (1995): 233–257.

8. 軍隊や政府を含めると、何千年も前からコンポーネント化された組織の例が見つかる。古代ローマの軍事組織はその一例にすぎない。

9. 以下を参照。Marco Iansiti and Roy Levien, *Keystone Advantage: What the New Dynamics of Business Ecosystems Mean for Strategy, Innovation, and Sustainability* (Boston: Harvard Business School Press, 2004), chapter 7.〔マルコ・イアンシティ、ロイ・レビーン著『キーストーン戦略――イノベーションを持続させるビジネス・エコシステム』杉本幸太郎訳、翔泳社、2007年〕

10. オランダ東インド会社は賢明なオペレーティング・アーキテクチャがあるにもかかわらず、奴隷制度からアヘン取引まで気掛かりな活動も多数行っているため、私たちは断固として是認することはできない。

11. R. P. Wibbelink and M. S. H. Heng, "Evolution of Organizational Structure and Strategy of the Automobile Industry," working paper, April 2000, https://pdfs.semanticscholar.org/7f66/b5fa07e55bd57b881c6732d285347c141370.pdf.

12. Robert E. Cole, "What Really Happened to Toyota?" *MIT Sloan Management Review*, June 22, 2011, https://sloanreview.mit.edu/article/what-really-happened-to-toyota/.

13. Amazon Inc. v. Commissioner of Internal Revenue, docket no. 31197-12, filed March 23, 2017, p.38 (148 T.C. no. 8).

第5章

1. リチャーズはキーストーン・ストラテジーのCEO兼共同創業者である。

2. Microsoft, "Satya Nadella Email to Employees: Embracing Our Future: Intelligent Cloud and Intelligent Edge," March 29, 2018, https://news.microsoft.com/2018/03/29/satya-nadella-email-to-employees-embracing-our-future-intelligent-cloud-and-intelligent-edge/.

the-5-stars-part-2-d9b96aa399f5. このテーマの詳細は以下を参照。Josef Adalian, "Inside the Binge Factory," *Vulture*, https://www.vulture.com/2018/06/how-netflix-swallowed-tv-industry.html.

8. Ming Zeng, *Smart Business: What Alibaba's Success Reveals about the Future of Strategy* (Boston: Harvard Business Review Press, 2018).〔ミン・ゾン著『アリババ――世界最強のスマートビジネス』土方奈美訳、文藝春秋、2019 年〕

9. 私たちが最も驚いたデータ化の事例の 1 つは、中国の顔認証技術「Face++」によって最初に開拓された、教室に設置した顔認識カメラで学生の注意力や学習成果を追跡する AI ベースのシステムである。当然ながら、参加者全員に授業にしっかりと臨んでほしいと思う教授陣にとって個人的に好ましいものだ。

10. Ajay Agrawal, Joshua Gans, and Avi Goldfarb, *Prediction Machines:The Simple Economics of Artificial Intelligence* (Boston: Harvard Business Review Press, 2018).〔アジェイ・アグラワル、ジョシュア・ガンズ、アヴィ・ゴールドファーブ著『予測マシンの世紀――AI が駆動する新たな経済』小坂恵理訳、早川書房、2019 年〕

11. アルゴリズム設計の主要なタイプに関する素晴らしい説明は以下を参照。Pedro Domingos, *The Master Algorithm: How the Quest for the Ultimate Learning Machine Will Remake Our World* (New York: Basic Books, 2018).〔ペドロ・ドミンゴス著『マスターアルゴリズム――世界を再構築する「究極の機械学習」』神嶌敏弘訳、講談社、2021 年〕

12. 結果がカテゴリー（犬か猫）になる場合はロジスティック回帰が、数値（英語力のスコア）になる場合は線形回帰が用いられる。その他、データの深さや広さ、解決したい問題の種類に応じて、サポートベクターマシン、k 近傍法、ランダムフォレスト、ニューラルネットワークなど、より複雑なアプローチもある。

13. Ashok Chandrashekar, Fernando Amat, Justin Basilico, and Tony Jebara, "Artwork Personalization at Netflix," Medium, December 7, 2017, https://medium.com/netflix-techblog/artwork-personalization-c589f074ad76.

14. 同上。

15. "It's All A/Bout Testing: The Netflix Experimentation Platform," Medium, April 29, 2016, https://medium.com/netflix-techblog/its-all-a-bout-testing-the-netflix-experimentation-platform-4e1ca458c15.

16. Zeng, *Smart Business*. アリババが API とデータ基盤を導入したときの詳細は第 3 章を参照。

17. R. H. Mak et al., "Use of Crowd Innovation to Develop an Artificial Intelligence–Based Solution for Radiation Therapy Targeting," *JAMA Oncol*, published online April 18, 2019, doi:10.1001/jamaoncol.2019.0159.

第 4 章

1. API Evangelist, "The Secret to Amazon's Success-Internal APIs, "January 12, 2012, https://apievangelist.com/2012/01/12/the-secret-to-amazons-success-internal-apis/.

chinese-internet-financing-upstart/#68523023c0e1

9. Don Weiland and Sherry Fei Ju, "China's Ant Financial Shows Cashless Is King," *Financial Times*, April 13, 2018, https://www.ft.com/content/5033b53a-3eff-11e8-b9f9-de94fa33a81e.

10. Ming Zeng, "Alibaba and the Future of Business," *Harvard Business Review*, September–October 2018, https://hbr.org/2018/09/alibaba-and-the-future-of-business.

11. 同上

12. Alexander Eule, "Wearable Technology with Pedals and Wheels," Barron's, December 13, 2014, https://www.barrons.com/articles/wearable-technology-with-pedals-and-wheels-1418445513.

13. Zoe Wood, "Ocado Defies the Critics and Aims to Deliver a £1bn Flotation," *Guardian*, February 21, 2010, https://www.theguardian.com/business/2010/feb/21/ocado-flotation.

14. アン・マリー・ニーサム、2019年1月の講演と本著の執筆者とのQ&Aより。

15. James Vincent, "Welcome to the Automated Warehouse of the Future," *The Verge*, May 8, 2018, https://www.theverge.com/2018/5/8/17331250/automated-warehouses-jobs-ocado-andover-amazon.

16. Stephanie Condon, "Google I/O: From 'AI First' to AI Working for Everyone," ZDNet .com, May 7, 2019, https://www.zdnet.com/article/google-io-from-ai-first-to-ai-working-for-everyone/.

第3章

1. 私たちにこうしたアイデアを研究するように促し、貴重な支援と助言をくれたウラジーミル・ヤチモビッチに心から感謝している。

2. "CineMatch: The Netflix Algorithm," *Lee's World of Algorithms* (blog), March 29, 2016, https://leesworldofalgorithms.wordpress.com/2016/03/29/cinematch-the-netflix-algorithm/.

3. "Netflix, Inc. History," Funding Universe, accessed June 6, 2019, http://www.fundinguniverse.com/company-histories/netflix-inc-history/.

4. David Carr, "Giving Viewers What They Want," *New York Times*, February 24, 2013, https://www.nytimes.com/2013/02/25/business/media/for-house-of-cards-using-big-data-to-guarantee-its-popularity.html.

5. Todd Spangler, "Netflix Eyeing Total of About 700 Original Series in 2018," *Variety*, February 27, 2018, https://variety.com/2018/digital/news/netflix-700-original-series-2018-1202711940/.

6. Nirmal Govind, "Optimizing the Netflix Streaming Experience with Data Science," Medium, June 11, 2014, https://medium.com/netflix-techblog/optimizing-the-netflix-streaming-experience-with-data-science-725f04c3e834.

7. Xavier Amatriain and Justin Basilico, "Netflix Recommendations:Beyond the 5 Stars (Part 2)," Medium, Jun 20, 2012, https://medium.com/netflix-techblog/netflix-recommendations-beyond-

Shane Greenstein, *How the Internet Became Commercial: Innovation, Privatization, and the Birth of a New Network* (Princeton, NJ: Princeton University Press, 2015).

17. Erik Brynjolfsson and Andrew McAfee, *The Second Machine Age: Work, Progress, and Prosperity in a Time of Brilliant Technologies* (New York: W. W. Norton and Co., 2016)〔エリック・ブリニョルフソン、アンドリュー・マカフィー著『ザ・セカンド・マシン・エイジ』村井章子訳、日経 BP、2015 年〕、Kai-Fu Lee, *AI Superpowers:China, Silicon Valley, and the New World Order* (New York: Houghton Mifflin, 2018); Ming Zeng, *Smart Business:What Alibaba's Success Reveals about the Future of Strategy* (Boston: Harvard Business Review Press, 2018)〔ミン・ゾン著『アリババ――世界最強のスマートビジネス』土方奈美訳、文藝春秋、2019 年〕; Ajay Agrawal, Joshua Gans, and Avi Goldfarb, *Prediction Machines:The Simple Economics of Artificial Intelligence* (Boston: Harvard Business Review Press, 2018)〔アジェイ・アグラワル、ジョシュア・ガンズ、アヴィ・ゴールドファーブ著『予測マシンの世紀――AI が駆動する新たな経済』小坂恵理訳、早川書房、2019 年〕

第2章

1. 特に感謝したいのが、フェン・ジュウとクリシュナ・パレプである。両氏は最初にアント・フィナンシャルについて執筆し、その驚くべきビジネスと運営モデルを紹介した。この章は彼らの一連のケーススタディを引用している。Feng Zhu, Ying Zhang, Krishna G. Palepu, Anthony K. Woo, and Nancy Hua Dai, "Ant Financial (A), (B), (C)", Case 9-617-060 (Boston: Harvard Business Publishing, 2018).

2. Lulu Yilun Chen, "Ant Financial Raises $14 Billion as Funding Round Closes," *Bloomberg*, June 7, 2018, https://www.bloomberg.com/news/articles/2018-06-08/ant-financial-raises-14-billion-as-latest-funding-round-closes.

3. フォーブス誌によると、2018 年 6 月のアメリカン・エキスプレスの時価総額は 870 億ドル、ゴールドマン・サックスは 920 億ドルだった。アント・フィナンシャルが 2018 年に調達した資金は、欧米のフィンテック系スタートアップの合計調達額とほぼ同額である。

4. Alfred D. Chandler, *Scale and Scope*:The Dynamics of Industrial Capitalism (Cambridge, MA: Belknap Press, 1990)〔アルフレッド・D・チャンドラー Jr 著『スケール・アンド・スコープ――経営力発展の国際比較』安部悦生、川辺信雄、工藤章、西牟田祐二、日高千景、山口一臣訳、有斐閣、1993 年〕

5. たとえば、以下を参照。David J. Teece, Gary Pisano, and Amy Shuen, "Dynamic Capabilities and Strategic Management," *Strategic Management Journal* 18, no.7 (1997), 509-533.

6. Robert H. Hayes, Steven C. Wheelwright, and Kim B. Clark, *Dynamic Manufacturing: Creating the Learning Organization* (New York: Free Press, 1998).

7. Zhu et al., "Ant Financial."

8. Eric Mu, "Yu'ebao: A Brief History of the Chinese Internet Financing Upstart," *Forbes*, May 18, 2014, https://www.forbes.com/sites/ericxlmu/2014/05/18/yuebao-a-brief-history-of-the-

サプライチェーンでよく利用されている。

9. "JD.com to Launch 1,000 Stores per Day," *Retail Detail*, April 17, 2018, https://www.retaildetail.eu/en/news/g%C3%A9n%C3%A9ral /jdcom-launch-1000-stores-day.

10. 「ウィーチャット、ありがとう」の意。〔原文は「WeChat, Xie Xie Ni . . .」〕

11. Jonathan Jones, "The Digital Rembrandt:A New Way to Mock Art, Made by Fools," *Guardian*, April 6, 2016, https://www.theguardian.com/artanddesign/jonathanjonesblog/2016/apr/06/digital-rembrandt-mock-art-fools.

12. ヴィピン・マヤー。2019年1月に本著の執筆者がインタビューした。

13. キーストーン・ストラテジーはデジタル・トランスフォーメーションの戦略とエコノミーに特化したテクノロジーとコンサルティング会社である。

14. Carliss Y. Baldwin and Kim B. Clark, *Design Rules, Vol.1: The Power of Modularity* (Cambridge, MA: MIT Press, 2000).〔カーリス・ボールドウィン、キム・クラーク著『デザイン・ルール――モジュール化パワー』安藤晴彦訳、東洋経済新報社、2004年〕

15. Carl Shapiro and Hal R. Varian, *Information Rules: A Strategic Guide to the Network Economy* (Boston: Harvard Business School Press, 1998).〔カール・シャピロ、ハル・ヴァリアン著『情報経済の鉄則――ネットワーク型経済を生き抜くための戦略ガイド』大野一訳、日経BP、2018年〕

16. 以下を参照。Jean-Charles Rochet and Jean Tirole, "Platform Competition in Two-Sided Markets," *Journal of the European Economic Association* 1, no. 4 (2003): 990–1029; Annabelle Gawer and Michael A. Cusumano, *Platform Leadership: How Intel, Microsoft, and Cisco Drive Industry Innovation* (Boston: Harvard Business School Press, 2001)〔アナベル・ガワー、マイケル・A・クスマノ著『プラットフォーム・リーダーシップ――イノベーションを導く新しい経営戦略』小林敏男監訳、有斐閣、2005年〕; Geoffrey G. Parker, Marshall W. Van Alstyne, and Sangeet Paul Chaudhuri, *Platform Revolution: How Networked Markets Are Transforming the Economy—and How to Make Them Work for You* (New York: W. W. Norton and Co., 2016)〔ジェフリー・G・パーカー、マーシャル・W・ヴァン・アルスタイン、サンジート・ポール・チョーダリー著『プラットフォーム・レボリューション――未知の巨大なライバルとの競争に勝つために』妹尾堅一郎監訳、ダイヤモンド社、2018年〕; Michael A. Cusumano, Annabelle Gawer, and David B. Yoffie, *The Business of Platforms: Strategy in the Age of Digital Competition, Innovation, and Power* (New York: Harper Business, 2019)〔マイケル・A・クスマノ、アナベル・ガワー、デヴィッド・B・ヨッフィー著『プラットフォームビジネス――デジタル時代を支配する力と陥穽』、青島矢一監訳、有斐閣、2020年〕; F. Zhu and M. Iansiti, "Entry into Platform-Based Markets," *Strategic Management Journal* 33, no. 1 (2012); M. Rysman, "Competition between Networks: A Study of the Market for Yellow Pages," *Review of Economic Studies* 71 (2004); A. Hagiu, "Pricing and Commitment by Two-Sided Platforms," *RAND Journal of Economics* 37, no. 3 (2006); K. Boudreau and A. Hagiu, "Platform Rules: Multi-sided Platforms as Regulators" in A. Gawer, ed., *Platforms, Markets, and Innovation* (London: Edward Elgar, 2009); Eric von Hippel, *Democratizing Innovation* (Cambridge, MA: MIT Press, 2005)〔エリック・フォン・ヒッペル著『民主化するイノベーションの時代――メーカー主導からの脱皮』サイコム・インターナショナル監訳、ファーストプレス、2006年〕;

原注

序章

1. World Health Organization, "Archived: WHO Timeline—COVID-19," April 27, 2020, https://www.who.int/news-room/detail/27-04-2020-who-timeline---covid-19.
2. Moderna, "Moderna's Work on a COVID-19 Vaccine Candidate", 2020, https://www.modernatx.com/modernas-work-potential-vaccine-against-covid-19.
3. モデルナ関係者のコメントはすべて本著の執筆者が2020年5月と6月に行ったインタビューで聞いたものである。
4. MGH関係者のコメントはすべて本著の執筆者が2020年5月と6月に行ったインタビューで聞いたものである。

第1章

1. 映像の詳細は以下を参照。https://nextrembrandt.com/.
2. Blaise Aguera y Arcas, "What Is AMI?" Medium, February 23, 2016, https://medium.com/artists-and-machine-intelligence/what-is-ami-96cd9ff49dde.
3. Jennifer Sukis, "The Relationship Between Art and AI," Medium, May 15, 2018, https://medium.com/design-ibm/the-role-of-art-in-ai-31033ad7c54e.
4. Clayton M. Christensen, *The Innovator's Dilemma: When New Technologies Cause Great Firms to Fail* (Boston: Harvard Business Review Press, 1997; 2013).〔クレイトン・クリステンセン著『イノベーションのジレンマ――技術革新が巨大企業を滅ぼすとき』玉田俊平太監修、翔泳社、増補改訂版、2001年〕
5. Bret Kinsella, "Amazon Alexa Now Has 50,000 Skills Worldwide, Works with 20,000 Devices, Used by 3,500 Brands," Voicebot.ai, September 2, 2018, https://voicebot.ai/2018/09/02/amazon-alexa-now-has-50000-skills-worldwide-is-on-20000-devices-used-by-3500-brands/.
6. このセクションのタイトル（Becoming a More Digital Company）は、ウォルマート社長兼CEOのダグ・マクミロンの言葉「We are becoming a more digital company.（当社はよりデジタル企業になりつつある）」から着想を得た。
7. Lauren Thomas, "Sears, Mattress Firm and More: Here Are the Retailers That Went Bankrupt in 2018," CNBC, December 31, 2018, https://www.cnbc.com/2018/12/31/here-are-the-retailers-including-sears-that-went-bankrupt-in-2018.html.
8. EDI（electronic data interchange）はサプライチェーン・マネジメントで使用されている標準的な通信プロトコルである。RFID（radio frequency identification）はモノの追跡に用いられ、

［監訳者］

吉田素文

Motofumi Yoshida

グロービス経営大学院教授。立教大学大学院文学研究科教育学専攻修士課程修了、ロンドン・ビジネススクール SEP(Senior Executive Program) 修了。

大手私鉄会社を経てグロービスに参画。ビジネス・経営の全領域を横断するゼネラル・マネジメントを専門とし、グロービス経営大学院での講義に加え、20 年以上にわたり、製造業を中心に、経営者育成プログラムを設計・提供、幅広い産業での企業の戦略・組織課題に幅広く取り組み、これまで 1500 件を超えるビジネスの問題解決に関わる。またクラスの品質管理、講師の管理・育成（Faculty Development）に長く従事し、ケースメソッド等インタラクティブな経営教育方法を研究・開発・実践。人材育成や学習体験設計等の関して深い専門性を有する。

近年は特に、デジタル、サステナブル、グローバルを中心テーマに活動。情報テクノロジー分野、サステナビリティ分野のリサーチ・実践に注力。テクノロジー企業との協働等を通じ、「第四次産業革命時代の戦略・組織への変革」「社会課題起点の戦略・ビジネスモデルの進化」等のテーマで様々な企業を支援している。

著書に『ファシリテーションの教科書』（東洋経済新報社）、共訳書に『一流ビジネススクールで教える デジタル・シフト戦略 』（ダイヤモンド社）がある。

［翻訳］

渡部典子

Noriko Watanabe

翻訳家。慶應義塾大学大学院経営理研究科修了。NGB 株式会社、株式会社グロービスを経て独立。訳書に『両利きの経営』（東洋経済新報社）『再興 THE KAISHA』（日経 BP、日本経済新聞出版）『パーソナルＭＢＡ』（英治出版）などがある。

[著者]

マルコ・イアンシティ

Marco Iansiti

ハーバード・ビジネス・スクール（HBS）のデビッド・サーノフ寄附講座教授。テクノロジー&オペレーションズ・マネジメント学部長、デジタル・イニシアティブ共同議長、ハーバード大学イノベーション・サイエンス研究所共同ディレクターも兼務する。研究分野は企業や産業のデジタル・トランスフォーメーション（DX）であり、特にデジタルエコシステム、AI中心オペレーティング・モデル、AIとネットワーク効果が戦略やビジネスモデルに及ぼす影響に重点を置いてきた。イノベーションのマネジメント、ビジネス・エコシステム、DXに関する研究で知られる。中でも、ビジネス・エコシステムとその戦略への影響に関する論文は広く認知され引用されてきた。また、最近のDX調査研究は研究者と実務家の両方から注目されており、同テーマの論文は過去4年間で3年にわたって、ハーバード・ビジネス・レビュー（HBR）年間上位10論文に選出された。単著『技術統合──理論・経営・問題解決』（NTT出版）、共著に『キーストーン戦略──イノベーションを持続させるビジネス・エコシステム』（翔泳社）や*One Strategy*（未邦訳）などがある。

1989年にHBSの教員となり、同校MBA、エグゼクティブ教育、博士課程などで幅広く教鞭をとってきた。製品開発マネジメント、新規事業立ち上げのコース開発を行い、「デジタル・イノベーションとトランスフォーメーション」コースはカリム・R・ラカーニと共同開発した。現在は、世界で長く続いている権威あるプログラムの1つ、エグゼクティブ向けアドバンスト・マネジメント・プログラムのDX科目を担当している。モデルNやキーストーン・ストラテジーなど数社の共同創業者である。キーストーン・ストラテジーのチームと協力しながら、フェイスブック、アマゾン、マイクロソフト、インテルなどほとんどの大手テクノロジー企業や、伝統的なグローバル1000社に助言を行ってきた。現在は、PDFソリューションズ、モジュールQ、キーストーン・ストラテジーなど数社の取締役を務め、キーストーン・ストラテジーの会長でもある。

ハーバード大学で物理学の博士号と学士号を取得した。

[著者]

カリム・R・ラカーニ

Karim R. Lakhani

ハーバード・ビジネス・スクール（HBS）のチャールズ・E・ウィルソン経営学寄附講座教授、ドロシー&マイケル・ヒンツェ寄附講座フェロー、全米経済研究所のリサーチ・アソシエイトである。ハーバード大学イノベーション・サイエンス研究所（LISH）の創設者兼共同ディレクター、インスティテュート・フォー・クオンティテイティブ・ソーシャル・サイエンスのNASAトーナメント研究所の研究責任者、HBSデジタル・イニシアティブの共同創設者でもある。研究分野はクラウドベースのイノベーションモデルと、企業や産業のDXである。革新的な成果を出すためにコミュニティやコンテストをどのように設計し管理できるか、また、オープンソース・ソフトウェア・プロジェクトの起源と動向に関する先駆的な研究で知られる。彼のDX研究では、ビジネスとオペレーティング・モデルの変革の推進力としてのデータとアナリティクスの重要性を示している。LISHの研究者との共同研究では、宇宙システム、ライフサイエンス、オンライン・プラットフォームなど多様な領域でAIソリューションを生み出してきた。これまでに100本以上の査読付きジャーナル論文、実務家向け論文、ビジネスケースを発表している。彼の研究は、ビジネスウィーク誌、ボストングローブ紙、エコノミスト誌、ファスト・カンパニー誌、インク誌、ニューヨーク・タイムズ紙、ニューヨーク・アカデミー・オブ・サイエンス誌、サイエンス誌、ウォール・ストリート・ジャーナル紙、ワシントン・ポスト紙、ワイアード誌で広く紹介されている。

2006年からHBSの教員となり、MBA、エグゼクティブ教育、博士課程で幅広く教鞭をとってきた。MBAの新しい選択科目「デジタル・イノベーションとトランスフォーメーション」を共同開発し、エグゼクティブ・プログラム「ビッグデータとビジネス・アナリティクスでの競争」の共同議長を務める。また、データに精通した次世代リーダーを養成するために企画されたエグゼクティブ向けオンラインコース「ハーバード・ビジネス・アナリティクス・プログラム」の共同議長も兼務する。コンサルタントとして多くの企業のイノベーション戦略に携わり、モジラの取締役のほか、複数のAIスタートアップの顧問を務める。過去にGEヘルスケアとボストン・コンサルティング・グループで勤務したこともある。

マサチューセッツ工科大学で経営学博士号とテクノロジー・アンド・ポリシー修士号を、マクマスター大学で電気工学経営学の学士号を取得した。

[英治出版からのお知らせ]

本書に関するご意見・ご感想を E-mail（editor@eijipress.co.jp）で受け付けています。
また、英治出版ではメールマガジン、Web メディア、SNS で新刊情報や書籍に関する記事、イベント情報などを配信しております。ぜひ一度、アクセスしてみてください。

メールマガジン：会員登録はホームページにて
Web メディア「英治出版オンライン」：eijionline.com
X / Facebook / Instagram：eijipress

AI ファースト・カンパニー

アルゴリズムとネットワークが経済を支配する新時代の経営戦略

発行日	2023 年 10 月 25 日　第 1 版　第 1 刷
	2024 年 1 月 25 日　第 1 版　第 2 刷
著者	マルコ・イアンシティ、カリム・R・ラカーニ
訳者	渡部典子（わたなべ・のりこ）
監訳者	吉田素文（よしだ・もとふみ）
発行人	原田英治
発行	英治出版株式会社
	〒150-0022 東京都渋谷区恵比寿南 1-9-12 ピトレスクビル 4F
	電話　03-5773-0193　　FAX　03-5773-0194
	www.eijipress.co.jp
プロデューサー	石﨑優木
スタッフ	高野達成　藤竹賢一郎　山下智也　鈴木美穂　下田理　田中三枝
	平野貴裕　上村悠也　桑江リリー　渡邉吏佐子　中西さおり
	関紀子　齋藤さくら　荒金真美　廣畑達也　木本桜子
印刷・製本	中央精版印刷株式会社
校正	株式会社ヴェリタ
装丁	山之口正和（OKIKATA）

ISBN978-4-86276-335-8　C0034　Printed in Japan